Peter Altenberg
Die Selbsterfindung eines Dichters

Bibliothek Janowitz

Herausgegeben von Friedrich Pfäfflin

Peter Altenberg

Die Selbsterfindung eines Dichters

Briefe und Dokumente 1892–1896

Herausgegeben und mit einem Nachwort von Leo A. Lensing

WALLSTEIN VERLAG

Peter Altenberg schreibt am 19. September 1903 aus Gmunden an seinen Bruder Georg Engländer: »Photograf Jagerspacher hat ein schönes Bild von mir gemacht. Ich bleibe noch hier, da zu leidend bin u. Krisis abwarten muss.«

Für Andrew Barker

Inhaltsverzeichnis

Vorbemerkung

Die hier vorgelegten Briefe und Dokumente spiegeln die komplizierte Wirklichkeit hinter dem hartnäckigen Mythos von Peter Altenbergs literarischen Anfängen wider. Aus dem neurotischen Liebhaber und kompulsiven Briefeschreiber Richard Engländer wird der Dichter mit dem pointiert deutsch klingenden, poetischen Namen. Sichtbar wird der Prozess einer unaufhaltsamen, aber auch unruhigen Verwandlung. Familienbande lockern sich. Die oft als jüdisch empfundene Gesellschaft wird immer wieder in Frage gestellt. Während Richard Engländer bürgerliche Lebensformen abstreift, findet Peter Altenberg in diesen ersten Schreibversuchen zu neuen literarischen Formen.

Empfänger der Briefe sind vor allem die frühe Freundin Annie Holitscher und ihre Schwester Helene sowie die eigene jüngere Schwester Margarethe (Gretl). Einzelne Briefe sind an den Vater Moriz Engländer gerichtet, den Bruder Georg, den Vetter Victor Engländer und dessen Schwester Maria (Mizi). Dazu kommt eine kleine, gewichtige Gruppe von Schreiben an Hermann Bahr, Karl Kraus und Arthur Schnitzler, zwei Briefe an Richard Beer-Hofmann und einzelne Briefe an Friedrich Eckstein, Gerhart Hauptmann, Ricarda Huch und Hugo Salus. Besonders aufschlußreich für Altenbergs Versuch, sein literarisches Debüt zu steuern, sind fünf unveröffentlichte Briefe an Samuel Fischer, in dessen Verlag das Erstlingswerk ›Wie ich es sehe‹ im April 1896 erschienen ist.

Peter Altenbergs Briefe erzählen von den ersten Schreibanlässen des gut Dreißigjährigen. Es sind literarische Selbstversuche, Proben eigenwilliger Textkompositionen, in denen das Epistolographische plötzlich in poetische, manchmal humoristische Prosa umschlägt. Der angehende Dichter führt sorgfältig Protokoll über die Stationen der Selbsterfindung. So kann der früheste erhaltene Text, unter den Richard Engländer zum ersten Mal den Schriftstellernamen Peter Altenberg setzte, mitgeteilt werden. Der offenbar bereits 1892 geschriebene Essay ›Entwicklung‹ steht in einem Brief an die Kusine Maria Engländer. Andere Briefe enthalten unveröffentlichte Skizzen, Dialoge und, in einem Fall, fingierte Briefe, in denen der neue Autor Lob und Tadel seiner Leserschaft antizipiert. Dazu kommen wertvolle Hinweise auf bisher unbekannte Publikationen und deren Erscheinungsorte sowie auf Altenbergs Lektüre der zeitgenössischen europäischen Literatur. Seine oft vehement vorgetragenen Urteile und Vorurteile über schreibende Zeitgenossen zeugen von einer bisher ungeahnten Auseinandersetzung mit anderen Autoren des Jungen Wien. In einer Reihe von besonders eindringlich formulierten, zwischen Oktober 1895 und Dezember 1896 verfaßten Briefen ist zu lesen, wie Altenberg ›Wie ich es sehe‹ komponiert, revidiert und wie er auf Rezensionen und Reaktionen eingeht.

Erfolg und Kontroverse der breiten Aufnahme des unkonventionellen Werkes und der ersten Zeitschriftenbeiträge lassen sich in ausgewählten Rezensionen und anderen Dokumenten rekonstruieren. Die allererste, möglicherweise von Karl Kraus stammende Kurzkritik prägt, wortspielerisch den Titel des Erstlings aufnehmend, den Begriff vom »Seher« Altenberg. Tagebuchnotizen von Arthur Schnitzler halten Aufnahme und Abgrenzung des neuen Dichters innerhalb des Kreises von Jung Wien fest. Kleine Skizzen und Dialoge, die vor und bald nach der Publikation von ›Wie ich es sehe‹ erschienen, werden zum ersten Mal wieder nachgedruckt. Wie die Zeitgenossen Altenberg am Anfang gesehen und gelesen haben, ist in einer Reihe von Kritiken und Essays nachzulesen. Neben maßgebenden Kritikern und Schriftstellern wie Hermann Bahr, Hugo von Hofmannsthal, Moritz Heimann und Joseph Victor Widmann, die das literaturkritische Bild und wohl auch das dichterische Selbstbild von Altenberg prägten, kommen der von Kafka geschätzte Otto Stoessl und andere heute weniger bekannte, aber gut informierte, umsichtige Kommentatoren zu Wort.

Briefe

Mein liebes Aennchen: ich vermuthe, Sie sind ernstlich verrückt geworden; schicken eine grosse blaue Note herein, schreiben 4 ungeheure Folio-Seiten ab, bitten mich, 2 Fl für ein Zimmer zu behalten?!

Und ich? Ich lese mit Vergnügen die 4 Folio-Seiten, kaufe mir für 5-6 Fl. einen weichen Hut und erlaube mir, das übrige nächstens als nicht verwendbar zurückzustellen; – wo nehmen Sie all diese Liebe her, Liebe?!

Mir geht es sehr, sehr schlecht; Donnerstag hoffe ich Sie zu sehen; ich bin in sehr gedrückter Stimmung; hatte heute Karte zu Hermann Bahrs Vorlesung, gieng aber nicht wegen Rückenschmerzen; erblicke jetzt im Central Schnitzler, Kafka, Salten, Korff, mache aber Umweg und gehe weg; Loris schreibt nicht besser als ich, aber sehr ähnlich; bin ganz heruntergekommen. Louis zieht aus, sonst nichts Neues;

Adieu

Dein Richard

Mein liebes Aennchen: bin in ungeheurer geistiger Aufregung; trotz furchtbar lähmender Herz-Schmerzen habe gestern von 12 Mittag bis 8 Abend einen Essay über Baumeister Solness von Ibsen 2mal geschrieben u. 1 ½ mal abgeschrieben. Louis fand ihn ausgezeichnet. Ich selbst aber bezeichne es als das Tiefste, was überhaupt heute geschrieben werden kann!!! Das heutige Feuilleton von Brandes ist Dreck dagegen, das wird jeder selbst urtheilen müssen; nun war ich heute Mittag in der neuen Fr[eien] Presse, wo mir Redaktionssekretär Löwe mittheilte, dass eben heute ein Feuilleton erschienen sei!

Nachmittag fuhr ich in die alte Presse, wo Niemand fand; gehe 6 Uhr wieder hin!

Wenn dieser göttliche Essay nicht angenommen wird, verzweifle ich – denn er ist grandios?! Könnte Schönaich nichts thun?! …

Ich komme morgen Schauflergasse!

Richard

Liebe Gretl: ich habe sogleich Dienstag Abend an Charlotte Schweinb. geschrieben wegen Bunzl, aber bis heute keine Antwort erhalten; ich bin momentan ziemlich ungehalten über Dich, da die Einladung zu Pollak an Viktor gerichtet war und aus Allem hervorgeht, dass durch Deinen unverantworteten Refus des Verkehrs mit Gisela P. ich diesen Ball-Abend verliere; wie wirst Du mir diese junge Bachantin und meine übrigen

künstlerischen Eindrücke ersetzen?! Ich habe dadurch einen herben Verlust erlitten; man muss sich dem Leben mit seinen 1000 Mozart-Variatio-
nen und Beethoven-Tiefen hingeben, sonst kommt der Tag, wo man sich
für 6 fl.50 Kreuzer bei Leopold Gasser ein kleines Instrument kauft, das
6 Stücke spielt, von denen man aber meistens nur das erste zu hören bekommt. Ich habe einen reizenden kleinen Dialog geschrieben, einen
Tanz-Essay. Meine Herz-Schmerzen sind ärger als je und bringe ich einen Theil der Nacht sitzend zu. Samstag gehe ich zu einem Elite-Tanz-
Kränzchen und, es ist sehr schade, dass Du nicht mitkommst – Du hättest
eine Menge feine Bekannte! Grüsse Mama herzlichst!
            Richard

[4]   An Maria Engländer   [nach dem ??.?.1893]
Liebe Mizi:
Dank, tausend Dank für Deinen wunderschönen geistvollen Brief. Was
kann man Einem, der die Seele des Weibes bloszulegen versucht, Grösseres
sagen, als:»wie klingt da jedes Wort in meinem Innern an und bildet harmonisch einen Accord mit Selbstgedachtem, Selbstempfundenem – – –.«
    Denn jeder Mensch ist in gewissem Sinne Künstler, insofern er empfin-
det und bedenkt, sich grämt und seelig ist, in Melankolie dahinlebt oder
in Liebe erglüht; die Projektion dieser Dinge in's tönende Wort, die Los-
lösung derselben vom Organismus zu einem selbstständig und für immer-
während Zeiten unverändert Bleibenden im geschriebenen Wort ist das,
was den Schriftsteller ausmacht. Er sagt nur deutlich, was alle andern undeutlich fühlen.
    Und eine so schöne, so tiefe Erfassung, wie die Deine, gibt uns ein
werthvolles göttliches Geschenk: Selbstvertrauen, Zuversicht, Ruhe,
Glaube an sich selbst! Daher empfinde ich eine grosse Dankbarkeit für
Deine Zeilen; am seltensten findet man Solche, die genug Geist besitzen,
uns ganz zu verstehen, genug Freundschaft, uns verstehen zu wollen!
Denn für die Meisten wird das, was ich aus dem Innersten bringe, Nichts
sein!
    Ausser allem Persönlichen ist Dein Brief schön und tief und poetisch.
Was nun den Tanz-Essay betrifft, so kann ich nichts besseres thun als Dir
ein paar Zeilen zu senden, die ich vor einigen Monaten geschrieben habe
unter dem Titel ›Entwicklung‹ –
    Sie müssen, sie werden Dir vieles, vielleicht alles sagen.
            Dein dankbarer
            Peter Altenberg

Entwicklung.

Welche Zweifel!

Was Wir mit dem Hund, dem Schwein und dem Wurm gemein haben – – kann das ein Theil des Göttlichen in uns sein?!

Und dann wieder: Was Schiller, das reinste Ideal menschlicher Organisation, zu dichterischer Conception der idealsten Thätigkeit menschlicher Organisation, anregte, war der Gestank von verfaulenden Aepfelschalen!!

Zeigt mir die Grenze vom Gesetz des Geistes und des Stoff's!?

Ich will sie Dir zeigen!!

Der Mensch ist seine Seele, sein Geist!

Was und wie er denkt, was und wie er empfindet, das ist sein Menschenthum, als das ist er Mensch.

Und der vegetative Organismus?!

Das Stoffliche, die vegetative Organisation, als nothwendiges Gefäss für den Denk-Menschen, den Empfindungs-Menschen in uns, diese nothwendige Organisation mit ihren nothwendigen Bedürfnissen, das heisst jenen, welche die strenge Consequenz dieser Organisation sind, um dieselbe als tragendes Gefäss intact zu erhalten und um die Tragfähigkeit desselben zu vergrössern, dieser nothwendige vegetative Organismus mit seinen nothwendigen Bedürfnissen, ist ebenso menschlich rein, wie Seele und Geist, und bildet zusammen mit diesen im Menschen sein Menschenthum!

Jenes Stoffliche aber, das wahr ist als Nothwendigkeit für Geist und Seele und das in selbstherrlicher That sich ausleben und ausgeniessen will, jenes Stoffliche mit seinen überflüssigen, nicht unentrinnbaren, nicht durch die Noth, die Nothwendigkeit geheiligten Bedürfnissen, jenes vegetative Leben, das den Menschen und seine Entwicklung in Geist und Gemüth, seine Entmaterialisierung, seine Gott-Werdung hemmt, stört und vernichtet – – – das ist die Thierheit in uns, als das sind wir Thier-Menschen!!! Und weil in Jesus Christus am vollkommensten von allen Menschen, Geist und Gemüth zur Herrschaft über das vegetative Leben mit seinen Leidenschaften und Trieben, in einem vollkommen idealschönen Leib gelangt sind, nenne ich das Gute, Edle, Reine im Menschen, seinen Christus-Menschen in ihm, der nach seiner Durchsetzung in's Leben, nach seiner eigenen Auferstehung strebt und drängt!

– – –.

Peter Altenberg

[5]   An Annie Holitscher

Wien, 16. Juli 1893

Meine liebe Ännie:

Habe heute Sonntag 3 Uhr Nachmittag Ihre liebe Karte gelesen. Jetzt ist
es 5. Zwischen 3 u. 5 hatte ich conférence mit Fels, I.B. u. Felix Dörrmann[!]. Jetzt warte ich auf H.s. Comme toujours würde Ch. H. denken,
wenn sie dieses lesen würde – – – –

Die Kleine hätte doch auf dem Schoss der Mutter mit dem Köpfchen
an ihre Brust gelehnt, schlafen können u. der rechte Arm hätte sanft den
kleinen Körper umschliessen können – – –!

So fährt eine Mutter durch die stille Nacht, wenn acht im Coupé sitzen
– – so!

Sie haben sehr kühles Reisewetter gehabt, mein Fräulein. Waren Sie
grün und weiss, wie die bayrischen Grenzpfähle – – ?! oder waren Sie
rosig, wie das Glück, wie die Morgenröthe?!

Ich habe heute Nacht 4 Uhr eine ganz winzige Skizze geschrieben, ein
Skizzlein: ›Firma Bakalowitsch und Söhne‹.

Gestern soupirten Hs. im Stefanskeller und ich – – bei Wieninger! Ich
kam mir vor, »comme un homme« (wie ein Mann). »Diese Emancipation
rührt mich«, würde Ch. H. sagen, wenn sie dieses lesen würde – –. Aber
es war nur die Macht des »frisch gebratenen Fleisches«. Beefsteak am
Rost, Rumpsteak am Rost, Rostbraten am Rost, Fogosch am Rost – da
riss ich mich blutend los und ass bei Wieninger – – Jungfernbraten »am
Rost«. Man entgeht dem Schicksal nicht. Man wird bestraft, wenn man
ihm trotzt. Ich habe entsetzliche Rückenschmerzen.

Schreiben Sie mir über den »Idealtypus der malayischen Race«, A.K.
und über den Pavillon auf der Esplanade; das sind, glaube ich, die neuen
Schönheiten Gmundens.

Heute ist es hier bald trüb, bald Sonnenschein, ein wahres »April-
wetter«.

Adieu, schreiben Sie bald.

Ihr

Richard

[6]   An Annie Holitscher

Wien, 17. Juli, 1893

Meine liebe Ännie:

Sie werden sagen: Gott, muss sich der arme Mensch langweilen, dass er
mir so häufig schreibt.

Aber Sterbende langweilen sich nie – – sie haben eben mit dem Sterben
sehr viel zu thun.

Und ich bin ein Sterbender.

Heute habe ich einen sehr schweren Tag.

Gestern Sonntag sass ich von 2-9 im Central.

Dann Stefanskeller dann Griensteidl, dann Eld…..

Was sagen Sie zu »Titz«?! Eine schöne Geschichte! (Vielleicht bekomme ich auf diese Weise heraus, was es für eine Geschichte ist.)

Ich habe meine Skizze ›Bakalowitsch und Sohn‹ verbessert; ich habe sie nämlich genannt ›Schreiber und Neffen‹. Ist das nicht viel amüsanter?!! Vielleicht schreib ich sie noch einmal um und nenne sie ›I. Lobmeyr‹. Das wird noch lustiger sein. Ich kann ja alle Glashandlungen durchmachen.

Für mich gäbe es jetzt nur eine Sehnsucht. In einem stillen, ganz kahlen Spitalszimmer, gegenüber einem Fenster, auf dem Rücken zu liegen u. meinen Leiden nachzugeben. Die aufrechte Haltung ist »Unnatur«, das Sprechen, alles – – –.

Das Essen verursacht mir Qualen.

Wie geht es Ihnen?! Sehen Sie gut aus?!

Waren Sie schon am See? Mit wem verkehren Sie?! (Wie ist Mama?)

Ich sende einen Kuss an Lilli.

Aber wer könnte ihn ihr geben – –?!

So küssen, wie ich, kann nur ich!

Ihr ergebener Diener
Peter Altenberg

[7] An Annie Holitscher

Wien 22.7.93.

Meine liebe Aennie: Leider gar nichts Neues. Mein Zustand verschlimmert sich von Tag zu Tag und kann ich daher an die Abreise nicht denken. Heute ist sehr heiss hier. Ich hoffte heute auf einen Brief von Ihnen. Wahrscheinlich haben Sie keinen Stoff zum Schreiben. I. B. scheint nach Gmunden abgereist zu sein, da er seit 2 Tagen unsichtbar ist. Meine Stimmung verzweifelt.

Weiss wirklich nichts zu schreiben. Bin stundenlang im Geschäft, wo schweigend neben Georg im Comptoir sitze.

Eine hat es noch schlechter, das ist Lotte. Die muss Nacht für Nacht in diesem fürchterlich dunstigen Lokal den ganzen Sommer ununterbrochen geigen – –.

Wie leben Sie?! Schreiben Sie mir doch frei, ohne Bedenken irgend welcher Art!

Gestern habe eine Skizze geschrieben: ›eine uninteressante Persönlichkeit‹ Fels hat mir 10 fl. ausgefoppt, obzwar er wusste, dass seine Aussichten auf die Redaktion der Kunstkronik zu Grunde gegangen sind.

Mein einziger Lichtblick ist »Galytzin, geistige Epidemie«. Ah, wie ich mich kränke über mein Leiden, welches mich jetzt so heimtückisch überfällt, da ich am Weg war, ein Schriftsteller zu werden. Ich habe das Schicksal, das ich verdiene.

Ich habe eine fürchterliche Schuld durch sie; die muss gebüsst werden.

Ich muss zu Grunde gehn, weil ich sie zu Grund gerichtet.

Adieu, schreiben Sie doch bald

Ihrem

Richard.

[8]   An Annie Holitscher

31.7.93.

Meine liebe Aennie: Das war ein entsetzlicher Sonntag. Samstag war ich im Geschäft, um Georg zu fragen, ob er mit mir sein wolle. Aber er war in Reichenau. So sass ich Sonntag unter ungeheuren Schmerzen von 1 – 7 im Café Central. Dann ging ich in die Oper zu den 3 Balletten: Wiener Walzer, Puppenfee, Sonne und Erde. Da ich 4. Stock, 1. Reihe sass, sah ich die Ballerinen nur von oben. Die alte Pagliero bleibt der graziöse Stern der Truppe und Lucietta Balbo der schöne Stern. Beide sind eben Ausländerinnen.

In Fräulein Haentjens, die prädestinirte Nachfolgerin der Abel, kenne ich mich nicht recht aus. Sie hat die Verlegenheit noch nicht überwunden und ohne Freiheit gibt es keine schöne Kunst. Heute regnet es. Wahrscheinlich auch bei Ihnen. Wann werde ich reisen?

Mittwoch, Donnerstag, Freitag, Samstag?!

»Die Frau ist das Geschöpf für den Ueberschuss des Mannes; sie verzehrt seine überflüssige Zeit, seinen überflüssigen Altruismus, seine überflüssige Sinnlichkeit und sein überflüssiges Geld. Oft frisst sie sich aber weiter durch bis in's Notwendige hinein.«

Ich schenke dieses Aphorisma der Nini; sie kann es der Gmundner Zeitung einschicken.

Das einzige, was an mir jetzt tadelos ist, sind meine Zähne.

Ich werde jetzt ein bischen in' Geschäft spazieren und die Leute stören.

Adieu,

Ihr Richard.

[9]   An Annie Holitscher

Wien, 15.X.1893.

Meine liebe Ännie: bitte kommen Sie morgen 6 Uhr zu Demel. Ich verbringe meine Abende u. Nächte, Gott sei Dank, allein. Bin selbst einem heutigen Rendez-vous mit H. nach dem Theater glücklich entronnen, wenn auch nicht ganz mit Absicht. Die Einsamkeit thut mir unendlich wohl, die absolute Unabhängigkeit von Menschen, die Unmöglichkeit, durch ein Wort, eine Geberde irritirt zu werden.

Habe gestern Nacht von 12-5 den tiefsten Genuss gehabt in der Lectüre von A. Strindbergs ›Auf hoher See‹. Da erlebt man das, was Wenigen vergönnt ist, geistiges Glück! Ich suche Concentration und Ruhe, um meiner Leiden Herr werden zu können.

Adieu, auf Wiedersehen.

Ihr Richard.

[10]   An Annie Holitscher

Wien, 18.X.1893

Liebe Ännie: Sind Sie noch in Wien?! Wann fahren Sie?! Bitte um Nachricht, wann Cinia's Geburtstag ist! – – Bin tief verstimmt, verzweifelt. Leben unerträglich. Materielle Ruhe Hauptsache! Sie verstehen das Leben nicht! Darin allein besteht es! Die Sehnsucht nach Geld frisst mein Innerstes auf. Ich leide furchtbar. Geld! Geld! Geld! Da liegt das Glück oder das Elend!

Wer mich da retten könnte! Jeder Kreuzer, den ich jetzt ausgebe, verbrennt meine Gehirnrinde. Und doch musste ich 200 Fl. opfern, um eine Skizze von 2 Seiten zu schreiben! Camilla! Ich bin zerrüttet! Ich möchte fressen, saufen, rauchen bis zur Bewusslosigkeit. Ach! Poularde-Orgien zu feiern, Rebhühner, Vino Chianti – !

Adieu.

P.A.

[11]   An Annie Holitscher

Wien, 7.XI.1893

Liebes Ännchen: Wie geht's?! Denken Sie, eine furchtbare neue Krisis ist über mich hereingebrochen; ich leide wieder, wie im Sommer – schrecklich! Samstag holten mich Frau Popper und Kinder beim Caffé C. ab und ich genoss eine idyllische Stunde in den Strassen Wien's. Hand in Hand ging ich wieder mit den beiden lieben Mäderln – – – –. Sonntag wieder glänzendes Souper bei Euch. Ich ass einen ganzen Rinderkamm. Gewann 60 Krzr. von Louis. Nini sehr hübsch und gescheit – die Arme – sie ersehnt das Ideal und muss im Mann nur das Tier wecken. – Ich habe gestern geschrieben ›Garten-Kunst‹. Sass gestern Montag von 1 Mittag bis 3 Nacht mutterseelen allein. Habe grausame Leiden. Heute regnet es. Bin erst um 4 Uhr aufgestanden. Möchte mich gleich wieder niederlegen.

– – – – – – – – –

M. hat ›Das Kindermädchen‹ sehr gut gefallen. Auch I. Habe gestern ›Hedda Gabler‹ von Ibsen gelesen. Erste grosse Enttäuschung. Eine Frau betrachtet das Werk, das ihr Freund unter dem Eindruck einer anderen Frau geschrieben, als das »geistige Kind« derselben und verbrennt es. Eine gute Idee und ein schlechtes Drama.

Adieu, schreiben Sie bald.

Ihr Richard

[12] An Margarethe Engländer   [Herbst 1893]

Liebe Gretl.

Das ist gar nicht sehr schön von Dir, dass Du mir, dem Dichter, nicht schreibst. Denn erstens möchte er wissen, wie es Dir geht und zweitens solltest Du »wissen möchten«, wie es ihm geht!?

Gestern Abend sagte mir der Sklave Leo's und Paul's: »Mama und Gretl liegen im Bett!« »Ich weiss«, sagte ich, »bei Nacht«. »Nein«, sagte er, »bei Tag«.

Oh! Ist das die Wirkung der kühlen, reinen, dünnen Gebirgsluft?! Ist Mama böse über meinen Brief – – –?! Hoffentlich »nein«! Er enthielt grosse, harte, traurige Wahrheiten – –.

Wer alles versteht, kann nie zürnen – – aber die Andern?! Der eine schwingt sich hinauf und sagt, wie die Schwalbe, die der Habicht, der ruhig auf einem Pünktchen schwebt über dem Wald: »von hier aus sieht alles ganz anders aus«. Aber die Anderen stehen mitten d'rin, halten sich die Ohren zu und schreien: »Unmensch!« Seit vierzehn Tagen habe ich furchtbare Rückenmarkskrisis und leide fast Unerträgliches.

So konnte ich mich bis heute nicht entschliessen, Mizi zu besuchen.

Mit wem verkehrt Ihr?! Warum liegt Ihr im Bett?! Ich habe Neues geschrieben:

Idylle. (mein Allerbestes)
Musik. (mein Allerbestes)
Gil blas illustré. (mein Allerbestes)
Der Mahnbrief. (mein Allerbestes)
Familienleben. (mein Allerbestes)
Im Stadt-Garten. (mein Allerbestes)
›Der Cid‹ – Herr Winkelmann. (mein Allerbestes)
Nachtleben. (nicht Nachtkaffé). (mein Allerbestes
     – – ? (mein Allerbestes)

Du siehst, es kommt oft über mich – das dichterische Gruseln! Ich liege da, habe schreckliche Rückenkrämpfe, saufe Slivovitz – -; plötzlich erscheint die Fee, führt mir die Hand und schreibt eine »Skizze«. Den Titel mache dann ich dazu. Der ist meine Erfindung, Alles andere macht sie – – –.

Im ›Familienleben‹ bist Du verherrlicht.

Es kommt vor: »Aber die Schwester, mit ihrer süssen Seele, sass da – -; sie hatte ganz traurige, feuchte Augen und stützte den Kopf in beide Hände – – –. War das die Freiheit und die Wahrheit – –?! Da liebte sie mehr die schöne Lüge des Lebens und seine süsse Knechtschaft.«

›Der Cid – Herr Winkelmann‹, wird Dir, glaube ich, sehr gut gefallen. Eine junge Dame soupirt mit einem älteren Herrn, unter dem Eindruck des ›Cid‹. Das ist das Ganze. Alle waren davon entzückt. Fels hat es dreimal gelesen, Ch. Holitscher viermal. Alles liegt zwischen den Zeilen. Zusammen mit dem Leser erst wird es etwas Tiefes – –.

Wann wirst Du sagen können, wenn man fragt: »Was ist denn das mit dem Bruder, dem Lumpen, dem eingebildeten Kranken?!« – Wann wirst Du sagen können: »O, bitte, er ist ein Dichter! Kaufen Sie ihn! Er kostet nur einen Gulden zwanzig Kreuzer!«

[13]   An Annie Holitscher

27.11.1893

Meine liebe Ännie:
Was soll ich Ihnen da sagen?! Das ist auch eine Krankheit, die Sie haben. Es gibt vielleicht auch da Heilmittel; aber ich habe sie nicht. Warum soll gerade M. Klein das sein? Das ist stupid. Nicht der und nicht der. Aber warum nicht einer, der nicht da ist und nicht kommen wird? Könnten Sie dann nicht schreiben: »Lieber, lieber Freund, ich weiss jetzt, was das Leben ist für Uns – einen Menschen suchen, finden, der einem Vertrauen gibt, zu ihm, zu sich, zum Leben. Ich habe die Wahl zwischen einem ›grossen, ungezogenen Kind‹ und einem ›kleinen, wohl erzogenen Mann‹. Ich nehme beide. Man kann das – – –.«

Da sass ich gestern von 3 Uhr früh bis 7 Uhr zwischen entlassenen Kellnern, Fiakern, Strizzi's, Kavalieren und Mädchen. Da stand eine bleich vor meinem Tisch und starrte so in den rauschvollen Saal. »Was haben Sie«, sagte ich und legte meine Hand auf die ihrige. Sie hatte Furcht vor einem riesigen Menschen, der sie gern hatte und den sie ablaufen liess. Sie ist die grösste Schönheit, die ich je gesehen habe. »Ich traue mich nicht weg und nachhause«, sagte sie. »Ich liebe Niemanden und hasse die Liebe.« Wir wurden rasch Freunde. Zu Ihnen hat man gleich Vertrauen, sagte sie. Ich brachte sie zu mir, weil sie nicht nachhause wollte. Sie schlief in meinem schönen Bett ich auf dem Divan. Um 4 Nachmittag erwachte ich. Sie lag da, wie der schönste Engel und schlief. Ich setzte mich ans Bett und bewunderte sie. Um ½ 5 erwachte sie. »Nicht wahr, Du bist ein Christ?« sagte sie. »Ja«, sagte ich, Sie hatte einen Atem wie süsse Mandeln. So lebe ich.
Ernst Schweinburg ist todt.

Adieu, Ihr Richard.

[14] An Annie Holitscher

7. Febr. 1894

Liebe Aennie, Sie kommen erst nächsten Mittwoch dran. Gratuliere zu Lamber. Habe vorgestern eine Skizze der Jakobine gewidmet. Grosse Rührung. Wurde für wahren Dichter erklärt. Opposition von Berthold, der ausser sich sein soll vor entsetzlichstem Neid. Denken Sie, Georg hat es nach dem Nachtmahl vor Leo und allen vorgelesen. Louis hat mir noch Nachts schriftlich darüber berichtet. Der Titel heisst: ›Baissa flor‹ – »der die Blume küsst«. So heisst nämlich der Kolibri. Ich habe entsetzliche Rückenschmerzen. Sie haben mir nachträglich so leid getan wegen Lamber; Ihr »Paff-sein« war grotesk. Sie waren dem Wahnsinn nahe – und die Schande vor Helene – man hätte das nicht überleben können – so ein Paket!

Ihr

Richard

[15] An Annie Holitscher   [Poststempel: Wien, 8.3.1894]

Liebes Aennchen: Ich bringe selbstverständlich den Freitag-Abend bei Ihnen zu. Denken Sie, die schwarze Mizi hat sich gestern verlobt mit Advokat Ullmann. Gutes Kanzleichen und bischen Privatvermögen. Sehr hässlich. Lernte sie vor 2 Wochen am Kränzchen kennen. War heute zu Hause bei Mama. Habe ihre Aufregung wegen Donnerstag-Kränzchen nicht begriffen. Ich tanze sehr gern und benütze die Gelegenheit. Habe kein Interesse de cœur. Auch nicht du corps. Habe heute geschrieben: ›Das verrufene Haus‹; ein Skizzlein. Mama schenkte mir zum Geburtstag 20 Gulden. Gestern sehr interessante Scene bei Riedhof, wo Louis und Georg nach Pagliacci kamen. Georg sagte Louis seine Meinung über Gretl, worauf der Vater der Sandrock's sein Weinglas erhob und es auf Georgs Wohl leerte und sich vorstellte. »Schützen Sie Ihre schöne Schwester« sagte er. Ich habe Rückenschmerzen:

Adieu

Ihr Richard.

[16] An Margarethe Engländer   [Poststempel: Wien, 4.7.1894)

Liebe Gretl. Dein Brief war wirklich grosartig. Er war einfach und kühn. Das Einfache ist immer kühn! Es darf sich zeigen, nackt. Du hast von mir gelernt, zu schreiben wie man denkt. Wie es kommt, kommt es. Kein Satz extra zugeschnitten, sondern gleich aus dem Gehirn, aus dem Herzen hingeschmissen – –. Wie schön ist das »man kann nicht lagern, man muss auf der Bank sitzen – –.« Da ist Alles darin! Das Mieder des Lebens. Ich habe nur zwei Skizzen geschrieben: ›Wie wunderbar – –!‹ und ›Die Zukkerfabrik‹, welche allgemeinen Beifall hatten. Hermann Bahr schrieb mir:

»Ich habe wieder Ihren Don Juan mit unendlichem Entzücken gelesen und wünsche sehr Ihre persönliche Bekanntschaft zu machen – –.«

Mein Rückenmark verwandelt sich langsam in eine »gelatinartige Masse«, wie der technische Ausdruck lautet, und diese Kocherei thut entsetzlich weh. Georg benimmt sich gegen mich wie ein Heiliger. Er hat meine Soupers im Riedhof durch 6 Wochen gezahlt und mir einen Regenschirm geschenkt. Sehnsucht nach M. K. tief wie das Meer. Schreibe bald Deinem armen
R.

[17] An Arthur Schnitzler   [Anfang Juli 1894]

Lieber Dr. Arthur Schnitzler.

Auf ihren Wunsch sende ich Ihnen eine Skizze ›See-Ufer‹ u. hoffe, daß dieselbe Ihnen nicht zu sehr missfallen wird.
Ihr
Richard Engländer.

[18] An Arthur Schnitzler   [12. Juli 1894]

Lieber Dr. Arthur Schnitzler.

Ihr wunderschöner Brief hat mich wirklich außerordentlich gefreut. Wie schreibe ich denn?!

Ganz frei, ganz ohne Bedenken. Nie weiß ich mein Thema vorher, nie denke ich nach. Ich nehme Papier und schreibe. Sogar den Titel schreibe ich so hin und hoffe, es wird sich schon etwas machen, was mit dem Titel im Zusammenhang steht.

Man muß sich auf sich verlassen, sich nicht Gewalt anthun, sich entsetzlich frei ausleben lassen, hinfliegen –.

Was dabei herauskommt, ist sicher das, was wirklich u. tief in mir war. Kommt nichts heraus, so war es eben nichts wirklich und tief darin und das macht dann auch nichts.

Ich betrachte schreiben als eine natürliche organische Entlastung eines vollen, eines übervollen Menschen.

Daher alle Fehler, Blässen.

Ich hasse die Retouche. Schmeiss' es hin und gut – ! Oder schlecht! Was macht das?! Wenn nur du es bist, du und kein Anderer, dein heiliges du! Ihr Wort »Selbstsucher« ist wirklich außerordentlich. Wann werden Sie aber schreiben »Selbstfinder«?!

Meine Sachen haben das Malheur, daß sie immer für kleine Proben betrachtet werden, während sie leider bereits das sind, was ich überhaupt zu leisten im Stand bin. Aber was macht es?! Ob ich schreibe oder nicht, ist mir gleichgiltig.

Wichtiger ist, daß ich in einem Kreise von feinen gebildeten jungen

Leuten zeige, daß in mir das Fünkchen glimmt. Sonst kommt man sich so gedrückt vor, so zudringlich, so schief abgeblinzelt. Ich bin so schon genug »Invalide des Lebens«. Ihr Brief hat mich sehr, sehr gefreut! Sie sind überhaupt Alle so liebenswürdig gegen mich. Jeder ist wolwollend. Sie haben mir aber wirklich wundervolle Sachen gesagt. Besonders das Wort »Selbstsucher« eben.

Ich bitte Sie, man hat keinen Beruf, kein Geld, keine Position u. schon sehr wenig Haare, da ist so eine feine Anerkennung von einem »Wissenden« sehr, sehr angenehm.

Deshalb bin u. bleibe ich doch nur ein Schreiber von »Mustern ohne Werth« u. die Waare kommt alleweil nicht. Ich bin so ein kleiner Handspiegel, Toilettespiegel, kein Welten-Spiegel.

Ihr Richard Engländer.

[19] An Richard Beer-Hofmann [Sommer 1894]

Lieber Freund.

Ich sende Ihnen mein ›See-Ufer‹ und bitte Sie dasselbe in die »Villa Wien, Esplanade« zu schicken.

Hoffentlich misfällt es Ihnen nicht zu sehr – –.

Ihr
Richard Engländer.

[20] An Margarethe Engländer [Juli 1894]

Meine liebe, liebe Gretl.

Das Zusammensein mit Hilda an dem gestrigen Tage, bringt den Entschluss Dir zu schreiben, zur Ausführung. Hilda und Rudolf waren blond und rosig und stark und fein und gut zusammengestimmt. Ich führte sie zu unserem herrlichen Conditor, wo wir Zwetschkenkuchen assen. Dann fuhren wir auf dem See, dann begleitete ich sie zur elektrischen Bahn. Hier ist es wie im Paradiese und ich bitte Dich sehr, herzukommen. Es wird wenig kosten und Du wirst an dem Glücke dieses unbeschreiblichen Landaufenthaltes theilnehmen können. Ich habe mich von Holitscher ganz emanzipirt und geniesse die herrlichsten Tage in seelischen Räuschen. Meine körperlichen Leiden haben wenn möglich noch zugenommen. Daher habe ich auch bis heute die freundlichste Einladung von Frau Schwab nach Ischl anzunehmen mich nicht entschliessen können, da ich von 3-7 Uhr einfach unmöglich bin in Folge Rückenmarksschmerzen.

Ich liebe hier ein Kind von 10 Jahren, mit welchem ich Abend ausrudere und die herrlichste Conversation führe. Heute sprach sie über Nathan den Weisen. Dann schwärm ich für die hellblonde Ella Engl, Tochter des Salonblatt, welche mir Rosen schickt. Du kannst Dir nicht vorstellen, wie wunderbar sie ist. Dann verkehre ich in der reizendsten Bauernfamilie von der Welt. Die beiden Töchter singen nach dem Souper (Brod und Bier) zweistimmige Lieder. Es ist Haus Lecher in seinen schönsten Zeiten. Gestern holte ich die beiden Mädchen ab und fuhr Abend mit ihnen auf den See. Wir hielten in einer buschigen Bucht und sie sangen. Wie sie mir dankten! Sie sagten:»Das war ein Abend wie mit einem Dichter!« Diese süsse Reinheit der Herzen, diese tiefe Liebe zur Natur, diese Freiheit, dieser Takt! Röschen Gaigg sagte, als ich mit ihr über die Esplanade gieng:»Sie sind nicht stolz, Sie sind wie unser Herr Jesus.«

Dieses Röschen nun möchte nach Wien in Dienst. Könntet Ihr sie vielleicht brauchen?! Sie ist das Beste. Sie näht, bügelt, macht Kleider, arbeitet den ganzen Tag. Sie ist riesig nett, reinlich wie eine Holländerin. Sie ist 18 Jahre, Du wärest entzückt von ihr. Sie sieht Dir ein bischen ähnlich, nur nicht so hübsch. Vielleicht könntet Ihr sie brauchen!?

Sie ist eine Perle. Wie geht es Mama, Georg, Papa?! Ich bin hier fast seelig, Du kannst Dir nicht vorstellen, wie göttlich es ist, jede Stunde ist ein Geschenk Gottes. Komme doch her. Samstag kommt meine Freundin Charlotte Glas zu mir auf Besuch für drei Tage. Ich freue mich sehr. Das Theater ist glänzend. Jetzt ist Berthold Weiss da von Ostende. Ich soupirte heute mit ihm. Aennie ist noch nicht da, Warum hast Du nie geschrieben?! Und Georg?! Er sollte herkommen. Oh wie schön ist es hier, gar nicht zum sagen. Adieu, grüsse Mama, Papa, Georg, Mizi, Isidor.

Dein Richard.

[21] An Annie Holitscher

29. Sept. 94

Meine liebe ännie.

Ich höre von Ihrer thränenreichen Reise. Ich spreche immer über Sie. Klingen Ihnen nicht Ihre wunderschönen Ohren?! Hier sind frische lebendige Herbsttage. Ich geniesse dieselben mit Louis und Nini. Jeden Abend sitze ich bis 8 Uhr bei Prillinger, wo das holdeste Geschöpf der Welt wohnt, Helene Michalek. Da plaudern wir mit dem bescheidenen festgefügten Liserl u. atmen diesen Frieden der über Wald und See liegt. Dazu essen wir excellenten Schinken u. trinken Cumberland-Thee mit der Herzogskrone. Abend saufen wir im Schiff das goldene Stiegelbräu u. Nachts sitze ich im »Brunnen« mit den lieben stillen Gmundnern. Haas und Lang sind Prachtmenschen.

Der Apfel Gold-Maschantzker.

Weinend reiste sie ab. Auf ihrem Schoosse hielt sie einen wunderschönen Apfel, den er ihr am letzten Tage gekauft hatte. Er hatte die Farben »sonniger Herbst«.

Sie dachte:»Wärest Du früher so lieb gewesen – – – – – –. Warum schenkst Du mir jetzt diesen grossen wunderschönen Apfel – – –?!«

Sie behielt ihn auf ihrem Schoosse – – – – –.

Nach dem Souper in der Stadtwohnung verteilte sie den Apfel an Papa, Mama, die Tante, die Schwester.

»Ausgezeichnet – – –«, sagten Alle u. kauten. Auf ihrem Teller lagen die goldbraunen Schalen u. das weisse Mittelstück mit den schwarzen Kernen. »Solche Aepfel sollte man oft bekommen«, sagte der Vater.

»Nein – «, dachte sie und spielte mit den Schalen, welche die Farbe trugen »sonniger Herbst« – – – – – – –.

Schreiben sie bald. Grüssen Sie Helene, Mama.

Gestern war ich in Ischl u. holte meinen Koffer. Die Fahrt war wie durch ein Wunderland. Ich starrte nur so in diese Herbstlandschaft hinein.

Abend war ich wieder im Café Schiff bei Pauli et Julie. Nini sagt immer von Louis: »Er ist so herzig« – – – –.

Schreiben Sie bald, Schreiben Sie bald. Erzählen Sie die kleinen Détails des traurigen Stadtlebens.

die Stürme des Sommers sind vorüber – – –,

Wie jung, wie eselhaft jung war ich !

Adieu,   Ihr Richard.

[22] An Helene Holitscher   [Poststempel: Gmunden, 19.10.1894]

Liebe Helene. Kann mich nicht entschliessen, wegzufahren. Besonders beim Erwachen packt es mich und muss ich 2 Stunden liegen bleiben vor Schmerzen. Und da soll ich den öden Sonntag in Wien sein?! Hier brennt ein wundervolles Fichtenholzfeuer im Café und draussen schimmern die Wälder weiss und die Duckenten stehen zu 30 beisammen. Da kann man sich seinen Qualen ungestört hingeben. Niemand stört Dich. Ich bin wie exilirt. Dann fahre ich um 1 Uhr hinüber, gehe bis Hoisen, steige bis zu den Wäldern. Dann Thee bei Steinhaus, wo Lisi und Marie bei mir sitzen. Es wird Nacht. Jetzt scheint der Mond, macht aus den Baumkronen silberdurchwirkte Schleier. Um 9 soupire ich im Schiff, lese. Ah die herrliche ›Madame Chrisanthême‹ des Pierre Loti. Ich bin tief unglücklich verliebt in Japan. Dieses Buch hat mir gezeigt, in welche Welt ich gehöre. Immer war es meine Sehnsucht, dieses Künstler-Land. Ich komme Montag. Grüssen Sie Aennie herzlichst. Wenn Sie gleich antworten, bekomme ich vielleicht Sonntag oder Montag ein Schreiben.

Adieu

Richard.

Peter Altenberg: Beschriftete Ansichtskarte ›Cherry. Tokyo‹.
»Land meiner Sehnsucht. / Peter Altenberg«

[23] An Helene Holitscher   [Gmunden, Oktober 1894]

Liebe Helene. Ich danke sehr für Ihre ausführlichen Nachrichten. Ich schreibe an Ännie, Georg, Mizi – keine Antworten. Das ist unhöflich gegen einen sehr Einsamen. Das Leben hier ist die »lieblichste Idylle«. Süsser Friede herrscht, der Mond macht seine wundervollen Sachen u. alle Leidenschaften ruhen. Ich bleibe solang ich Geld habe, also sollte ich morgen abreisen. Meine körperlichen Qualen sind furchtbar. Heute war ich in Ebenzweier. Da kann man gar nichts sagen. Die Baumblätter waren rosenroth, rostgelb, goldbraun, apfelgrün; ich stand still u. dachte nach, ob der Schachtelkäse in Ebenzweier jung oder alt sein würde.

Amseln machten das alte Laub rascheln, eine Sumpfdotterblume leuchtete auf der Wiese – –. Gott sei Dank, er war jung, jung wie Helena Michaleka – – – –. Heute Abend der Circus. Auf den Plakaten stand: »p.s. ich erlaube mir noch zu bemerken, dass ich 8 Pferde habe, während mein Concurrent Fönyöt derer thatsächlich nur 5 besitzt – –.«

Er hatte aber nur 3 Pferde u. ein dressirtes Schwein. Dieses war das herzigste. »Das ist wirklich eine Schweinerei, wie Du Dich heute aufführst« sagte der Clown zu ihm.

Tout Gmunden war anwesend. Auf einem geflochtenen Strohsessel sah man Madame Oppolzeria in einer prachtvollen weissen Flanelljacke. Unter ihren Füssen war Sägespan gestreut wegen der Feuchtigkeit. Einige kamen gegen Schluss, nur pour causer un peu, voir ce que c'est – – –.

Ich hatte einem kleinen Mäderl, die aussah wie Helena Michaleka, einen Sitz genommen, aber ohne Sägespäne. Sie sass neben mir, dicht daran. Wir waren eine Gruppe: le poëte et l'enfant. Ich amüsirte mich viel besser als sie, denn ich hatte noch sie, sie aber hatte – – mich.

Ich gewann ihr kleines süsses Herz – –.

»Verfluchter Hund« würde Louis sagen. Er würde vielleicht sogar »Schwein« sagen. Aber das ist gar nicht so.

Es war halt ein »gelebtes Gedicht«. Man muss immer »Gedichte erleben«. Sie hiess Juli. Ich fügte ein e an u. sagte »Julie« u. streichelte ihre braunen Haare.

Herr Püringer vom obern Stadtplatz sass da mit seiner Fischilltochter. Ich war aber viel reicher – –. Ich hatte eine, die mich nicht hatte –.

Ich habe heute Nacht ein Buch gelesen, das höchste: ›Erloschenes Licht‹ von Rudyard Kipling.

Sagen Sie Ihrem Papa, dass ich mich sehr an seinem Leiden betheilige. Die Nachtstunden mit jeunesse von Gmunden sind Schakespearisch.

Warum verstummt Mademoiselle Ännie?! Sie soll ›erloschenes Licht‹ lesen.

Ich bin der einzige Jude hier, der einzigste. Und wie ich mich benehme. Wie der Luchs schleiche ich an dem Antisemitismus vorbei, trinke ab-

norm viel, kämme die Sechser u. bin von einer scheusslichen Bescheiden-
heit. N. und L. haben mich hierin nervös gemacht. Jetzt spiele ich meine
Rolle sans gêne. Schreiben Sie bald. Mama habe ich verurtheilt, endgiltig.
Schreiben Sie über Papa, Annie.

Adieu

Ihr Richard.

[24] An Annie Holitscher

25. Oktober 1894

Liebe Aennie!
Obzwar ich nicht mehr erwarte von Ihnen Antworten zu erhalten, sage
ich Ihnen dennoch kurz, schlicht, dass ich erstens in Wien Mittwoch
abends angekommen bin und zweitens, von manchen Erinnerungen be-
drückt, es tief bedauert habe, Sie hier nicht mehr zu sehen. Wenn ich
meine Abreise bis gestern verschob, war es die ausschliessliche Folge von
körperlichen Qualen, von welchen zu sprechen ich mir hier nicht mehr
erlauben werde. Immerhin kann ich es nicht aus der Welt schaffen, dass
ich, an einer der unglückseligsten Krankheiten leidend, von Verzweiflun-
gen erfüllt, mich mit meiner so unnötigen Person zu beschäftigen ge-
zwungen bin. Ich habe jetzt im Frieden gelebt, unabhängig von Gefühlen,
Pflichten – so wie es einem schwer Kranken geziemt und habe mancherlei
Anregung erfahren. Ich rechte nicht mit Ihnen, wie Sie mit mir. Dennoch
hätten Sie mich so erfassen sollen wie die Seele meiner Organisation es
sich ersehnt. Sie haben es jetzt gesehen, ich brauche weder Händler's
noch hoch-Andere; es kommen im Buche des Lebens immer neue zarte
Kapitel, man lebt sie künstlerisch aus – und liest weiter. Wissen Sie was
meine Lieben waren in den drei Wochen?! Loti's Chrisanthême, ›la bête
humaine‹ und ›erloschenes Licht‹; dann der rote Buchenwald, die Abende
mit den Bauern unterm Stein, ein kleines 13 jähriges Mäderl und die sorgenlos-öde Stimmung der Gmundner. So waren es im Sommer wieder
andere Regungen, das Leben als ein Theater zu betrachten! Seien Sie ge-
scheidt, gut und gnädig.

Ihr   Richard

[25] An Annie Holitscher

(14.3.1895)

Liebe Ännie. Ich höre von C., dass es H. nicht besonders geht u. dass sie
nach D. fahre. Ich lasse ihr also adieu sagen. Vielleicht komme ich morgen Abend hinauf (Freitag). Bitte mich aber nicht zu erwarten, da ich es
nicht bestimmt weiss. Ich leide entsetzlich. Abends schickte mir Gretl
einen Sitz in das Böhmische Streichquartett. Hermann Bahr hielt einen
Vortrag über Jung-Oesterreich, lancierte Baron A[ndrian] als neuen

Stern, erwähnte nicht einmal meinen Namen. Freilich ist Andrian Loris'
Spezi u. gedruckt. Übrigens geniert mich das Alles nicht. Ich weiss, dass
ich nicht der Talentloseste bin. Freilich müsste man gesund sein u. immer
parat. Bahr u. die »Dichter« haben mich fallen gelassen, von der Griensteidl-Gesellschaft zieh ich mich zurück, weil ich in Folge körperlicher
Qualen nicht mithalten kann. Jetzt kommt mir die Weisheit zu statten!

Ihr Richard.

[26] An Karl Kraus   [Ende Mai 1895]
Mein lieber Karl.
Ich habe einen wunderschönen Nachmittag mit den Damen Ihrer Familie
verlebt. Alle hatten schöne weiße Kleider, feine helle Strohhüte und waren
sehr gemütlich. Aber tief entzückt hat mich ihre jüngste Schwester. Ich
saß mit ihr in der Conditorei und wir sprachen über das Leben und Complicationen de l'âme humaine. Wie weise, wie zart, wie tief-denkend war
sie! Ich war wirklich entzückt, begeistert. Später, auf dem Boote, in der
Blumen-Schlacht, sprachen wir wenig mit einander. Ich wusch nur ihr
Spitzen-Sacktuch im See-Wasser aus, legte es zusammen. Mein lieber
Karl, das ist eine feine noble Persönlichkeit, so eine milde, der das Leben
nicht hält, was es ihr gleichsam in die Seele hinein versprochen hat. Ich
habe eine schöne Erinnerung mehr eines süßen verkümmernden Frauen-
lebens.
    Ich glaube, sie könnte davon leben, daß ein Mann ihr eine Rose reicht
oder sagt: »Lesen Sie dieses oder jenes, Fräulein – – –«, oder: »wie leben
Sie, haben Sie lange einsame Stunden?!«
    Es ist eine zarte Blüthe, eine die das brutale Wachsthum verloren hat
und dafür duftet und im Hauch des Lebens bebt, sich neigt.
    Grüßen Sie sie herzlich von mir u. empfehlen Sie mich ihren Damen,
welchen ich in Gmunden in der Bewegung des Festes adieu zu sagen nicht
mehr die Gelegenheit hatte.

Ihr

Richard

P. Altenberg
Wann fragen Sie bei S. F. an?!

[27] An Karl Kraus   [Ende Mai 1895]
Lieber Karl.
Ich bitte Sie, machen Sie doch ihre Schwestern mit dem Inhalt meines
Briefes theilweise bekannt, da ich heute aus einer frechen Tratscherei er-
fuhr, daß ich mich nicht am Blumencorsotage von denselben verabschiedet hätte. Die Damen stellten sich mit einer mir fremden Familie 10 Mi-
nuten hin u. so verlor ich dieselben in dem Gedränge von 20 000 Men-

Peter Altenberg. Beschriftete Ansichtskarte »Gruss vom Blumencorso in Gmunden«. »Peter Altenberg / Aber den Menschen genügt nicht die stille Natur – – – sie müssen lärmende Feste feiern !! / PA«.

schen. Es thut mir das sehr leid wegen ihrer jüngsten Schwester, welche meine unzerstörbaren Sympathien sich durch feine Züge edelster Menschlichkeit erworben hat. Ich verharre bei so seltenen Edelsteinen, wie Offenbarungen süßer Menschlichkeiten, in einer unaussprechlichen [?] Dankbarkeit u. wenn ich auch Geist u. Herz für Millionen schöner Eindrücke offen halte u. empfänglich, verlösche ich nie die zarte Schrift, mit der man in meine Seele sich eingezeichnet hat als ein Hoch-Mensch. Ich will brutal sein gegen den »mittelmäßigen Menschen«, aber die Aristokratin möge an meinem Benehmen nichts Tadelndes finden. Also richten Sie mir das u. schreiben Sie nächstens an S. Fischer.

Kommen Sie bald herüber.

Ihr

Richard.

[28] An Karl Kraus [Poststempel: Wien, 14.7.1895]

Lieber Karl Kraus. Ihre freundliche Karte erhalten. Ach warum hat die liebliche Kuh die Haare abgeschnitten?! Ich fahre Mittwoch [!] nach Gmunden. Von S. Fischer keine Nachricht. Schlimmes Zeichen. Haben Sie vielleicht Hiobs-Brief?! Charlotte Glas immer gleich interessant und schöne Hand-Geberden. Strauss macht noch immer Sokrates-Mienen wegen gar nichts. Denken Sie viel an Salten, Sie Kriemhilde?! Hier ist es grässlich.

Leben Sie wol, kleiner Herr, schreiben Sie mir nach Gmunden »Goldener Brunnen«.

Ihr treu ergebener

R. Altenberg – E.

[29] An Arthur Schnitzler   [Gmunden 30/7 95]

Lieber Dr. Arthur Schnitzler.

Ich habe nach Wien geschrieben in ihrer Angelegenheit, glaube aber, daß es mit Schwierigkeiten verbunden sein dürfte. Jedesfalls benachrichtige ich Sie. Kommen Sie doch herüber. Sie sind gesund u. mobil. Kommen Sie mit Richard Beer-Hofmann. Ich bin wie stets von Gmunden tief entzückt. Es ist gleichsam für mich geschaffen. Und dann, es muß mir halt die Welten-Schönheit repräsentiren. Wenn die Leute am Strande hin u. hertrippeln, ist es Ostende, Scheweningen, wenn die Musik spielt u. Damen in Chiné-Seide erscheinen, ist es Karlsbad, Marienbad, wenn der Traunstein ziegelroth wird, ist es die Schweiz u. wenn der Abendfriede kommt, ist es die Welt, die Zukunft, das Ende. Glauben Sie mir, lieber Dr. Arthur, wir Armen sind wie gewisse Kranke. Gewisse Organe verfeinern sich, erhöhen ihre Leistungsfähigkeiten, um den Ausfall anderer zu dekken. So ist es mit der Potenz in jeder Form. Ekonomische[!] Kräfte, sexuelle Kräfte werden durch erhöhte seelische ausgeglichen. Das Gehirn übernimmt gleichsam ihre Aufgabe u. macht sich die Verkümmerung zu Nutze.

Sie werden sagen: »das ist nicht Harmonie, mein Lieber – – –.« Wenn Sie das aber nicht antworten, werde ich Sie noch höher schätzen, nach meinem berühmten!? Ausspruch: »Weise sein heißt, auch das noch verstehen, was man nicht mehr versteht!!«

Adieu, also kommen Sie doch herüber.

Ihr aufrichtig freundschaftlicher

Richard Engländer.

[30] An Karl Kraus   [Poststempel: Gmunden, 3.8.95]

Lieber Karl. Warum kommen Sie nicht herüber?! Sind Sie in den Banden der süßen blonden Kuh?! Mir geht es sehr schlecht. S. Fischer ist stumm. Alfred Gold sprach ich hier. Der See ist schön. Mein »Kantharidin« Mimi Ghittis ist in Ischl. Hier ist eine junge Frau, zu welcher ich sage: »Königin«. Dann ist ein kleines Mädchen hier von 8 Jahren, zu welcher ich »Princess« sage, aber nur mit den Augen.

Heute sind hier hellgraue u. dunkelgraue Wolken, einige liegen sogar auf den Tannenwipfeln u. zerfetzen sich. Ihre blonde Kuh muß gut riechen,

PETER ALTENBERG

KARIKATUR VON HANS SCHLIESSMANN.

Hans Schliessmann. Peter Altenberg. Karikatur.
Signiert und datiert: 8. Juli 1895.

man möchte sie auf die rosigen Bruströschen küssen. Kommen Sie doch
herüber, Herr Karl, hier gibt es auch Zeitungen u. kalten Kaffee mit ge-
stoßenem Zucker. Empfehlen Sie mich ihrer Schwester, der jüngsten u.
seien Sie herzlich gegrüßt von ihrem

Peter Altenberg.

[31] An Hermann Bahr   [zwischen Ende Juli und 20. August 1895]

Lieber, verehrter Herr Hermann Bahr.

Ich schreibe aus Gmunden. Leider konnte ich ihre Rückkehr nicht abwarten. Hoffentlich gestatten Sie mir, Sie nach meinen Sommer-Ferien zu
besuchen. Ich habe mit tiefer Begeisterung ihren Essay ›Ewig-Weibliches‹
gelesen, zumal ich von dieser Anschauung u. Empfindung erfüllt bin. Ich
habe einmal in einer meiner Sachen geschrieben: »Und was war sie, Anto-
nietta?! Sein eigenes Selbst, das, losgelöst von seiner ›Mannes-Denk-Last‹,
in freiem Fluge in die Sterne zog. Wie ein Kristall des Lebens war sie, der
sich in Ruhe bilden konnte, während der Mann, gerüttelt und gestört,
amorphe Masse bleibt, mit der organischen Sehnsucht nach Kristall-Wer-
dung.« – – –

Es ist hier ein junger intelligenter Buchhändler bei »Mänhardt«, welcher
das Poussiren der ›Zeit‹ zu seiner idealen Aufgabe macht.

»Ich bin glücklich«, sagte er mir gestern, »ich habe zwei Vierteljahr-
abonnenten erobert und sie liegt im Casino auf u. an der Esplanade. Ich
muß es noch auf 30 Abonnenten bringen. Wir sind die schäbigen Hand-
langer der Litteratur, immerhin duftet es ein bischen nach Ideal.«

Wirklich lasen Damen in Chiné-Seide und mit französischen Blumen
auf den Strohhüten gestern bei »Wiegand« die ›Zeit‹, welche in ein feines
Bambus-Geflecht eingebunden war.

Adieu, ihr ergebener
Richard Engländer
Gmunden, Goldener Brunnen.

[32] An Hermann Bahr   [früher Herbst 1895]

Sehr geehrter Herr Hermann Bahr.

Bitte, nehmen Sie es mir nicht übel, verzeihen Sie mir, wenn ich an Sie
schreibe.

Aber es ist nämlich so. Ein schweres Nervenleiden, welches mich me-
lancholisch und menschenscheu macht, verhindert mich, ihre ersehnte
persönliche Bekanntschaft zu machen, welche Sie mir im Sommer in
Aussicht stellten. Ich lebe sehr viel in Ihnen, in ihren wund[er]schönen
Essay's. Ich habe immer die Ansicht: »das kannst nur du wirklich verstehen – – –.« Aber wie Viele glauben so etwas; immerhin bedeutet es
vielleicht, daß man gut »zwischen den Zeilen liest«. Zum Beispiel er
spricht vom Einfluß japanischer Malerei auf die Litteratur. Da habe ich
eine Offenbarung. Und so in allen Sachen. Oft erheben Sie das, was ich
ganz versteckt fühle, zu einem ganz klaren einfachen Prinzip – – –.

Zum Beispiel sagen Sie:»das Musikalische wird kommen – – –.«

Also denke ich sehr viel an Sie.

Nun habe ich noch eine Bitte. Ich möchte nämlich meine Skizzen in

einem Band herausgeben und bitte Sie sehr, ob Sie mir da ein bischen ihre Unterstützung geben möchten. Zum Beispiel eine Empfehlung an S. Fischer in Berlin. Ich habe nämlich nicht viel Geld dazu u. möchte doch einen guten feinen Verleger haben. Ich schreibe das, obzwar ich nicht weiß, ob sich das überhaupt schickt. Vielleicht nehmen Sie es mir nicht übel.

Ihr Richard Engländer,
I. Herrengasse, Café Central

[33] An Annie Holitscher

8.X.1895

Liebe Ännie!
Wie geht es Ihnen?! Was erleben Sie?! Hier ist der alte herrliche Oktober-Friede, gleichsam ausströmende Friede. Auf dem Quai, auf der Ebenzweier-Strasse brennt die Sonne. Gestern Sonntag Nachmittag war ich mit dem Verwalter Kwais, seiner Frau und Töchterchen Frieda in Ebenzweier zur Jause. Abends soupierte ich im Schiff mit M. Narbeshuber und Frau, Sekretär Wein und Frau. Wir blieben bis 1 beisammen.

Für Mittwoch bin ich zum Souper geladen bei N. Heute war ich Marienbrücke. Die zwei Mädchen Breuer sassen an einem Tisch und lasen. Ich habe seit Ihrer Abreise nicht einen Bissen Fleisch essen können und es wäre sehr artig von Ihnen, mir von Schnarf eine ungeheure Menge Selchfleisch mit runder grosser blasser Rose zu senden. Sie müssen es natürlich kosten. Ich zahle Alles auf der Post.

Ich speise Mittag Parmesan.

Der Probedruck ist nicht gut ausgefallen, hingegen habe ich gestern am Spaziergang Vormittag meine beiden Skizzen-Reihen ›Frau Bankdirektor‹ und ›Revolutionär‹ zu meiner grossen Zufriedenheit vervollständigt, nämlich die Psychologie ein bischen theoretisch herausgetrieben in's Relief, deutlicher gemacht. Ich müsste in Berlin sein, um den Druck Seite für Seite überwachen zu können. Meine Bitte um Einhaltung der Zeilenabschnitte outrierend, wurden Reden einer einzigen Person zerschnitten in lächerliche Absätze. Habe sogleich geschrieben und die Nachtrag-Skizzen von gestern eingesendet.

Sehen Sie meine Familie?! Grüssen Sie Nini.

Frau N. und Frau W. wünschen sehr, dass sie ihren jungen hübschen Männern alles wären. Diese ziehen aber manchmal das Stiegelbräu vor, weil es immer frisch ist. Frau N. übrigens spielt ihrem Manne jeden Nachmittag Schubert plus Beethoven vor. Das hält ihn von 3-5. Aber Frau W?! Sie kann Nichts vorspielen. Diese ist aber auch sanft und sieht ihren Mann nur verwundert an, eigentlich interessiert sie seine Lebensauffassung.

36

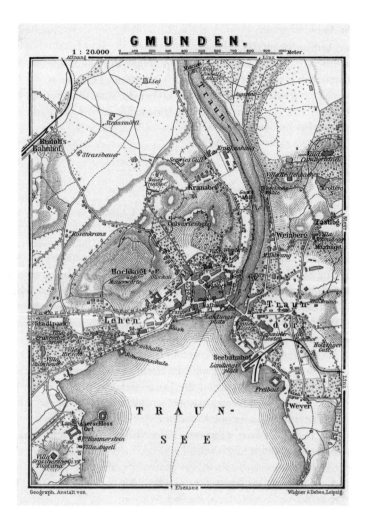

Gmunden. Stadtplan. Baedekers ›Österreich-Ungarn‹. 24. Auflage. 1895.

Sollten Sie das Selchfleisch nicht so besorgen können, wie ich es brauchen kann, so schicken Sie mir 10 Dosen (grosse a 75) Thunfisch (frischeste Sendung) von Degrassi. ›Liebelei‹? ›Ein Regentag‹. Schreiben Sie.
Grüsse

Richard.

[34] An Arthur Schnitzler [10. Oktober 1895]
Lieber Arthur Schnitzler.
Nehme herzlich Theil an ihrem Erfolge. Habe mit Spannung die Morgenblätter von heute Donnerstag (3 Uhr Nachmittag) erwartet.
Hier ist herrliche dicke Ruhe, Herbst-Friede. Schreiben Sie mir doch einmal. Ich lese ›en route‹ von Huysmans. Sie haben hoffentlich die C[igaretten] unter »Baumwollwaare« am 16./8 erhalten?!

Adieu, ihr

Richard Engländer.

Goldener Brunnen.

[35] An Annie Holitscher

12.10.95

Liebe Ännie!
Danke sehr für Ihren feinen Brief. Sie haben mit Seelen-Takt dem guten Stück eine Sordine aufgesetzt, um mein nervöses Ohr nicht zu irritiren. Uebrigens halte ich das Stück für eines »zweiter Güte«, bessere Mittelware, eine aufmerksame fleissig ausgeführte Vorzugsarbeit eines Schülers des »Naturalisten-Gymnasiums«. Bei der langsamen Lektüre des ›En route‹ von Huysmans (Nichts für Frauen) ist mir wieder die »kindlich kleine Welt« dieser Wiener Dichter zum Bewusstsein gekommen. Das ist eben ein geistig-seelischer Organismus ohne Welt-Gedanken der christlichen Philosophie, der Weisheit der Inder, der Pädagogik, Ethik, Psychologie. Schwächliche Beobachter des geringen Lebens, das sie noch zu erblicken, zu erfassen, zu unterscheiden vermögen. Dichter 2. Klasse. Oh Emerson! Deine Dichter schreiben keine ›Liebelei‹, sondern ›einsame Menschen‹ und ›Hedda Gabler‹.
Hier ist die grosse dicke Ruhe, der Herbst-Friede, Pax.
Das Café ist die lokal gewordene Gemütlichkeit.
Habe keine Nachricht von S. Fischer.
Studiere jetzt: »Alpen-Pflanzen Welt« Sehr wichtig! St. Bernhard sagt: »In silvis aliquid amplius iuvenies quam in libris.« (In den Wäldern wirst Du etwas Reicheres finden als in den Büchern.) Übrigens ist ›En route‹ auch ein Wald.
Mittwoch – Soupé war abgesagt. Sie holten mich 8 Uhr ab und wir soupirten im Schiff. Die Einladung gilt für Samstag morgen. Werde ein weisses Hemd anziehen.
Gestern Nachmittags war mit jungem Natter Siegfried, den mir sein Lehrer vorstellte, bei Siewer-Roith. Wir sassen in der kleinen Bauernstube am Heerde bei Apfelmost und gingen in pechschwarzer Finsternis mit Laterne heim. Er gab mir ein Buch seines Vaters zu lesen. Er ist 20 Jahre. Heute nicht aus dem lieben Café gerührt. Schrieb ›Gmundner Typen‹ ab

und schickte sie an S. Fischer. Gestern Abend mit einem Hof-Laquai Cumberlandts verbracht, der ›die Zeit‹ abonnirt hält und für H. Bahr schwärmt. Das Geselchte ist meisterhaft. Bitte um Rechnung. Bitte herzlichen Grüss an Alice. Habe nie gezweifelt an der Richtigkeit meiner Prognose Lisa's. Sie wird die »königliche Blüte« der Frankl's. Ah, wenn ich Eine mit zwei Jahren verehre!? Ich gönne es Alice sehr. Wie wird ihr mein Buch gefallen?! Ich fürchte für mein Buch. Das wird ja nicht von Sandrock und Sonnenthal interpretirt werden!?

Adieu, schreiben Sie bald

Ihr R. E.

[36] An Annie Holitscher

Gmunden, 13.10.95

Liebe Aennie, Hier seit drei Tagen Hunde-Wetter. Man kann nicht einen Moment in das Freie. Aber ich bin zu leidend um zurück zu kommen. Ich leide nämlich schrecklich. Die wenigen Menschen, mit welchen ich hier verkehre, stören mich entsetzlich, da die einzigen Momente der Erlösung die absolute Einsamkeit beim Souper oder im Café herbeiführen. Ich bin durch das was ich durchmache, fester denn je entschlossen, alles Hinderliche, Störende zu vermeiden. So hat mir der gestrige Abend bei N. namenlos geschadet und ich bin leider nicht mehr im Stande, als Gesunder mittun zu können. Wie schön, wie leicht kommen diese Gesunden, Schnitzler, Loris, vorwärts und ich, dessen Begabung eine weltmännerische ist, gehe zurück und zurück. Ich kämpfe eben einen total vergeblichen Kampf mit einem unüberwindbaren Leiden, welches mich von Tag zu Tag mehr lähmt und schwächt. Zudem vertrage ich die Philister-Welt nicht mehr, was ich bei N. gesehen habe. Eine verkommene Welt voll Selbstbelügung, hässliche, uninteressante, müde, zerpatschte Frauen, lebenslustige blöde ungebildete Männer, die wie gefangene Vögelchen immer piepsen: »ich war frei – nun ist's vorbei.« Zum Souper war Hase, weich, Torte, hart und kalter Punsch, in offenen Champagner-Flaschen serviert. Die Hausfrau totmüde, lebensmatt wie die Kohlweislinge im September. Frau Sekretär Wein in Sanftmut verblödet, in einer lila-changeant-seidenen Blouse. Der junge Bildhauer Untersberger tout en noir, mit einem hellgrauen seidenen Schlips. Er hat der Frau des Hauses einen wunderbaren Heiland am Kreuz, in Holz geschnitzt, geschenkt, Max N. hält sich daher für einen Mäcen der Kunst!? Das Speisezimmer ist einfach prinzlich, mit ausserordentlichen Holztäfelungen in gemasertem Eschenholz. Eine Uhr in einer dunklen Ecke schlägt Stunden wie eine riesige Turmglocke. Um Mitternacht erstarrt Alles bei diesen Tönen. – bumm – bummm – bummmm. »Nicht wahr, eigentümlich – – –?!« sagte die Hausfrau und war ganz bleich.

Alle kamen darin überein, dass es »sehr wohnlich« sei. Max drehte die elektrischen Klappen auf und ab und erreichte mit einer winzigen grünen elektrischen Lampe, welche er an einer roten seidenen Schnur durch 2 Zimmer führte, eigenartige Beleuchtungseffekte. Um ½ 1 begann Herr W. leise zu singen. Alle hatten die Parole ausgegeben, dass ich ein Idealist sei, worunter man sich zwar etwas Romantisches, aber für das Leben Beschwerliches, ja nicht ohne Gefahren dieser und jener Art, vorstellte. »Sie sind ein Idealist, Herr Doktor,« sagte N., »aber nach Ihnen komme gleich ich, zum Beispiel, dieser geschnitzte Heiland, da verstehen wir uns.« Die Damen verzehrten ruhig Spanischen Wind und pickten geschickt die Bröseln auf vom Tischtuch. Herr W. sagte: »Alte, wo hast Du Deinen Humor gelassen?« die Arme wusste wirklich nicht, wo sie ihn gelassen. Sie lächelte, war erstaunt über die »burschikose Heiterkeit« ihres Mannes.

»Sehen Sie«, sagte mir einmal der Privatsekretär seiner Majestät Cumberland, »und zu Hause weint sie.....! Ich heisse Wein vom Wein und sie vom Weinen.«

Dennoch ist sie eine ganz glückliche kleine sanfte Frau, c'est la vie!

Adieu

Ihr Richard

[37] An Annie Holitscher

16. Oktober 1895

Liebe Ännie.

Heute ist wieder »ein Regentag« ohne »Liebelei«.

Aber wie gemütlich, wie heimlich, wie eigenartig ist es hier, gerade wenn die Natur Migräne hat. Trotz einfach entsetzlicher Rückenmarksschmerzen befinde ich mich in meiner wahren wahrhaften Lebensstimmung. Ich habe meine Schreibfähigkeit wieder gefunden, welche ich schon versunken glaubte und habe den Abend bei N. geschrieben, nach Andeutungen in meinem letzten Brief an Sie unter dem Titel ›Eine kleine Soiré‹.

Gestern sprach ich Rosa Gaigg bei der »Hutschen«. Das ist nämlich jetzt die ausserordentliche Attraction, acht amerikanische Hutschen auf Eisengerüsten und ein prachtvolles riesiges Spielwerk dazu. Tout Gmunden hutscht abends bei Beleuchtung. Es ist eine riesige Aufregung. Von 8 bis 10 kommt dort Alles zusammen (See – Quai). Montag Abend ging ich mit meinen Freunden in die Ramsau zu einer ländlichen Hochzeit. Es war grossartig. Man tanzte im Salettl. Wir blieben bis ½ 6. Als wir nach Hause gingen, ging zugleich die Sonne und der Mond auf, es war wunderbar. Denken Sie sich, die Ramsau im Morgengrauen. Hunderte von Bauern und Mädeln waren da, Max Narbeshuber war Beistand. Wir hatten alle Sträusschen oben im Knopfloch. Ich trank 7 Bruderschaften. Die

1.2.96-

Hutschen.

Ich kenne viele hübsche Mädchen hier, in dem kleinen Landstädtchen, Rosa, Marie, Gretl, Bettina, Therese . . .

„Liebe Geschöpfe," denke ich, „ich wünsche Euch ein glückliches
Leben, keine Stürme, Frieden!"

So milde fühle ich für Rosa, Marie, Gretl, Bettina, Therese.

Anna ist fünfzehn Jahre alt, arm, blaß, mager.

Seit fünf Tagen zahle ich ihr die „amerikanische Hutsche", das
„Paradies der Kinder", auf dem großen Wiesenplatze.

Sie bittet nie, nimmt stumm an.

Aus den Lüften sagt sie hie und da mit den Augen: „Danke . . .".

Die Großen hutschen auch, Rosa, Marie, Gretl, Bettina, Therese.

„Die Anna ist ein kecker Fratz . . .," sagen sie.

„Ich möchte sogar zehn Gulden verhutschen . . .," sagt Anna
einmal, vor Vergnügen zitternd, zu den Mädchen. Diese tratschten es mir.

„Bitte sehr . . .," sage ich.

„O, es kostet Sie so schon so viel, zwei Gulden vierzig Kreuzer."

„Wieso wissen Sie es?!"

„Ich schreibe es mir auf . . .; vierundzwanzigmal zehn Kreuzer."

„Wozu?!"

„So . . .," sagte sie und wurde rosig.

Heute sagte ich zu ihr: „Anna, hutschen wir miteinander . . ."

„Sie werden es nicht aushalten . . .," sagt sie wie zu einem Dilettanten.

Es war wirklich wie auf dem Meere. Das Riesen-Orchestrion
sang dazu und brüllte Sturm! Anna saß vis-à-vis. Wir waren allein
in den Lüften. Das Orchestrion brüllte. Wir stiegen hinauf, hinunter.
Wie eine gestockte Welle im Luftocean war die Schaukel. Beim Herunter
blickte ich in ihre Augen. Dann sah ich ihre Knie, den Saum ihrer
weißen Höschen . . .

Ich sagte: „Anna, ist es Ihnen zu hoch?!"

„Nein . . ."

Ich zog an dem Stricke in der Schaukel, hing mich an, zog
. . . hinauf, höher, höher, höher . . . herunter!!

„Ah . . .," sagte sie und bückte sich ganz zusammen.

„Anna, ist es zu hoch?!"

„Nein . . ."

„Anna . . ."

Es war wie auf dem Meere, Sturm! Das Orchestrion heulte mit
21 Pfeifen. Hinauf . . . herunter!

Beim Aussteigen sagte ich: „Aennchen, Annita . . ."

„Danke . . .," erwiderte sie mit ihren Augen.

„Prinzessin Anna . . .," sagten Rosa, Marie, Gretl, Bettina, Therese.

Ich kenne viele hübsche Mädchen hier, in dem kleinen Landstädtchen, Rosa, Marie, Gretl, Bettina, Therese.

„Liebe Geschöpfe," denke ich, „ich wünsche Euch ein glückliches
Leben, keine Stürme, Frieden!"

So milde fühle ich für Rosa, Marie, Gretl, Bettina, Therese . . .

Aber mit Anna möchte ich schaukeln auf dem wilden Ocean des
Lebens . . . Hinauf! Herunter!!

Wien.   Peter Altenberg.

*Eine Seite aus ›Liebelei‹. Der Druck von ›Hutschen‹
im Heft vom 1. Februar 1896, von Peter Altenberg eigenhändig datiert.*

»altbayrische Polka« war reizend. Gestern Dienstag grosses Saufen bei Adelsmann (Stadt Gmunden).

Willner ist angekommen, verbrachte mit ihm den Nachmittag.

Heute erhielt ich von S. Fischer einen sehr guten Probedruck, welchen ich akzeptiere. Auch habe ich einen Nachtrag zu See-Ufer eingeschickt: ›Die jungen Bürgers-Frauen‹.

Habe das Glück gehabt, zum erstenmal ein Weib-Genie gesehen zu haben beim Nachtmahl im Schiff: Frau L. u. C. Hardtmuth, 60 Jahre.

Es war wie eine Offenbarung für mich!

Selbstverständlich gilt sie bei Allen für wahnsinnig. Sie war in Gesellschaft »Ruston«. Das lässt sich nicht schildern, Sarah Bernhard plus Duse plus Mitterwurzer. Es ist ein tiefes Ereignis in meinem Leben, dass es solche Frauen gibt und dass sie wahnsinnig sind. Das Geselchte darf nie bis zum Ende gehen, <u>sondern aus der Mitte herausgeschnitten sein von beiden Seiten</u> sonst zahlt man doppelt.

Bitte zu schicken! Aber weich.

Adieu
Ihr Richard.

[38] An Samuel Fischer [nach dem 16.10.1895]

Sehr geehrter Herr.

Ich bitte dringend, noch diese letzte Nachtragsskizze in meine Skizzen-Reihe ›See-Ufer‹ u. zwar unmittelbar nach ›Oktober‹ einzureihen. Damit ist diese Reihe definitiv abgeschlossen.

Auch höre ich seit der Sendung des ersten Probedruckes, nichts mehr von Ihnen. Sie haben doch die nachträglichen Skizzen für ›See-Ufer‹ u. ›Frau Bankdirektor‹ erhalten?!

Ihr ergebener
Peter Altenberg

Gmunden, Goldener Brunnen

[39] An Annie Holitscher

19. Oktober 1895

Liebe Annie

Gestern Nachmittag began es zu schneien. Alle traten an die Fenster des Café und starrten hinaus. Es war eine Première, voll heiliger Schönheit und Künstlerschaft, man hielt wirklich den Athem an. Von rechts kam ein schwarzer Fetzen herüber und besiegte die Sonne. Alles wurde weiss. Hinten begann der Schönberg durchzubrechen und leuchtete. Dann wurde es sonnig. Da begann der ganze See zu rauchen. Bis in die Ferne schwammen weisse Rauchwolken hin und her auf den Wellen und stiegen auf,

»Der See raucht« sagten Alle. Auf allen grünen Wiesen lag der Schnee, Schnee, Schnee und der See rauchte weisse Dampfwolken aus vom hineingefallenen Schnee.

Heute schneit es wieder. Ich stand am Quai und war wie in einem Wunderlande.

Diese Schönheit, diese Frische, diese grandiose Ruhe! Es roch nach Winter. Der See war schwarz und glitzerte und Alles herum war weiss und leuchtete. Heute ist Selchfleisch angekommen, habe es noch nicht gesehen. Herzlichen Dank. Die Kost hier ist ausgezeichnet geworden. Frau Streicher hebt mir Schinken-Ausschnitte auf und Abends ausserordentliche Beefsteaks. Das Bier unbeschreiblich gut. Die Schaukel ist der grosse Mittelpunkt, der Corso. Jetzt war ich zwei Tage immer mit Willner zusammen, der von meinen Skizzen einfach entzückt ist. Er behauptet, sich seit Jahren nicht so amüsiert zu haben. Er lachte laut bei ›Eine kl. Soirée‹, ›Unsere jungen Leute‹ und ›Wie diese Sachen sind‹. Er bat mich, mit ihm etwas zu arbeiten, sagte, ich sei gleich Bret Harte. Er war riesig liebenswürdig, versprach mir Opernsitze. Ich habe heute ›Ein letzter Brief‹ an S. Fischer geschickt als Nachtrag. Habe geschrieben ›Hutschen‹. Ihre Briefe werden spärlich. Warum?! Hier ist eine ungeheure Gemüthlichkeit und so rein christlich. Eine starke Kälte. Mein körperlicher Zustand ist entsetzlich.

Sehen Sie Niemand von meinen Leuten? Gretl? Mizi? Georg?!

Marcel Prévost ›automne d'une femme‹ ist fade. Das sage ich Alles in 7 Seiten. Habe zu ›Wie einst im Mai‹ eine Vorgeschichte geschrieben, Ball-Nacht, wo er sie zum ersten Male anschwärmt. Das ganze heisst jetzt ›La vie‹. Willner sagte mir, diese Sachen, die er gelesen, müssten einen exceptionellen Erfolg haben. Er hat aber eben nur die leicht humoristischen gelesen, hält mich auch für einen englischen Humoristen. Bahr über Schnitzler ist einfach das Summum. Ich habe auch an Ersteren einen Liebesbrief geschrieben. Der und die Hardtmuth, das sind meine Menschen. Die haben »Bewegung«.

Wann werde ich zurückkommen! Ich habe keine Idee. Winter am Lande. Es ist wie ein Märchen. Ich war heute Abend mit d. j. Natter Marienbrücke. Man kann das nicht schildern, nicht einmal ich. Eislüfte kamen, schwanger mit Obstbaum-Geruch, die Wehren schlugen Schnee, man sah gleichsam die Ausgestorbenheit. Der Fluss schlich sich davon, in die Nacht hinein. Siegfried sprach von Rebhühnern, von Hasen, von Waldschnepfen, von Hirschen, von angeschossenen Krähen, von Grünspecht, von Grauspecht, von Schwarzspecht.

Jetzt sitze ich im Café, allein. Adieu, schreiben Sie bald.

Grüssen Sie Helene.

Ihr Richard

[40] An Annie Holitscher

Gmunden 21.X.1895

Liebe Aennie

Sie haben die Correspondenz eingestellt. Warum?

Eigentlich wozu?!

Heute ist es hier wie im Jänner. Alles geht in gestrickten Jacken, wollenen Kappen. Infolge Schmerzen stand ich erst um 5 auf. Der Quai, die Schwäne machen einen schwermüthigen Eindruck. Ich sehe mich an diesem Winterbild nicht satt, dieser Gegensatz. Der Quai-Garten hat noch seine gelben und lila Blumen, seine hellgrauen Bäumchen. Heute ist es hier zum ersten Mal sehr, sehr öde. Ich ging zur Hutsche und schaukelte mich mit Betti Balinger eine Stunde. Dann gingen wir auf der Esplanade, auf und ab. Das Souper war glänzend. Nun bin ich ganz allein im Café. Es ist zehn Uhr. Ich friere sehr, mit meinen zerrissenen gelben Schuhen, meiner Sommer-Toilette. Heute kamen Lambrequins in das Café. Das tut wohl. Lesen Sie die ›Zeit‹ über Schnitzler und Mitterwurzer als König Philipp.

Wie leben Sie?! Wen sprechen Sie?! Was gibt es neues?! Was werden Sie Sonntag machen? Ich vergass Ihnen mitzuteilen, dass Sie auf den Landpartieen wirklich reizend und vollkommen waren, so in Allem korrekt.

Mein Rücken bring mich noch ins Grab, es ist entsetzlich. Heute lag ich wieder von 9 Uhr früh wach bis 5 Uhr Abend und konnte nicht aufstehen. Morgen Sonntag wird sich Alles im Café zusammenwuzeln. Abends werden leider Narbesh. und Wein kommen. H. über die Frauen ohne Prinzessinnen Leben. Wie gross steht ihr da, Ungenügsame! Alice Frankl, Ella Tennenbaum Alice Friede.

Kennen Sie mein ›une Femme est un état de notre âme‹?! Der Schluss geht so:

Une Femme es un état de notre âme – – –.

Wie lebt Maria? Die Armselige Stille?!

Er ist der Dichter ihres stillen Lebens!

Wie die Natur sich hinlebt jeden Tag.

Bis einer kommt und sagt: »So bist Du!«

Was ist der Apfelbaum, der rosig wird im Frühling. Wenn nicht ein Dichter singt: »Da steht ein Apfelbaum und blüht und duftet. – –«!?

Wie sollte er nicht blühn, da Frühling ist?! Da steht er, braun und rosig und blüht so hin – –. Was ist er ohne seinen Dichter?! Was sein Dichter ohne ihn?!

Er gibt sein Blühen und der Dichter gibt ihm sein tönendes Empfinden dieses stummen Blühns!

So gibt das Weib ihr stummes Leben hin, und er gibt ihr sein tönendes Empfinden ihrer Stummheit!

Peter Altenberg. Beschriftete Photographie. »Winter in Gmunden. / Geschenk von
Marie Hausmann. Gmunden, ich liebte Dich fanatisch, 23 Jahre lang. Und immer
erwidertest Du meine schwärmerische Neigung sanftmütig durch Deine schwei-
gende Schönheit! / Peter Altenberg«.

Das ist sie, was Er von Ihr singt! Und singt Er nicht, so ist sie nicht
gewesen! Was bist Du armes stilles Weib?! In unserm Blick musst Du
Dein Leben lesen!

Ihr P. Altenberg.

[41] An Annie Holitscher

26.10.95

Liebe Ännie. Das Wetter ist schlecht. Seit drei Tagen war ich nicht im Freien. Stehe wegen Schmerzen sehr spät auf. Ich lese. Ich leide sehr. Das Bier Abends ist meine Erlösung. Das sind die sparsamen Stunden, in welchen ich mich schmerzenfrei fühle. Wir Siebzehn beisammen im Schiff u. ich trank 6 Krügel. Ich habe mein Buch wieder verändert. Ich habe ›Ehebruch‹ u. ›Ideal Flirt‹ streichen lassen, weil unkünstlerisch u. rednerisch, u. habe ›Im Garten‹ dazu genommen.

Das war so. Sie wissen, dass ich die Absicht hatte, mir von Ihnen diese Skizze nachschicken zu lassen. Auch jetzt noch schwankte ich. Da finde ich sie merkwürdigerweise in meinem Koffer. Das war Schicksal. Ich habe sie sehr verändert u. eingesendet. Es sind meine religiösen Lieblings-Ideen darin u. passt es, glaube ich, in die Skizzen-Reihe ›Revolutionär‹. Auch hoffe ich damit, alle Juden tödlich zu treffen.

Ich habe für ›Pathos‹ einen Schluss gefunden. Das junge, an ihr Ich gefesselte Mädchen sitzt »mit wirren Haaren um die schöne Stirne, an ihrem Tische mit der weissen Lampe und liest«

Es ist der Roman en route von Huysman. Da kommt sie zu der Stelle, an welcher das Leben der heiligen Lidwina geschildert wird. Der Schluss der von mir ganz gemachten Stelle ist: »Elle avait l'amour éternelle. Elle avait le sourira. Elle prit sur elle les péchés des autres, des faibles. Elle était forte. Elle était la moissonneuse des supplices. Elle avait la pitié suprême. Elle avait la charité rayonnante. Elle avait la victoire!!«

Sie schloss das Buch – – –.

Abendfrieden.

Sie sass da, mit wirren Haaren um die schöne Stirne, an ihrem Tische mit der weissen Lampe und sann – – –.

Ende.

Liste derjenigen, die mein Buch nicht belächln werden:

Annie H.	Charlotte Glas.
Louis Schw.	Professor Berger,
Eidlitz Otto	Laura Marholm.
Madame Alice Friede.	Eugenie Grosser
Ella Tennenbaum.	Felix Salten.
Alice Franckel ??	M.A. Willner.
Arthur Schnitzler.	Ferry Bératon
Hermann Bahr	Paul Goldmann
Georg Engländer.	Heinrich Osten.
Gretl ?	– – – – – – – – –
Bertha Diener	

Frau Wisgril-Köchert-Lang.
Loris.
Charlotte H
Julie Trebitsch
Karl Kopsa
Nini P.
Olga W.

Ich fürchte:
G. Schönaich.
Marie Herzfeld
Frau Feinberg.
Broziner.
Isidor Mauthner.
Lothar.
Gustav Schwarzkopf.
Gustav Frieberger.
Robert Hirschfeld.
und alle jüdischen
Schweine

[42] An Annie Holitscher

Gmunden 1895 27/10

Liebe Annie.

Es ist 11 Uhr Nacht. Samstag. Nach einem ausserordentlichen Souper sitzt ich im wacherlwarmen Café bei meinem herrlichen Stiegl-Bräu, mit meiner geliebten Cigarette, 3. Sorte natürlich und sende Ihnen die eben geschriebene 2. Skizze von ›Landstädtchen‹.

Gasthofsaal zum Goldenen Schiff. Besitzer: Herr Deininger.

»denken Sie, Oskar Meding ist gepfändet worden, Herr Deininger, ich habe es im Tageblatt gelesen«, sagte der herzogliche Stallmeister.

»ist es möglich? Der Mödinger?!«

»Meding – – –.«

»Meding – – –. Wahrscheinlich hat er spekulirt. Was war er eigentlich?«

»Schriftsteller. Der berühmte Schriftsteller Meding«.

»Ja, der – ! Er wird spekulirt haben. Dass diese Leute nie genug haben!?«

Er hielt ihn eben dennoch für einen Börsianer, den »Mödinger«!

Da er aber fühlte, dass er auf einem geistigen Rutsch-Terrain sich befand, hielt er sich ein bischen an der Tischplatte an und wurde ganz gelb.

Der Andere aber sagte wie ein Literarhistoriker! »Gregor Samarow, Oskar Meding! Ich habe ihn noch voriges Jahr gesehen. Er sieht aus wie Unsereiner.«

»Unsereiner?!«, dachte Deininger und verliess sogleich die Tischplatte. »Unsereiner?!« dachte er und befand sich hiemit wieder auf solidem Boden kleinstädtischen Grössenwahnes. Auch seine Farbe besserte sich. Ja, er sah ziemlich beruhigend aus, der Deininger. Wie ein gebratener Apfel.

»Oskar Meding – – –!« sagte der Stallmeister, »ich gönne es ihm! Er hat meinen Herrn beleidigt. Er erzählt von ihm in einem seiner historischen

Romane, dass er in der Morgendämmerung, vor der Schlacht, eine Omelette gegessen habe«.

Deininger: »Eine Omelette?! Ha Ha ha ha haaaaaa – – –.«
»Warum lachen Sie, Herr Deininger?!«
»Eine Omelette – – – ha ha haaaaa. So ein hoher Herr?!«
»Es handelt sich darum, dass er dazu die Seelenruhe hatte, mein Lie-
ber.«
»Natürlich«, sagte Deininger, »so eine Gemeinheit – – –.«
»Und das nennt man einen historischen Roman!?«, sagte der Stallmeister.
»Unglaublich«, sagte Deininger und hielt sich auf alle Fälle wieder an
der Tischplatte an, seiner geistigen Stütze.
»Unser Herr, dieser Cavalier – – –«, sagte der Stallmeister und tremo-
lirte mit der Stimme.
»Was es für Sachen giebt – – –«, sagte Deininger zum Schluss, um ein
philosophisches Resumé zu ziehen. »Es giebt Leute, die nie genug haben«, sagte er nach einer Pause, in welcher er sich in seinen Gedanken-
kreis zurückgezogen hatte. Er wollte sagen: »Pfändet man mich?! Nun
also!«

Der Stallmeister sass da und dachte an seinen Herrn, welchen die Litteratur beleidigt hatte – – –.

Auch Deininger fühlte sich verletzt.»Die Litteratur – – –«, sagte er und
machte eine ungeheure Kunstpause.

Ende.

[43] An Annie Holitscher   [Gmunden] 28.10.95

Liebe Ännie. Heute tiefe Winterlandschaft. Könnte meine guten Schneeschuhe brauchen, die in der Kiste sind. Wie verzaubert ist Gmunden.
Diese feine Stimmung.

Ich habe mir einen grauen Mantel machen lassen (Loden). Das eigen-
thümliche junge Ehepaar (Kaufmann) mit dem grossen schwarzen Hund
ist da. Das brühheisse Kaffehaus ist göttlich. Durch die Fensterscheiben
starrt man die weisse Herrlichkeit an u. vergisst die Stunden. Dann geht
man hinaus u. atmet Gebirgsluft u. kommt wieder herein und dünstet. Gestern Sonntag ganz allein gewesen. Las den ganzen Roman ›la neuvaine de
Colette‹ und weinte am Schluss. Es ist ein weibischer Roman, Marlitt mit
Geist, Humor u. Grazie. Habe häufige Conversation mit Frau Deininger.
Die Beziehung zu meinen hiesigen Freunden hat sich veredelt, seit ich
nicht mehr mit ihnen trinke.

Mein Buch macht mir grosse Sorgen. Ich fürchte sehr, dass ich mit der
Herausgabe zum erstenmal meine organische Taktik verletzt habe. Ich
bin zwei Tage wie im Fieber gewesen über das Buch. Wenn ich da an

Schnitzlers leichte Erfolge denke mit einer Grisetten-Geschichte à la Maupassant!? Mein Buch bin ich selbst. Bis jetzt hatte ich das Glück, einigen Auserlesenen zu gefallen. Warum also das Unglück suchen, den Nicht-Auserlesenen zu gefallen?! Warum hören müssen, dass ich verrückt und unverständlich bin?! Wie hasse ich »l'homme mediocre«! Von den Gebildeten habe ich vor Allen die gegen mich, die selbst schreiben u. auf sogenannten glatten Styl halten u. Form. Jeder wird sehen, dass es anders geschrieben u. gedacht u. empfunden ist, als von ihm u. daher wird er bemängeln. Denn ich bin original, leichtflüssig, schwebend, spielend, nüancenvoll, offenlassend, japanisch. Die Andern sind mühselige Nachgeher.

Ich bin gestern zu einem schweren Entschluss über mein Buch gelangt. Ich habe nämlich durch eine einfache Sache 21 meiner Skizzen organisch verbunden.

Diese Sache kann den Erfolg oder Misserfolg meines Buches bedeuten. Hier ist die Hauptsache dem Leser überlassen. Es ist nämlich so: In 11 Skizzen wird eine Dame geschildert. In 10 Skizzen wird ein Mann geschildert. In der letzten Skizze dieser zweiten Reihe ist folgendes Schlussgespräch.

Der Gelehrte: »Du brauchst eine Königin! Ich weiss eine Königin, Herr K.!« K. »Wer ist es?!«

D. G.: »Ich nenne nicht ihren Namen. Sie ist vermählt, reich, zufrieden, glücklich – – –. Es ist eine Königin! – Eine Königin!«

Der Nachtwind wehte.

»Gehen Wir?« sagte K., »es wird kalt u. finster.« Schluss. Und nun soll der Leser wissen, dass das die Dame aus den früheren Skizzen ist!? Schreiben Sie mir darüber.

Ihr

Richard.

[44] An Annie Holitscher

30. Oktober 1895

Liebe Aennie. Nach einem herrlichen Wintertage, welcher mir die tiefsten Genüsse bereitete, ist heute dicker Nebel eingefallen. Ich habe mir wundervolle Galoschen gekauft und stapfe mit ihnen durch Schnee nach Ebenzweier. Alles ist weiss. Aus den goldgelben Binsen flog eine Wildente auf. Gestern fing man am Platze ein lebendes Rebhuhn. Es wird auf Kosten der Stadt lebend erhalten werden. Man sieht heute den See nicht. Gestern erhielt ich die ersten Correctur-Bögen vom See-Ufer zugeschickt und korrigirte im Café von 11 bis 1. Man muss da jedes Wort, jede Interpunktion betrachten. Glücklicherweise erspare ich mir den Vergleich mit dem eingesandten Manuskript, da ich mich ganz auf mich verlassen kann. Habe die Druckbögen bereits heute zurückgeschickt. Dank meiner minutiösen Erklärungen ist besonders die Zeilen-Anordnung ganz nach meiner Idee ausgefallen und hebt diese zerrissene Art den Text sehr und entspricht seinem Wesentlichen. Es gibt nur eine einzige wahre Auffassung meiner Sachen: Ein Radirer der Schreibekunst, ein Max Klinger derselben; ein Whistler. Von Whistler schreibt man:»Die flüchtige dichtende Stahlnadel erreicht den Gipfel geistreicher Stegreif-Kunst. Feine Harfentöne, wie Geklimper, Hauch von halben Sätzen, sparsame Winke, aristokratisch diskrete Gebärden, ein zarter unmerklicher Druck an der richtigen Stelle, dann Nachlassen, Wegwischen, eine zarte Linie, die halb sichtbar durch das Papier selbst gefädelt zu sein scheint, Gewebe, welche sich tief ins Papier hinein verknüpfen, eine Reihe kurzer brutaler Schraffen und ein leise hingewischter Ton, das sind seine Mittel, das ist seine Grösse, sein Ich!«

Finden Sie nicht, dass diese Charakteristik über den genialsten Radirer der Modernen auf mich passt. Oh würde man mich doch einen Radirer der Schreibekunst nennen, einen Fin-de-siècle-Mann mit antiker Kultur.

Am besten hat mir von meinen gedruckten Skizzen ›P.A. und T.K.‹ gefallen. Es hat Tiefen. Julie Trebitsch hat es für das Beste in See-Ufer erklärt und Cinia für das Schwächste.

Sie lässt eben Nichts Gutes über Anna Knapp sagen. So sind die »literarischen Urteile.«

Ich habe am Corrigiren eine anregende Beschäftigung gehabt.

Wie werden die anderen Sachen ausfallen?!

Mein grauer Lodenmantel ist reizend. Jetzt lasse ich einen Wintermantel bauen, selbe Facon, ohne Aermel, »Inverness«

Frau Deininger lieb und fein. Gretl hat auf meinen sehr schönen Geburtstagsbrief (22/10) nicht geantwortet. Oh Isidor M! Ich denke nicht ans Zurückkommen. Wenn aber, ist es sehr möglich, dass ich den alten lärmenden Stall beziehe, aus Schwäche und Blödheit.

Ich habe zu ›Wie einst im Mai‹ eine Vorgeschichte geschrieben. Es heisst ›Ball-Nacht‹. Ein Mann und eine junge Frau leiten ein Verhältnis ein in poetischer Weise. Das Ganze heisst jetzt ›la vie‹. Vielleicht nehme ich es noch in das Buch auf. Jetzt werde ich ein bischen spazieren gehen. (Marienbrücke). Ich empfehle mich, grüssen Sie Helene herzlich. Habe mir bereits von Louis 30 fl schicken lassen, bin auf Breserln.

Sie schreiben zu lange Briefe, meine Liebe, das wird Ihnen schaden.

Ihr Richard.

[45] An Annie Holitscher

31. Oktober 1895

Liebe Annie

Danke sehr für Schneeschuhe. Ihre Bemerkung über mein Buch ist einfach tief und kolossal wahr. Sie haben es erfasst! Das ist es und sonst nichts. Ich werde mir diesen Satz als kostbare Waffe aneignen. Es ist so riesig richtig. Die elenden Viecher klauben sich die paar Ihnen verständlichen, in ihrem Horizonte noch befindlichen Sachen heraus und finden dieselben »ganz gut«. Ueber die anderen ärgern sie sich aber. So waren Handlers über ›Ideal Flirt‹ piquirt und entzückt von der Grisetten-Geschichte. So sagte M. A. E. Willner: »Vor allem mein Lieber, sind Sie amüsant, ich habe eigentlich nichts Amüsanteres gelesen, es ist sogar jede Zeile interessant!«

Jeder, jeder wirft seine eigene Unfähigkeit auf den Schriftsteller zurück, zumal wo ein neues unbekanntes vogelfreies Talent auftritt. Nur Einer, Schäffer nannte mich Max Klinger der Literatur. Wie Sie so ausserordentlich richtig sagen, scheinen meine Sachen leichte französische graciöse Sachen zu sein. Jeder ist beleidigt, wenn ich mich aber aussschliesslich in die Reihe »Arne Garborg, Ola Hanssen, Knut Hamsun« stelle. Meine Tiefen kommen lächelnd in flüchtigem Schritte tanzend daher und können nur von tiefen Menschen entdeckt werden. Mit See-Ufer werden alle die flachen Schweine einverstanden sein. Aber ich wappne mich. Für »hommes et femmes médiocres« habe ich keine Zeile geschrieben. Auch habe ich Bahr's Brief bei mir. Aber das ist es, man wird hoffen, leichte Sacherln zu lesen und die Perspektiven werden dadurch verlöschen, verschwinden. Heute entsetzliches Wetter. Meine Schmerzen furchtbar. Was mir Not tut, ist nicht Reisen, sondern tiefe Emotionen im Physischen. Ich müsste reich sein. Als ihr Körper mich seelig machte, war ich gesund. Ich verdurste. Das wäre meine Rettung. Das Café ist wundervoll. Heute habe ich mich nicht weggerührt. Habe geschrieben: ›Alpenpflanzen‹. Trage immer den braunen Lodenanzug. Sehr hübsch. Jetzt gehe ich ein bischen soupiren. Ueber Ebermann kann ich Ihnen keinerlei Rath geben. Ich wünsche nicht, der Angelpunkt dieser Geselligkeit zu sein und ohne mich dürfte es nur beschwerlich und langweilig sein. Das wäre meine einzige Bedenklichkeit dabei. Sonst finde ich Nichts dabei. Ich wüsste nur nicht recht, was Sie davon hätten. Ich selbst bin unerschütterlich entschlossen, jede Stunde meines Lebens zu meinem Wachstum, meiner Ruhe, meinem körperlichen Bedürfnis zu verwenden und hierin rücksichtslos zu sein, da es nicht anders geht. Ich kämpfe sowieso gegen Windmühlen und mit ganz gebrochenen Kräften. Ich hoffe, dass gerade Sie mir hierin keine Schwierigkeiten irgend welcher Art in den Weg legen werden. Adieu, schreiben Sie bald, trotzen Sie nicht mit dem Schicksal, bleiben Sie sanft.

Ihr Richard

[46] An Annie Holitscher

1.11.1895

Liebe Ännie.
Seien Sie nicht böse über meinen letzten Brief. Bedenken Sie mich. Ich
bin müde. Das Buch wird über mein Leben, meine ökonomische Zukunft
entscheiden. Ich fürchte den Neid, die Eifersucht, die Bosheit. Ich brauche das Leben, die Welt und bin gelähmt und arm. Ich muss heraus aus
dem Elend.

Sie ketten ihr Glück, ihre Freude an mich und ich bin mit meinem
furchtbaren körperlichen Leiden, welches mich täglich anfrisst, mit meinen ökonomischen Sorgen, mit meinen physischen und seelischen Bedürfnissen beschäftigt wie ein zu Tode bepacktes Kameel. Ich brauche
Unterstützung, um diese Hemmnisse zu überwinden. Vielleicht kann
mein Buch Etwas bewirken, vielleicht auch das Gegentheil. Wenn ich
hart bin, ich bin es, weil ich wie ein Verzweifelter vor den Thoren des
Lebens poche. Ueberall sind Feinde. Wer weiss, ob nicht Louis, wenn ich
hinaufgelange, sich von mir zurückziehen wird. Ihn brauche ich für die
Gunst meines Buches dringendst. Sein Urtheil hat den grössten Werth
und würde ich es schwer empfinden, wenn er in Anfällen von Eifersucht,
sich abwenden würde. Heute habe ich wieder drei Verbesserungen nach
Berlin geschickt. Ich bin in Fieber. Ich habe meine Schreibekunst wieder.
Seien Sie meine Freundin. Rechten Sie nicht. Wenn ich falle, werden Sie
mich beweinen, Sie, die Einzige, ich weiss es.

Ich stelle mir vor, dass mir Leo oder Gretl eine Apanage von 10 Gulden
geben werden, da könnte ich ein besseres Zimmer nehmen und besser angezogen gehen. Ein Dichter muss einen Frack haben, ohne Frack kein
Dichter. Ich stelle mir vor, dass Leo schreibt: »Dem Dichter Altenberg, so
lang er schreibt, 10 Gulden monatlich – – –« Ach, ach – –! Ihr Träume!
Ihr Richard

[47] An Annie Holitscher

3. November 1895

Liebe Aennie,
Ich wusste es, Sie würden verstummen- -
Oh Aennie, in welchem schrecklichen Gemütszustande befinde ich mich.
Ich habe mich gewöhnt, Sie als meine einzige wirkliche Schwester, meine
Freundin, meine gute Mama zu fühlen. Wie seltsam ist die Entwicklung
der Seele. Als ich glühender Liebhaber war, der Ströme von elektrischem
Leben durch die Berührung erhielt, waren Sie, Liebe, Schwester, Freun-
din, Mama. Jetzt, wo ich in Ihnen diese milden Hüterinnen spüre, sind Sie
Geliebte geworden Ihrer Seele nach. Welch seltsam unglückselige Ent-
wicklung des menschlichen Herzens. Ich begann als Liebhaber und ende

als Bruder, als Sohn, Sie beginnen als Schwester, als Mutter und enden als Geliebte, als Liebende! »Notre cœur«! Welchen Roman haben wir zusammen erlebt. Ich habe Gesundheit gtrunken [!] und Sie Krankheit! Aennie! Seien Sie stark, seien Sie gütig! Ich bin verlassen und möchte das Leben gewinnen. Ich bin jünger, kräftiger als Sie. Diese Tage hier wiegen ein Leben auf. Eben war ich in Ebenzweier. Um ½ 5 kam der Mond glühend rot mit einem roten Hof und zeichnete einen Streifen durch die Binsen in das schwarze Wasser. Die Schneefelder waren rosig. Die Acker [?]. Friede war überall. Zwei kleine schwarze Vögel verfolgten sich in dem weissen Nebel des See's. Sie schrieen vor Liebe und begatteten sich in dem leuchtenden Dampfe, der über das Wasser wogte. Ich stand da und gab der friedevollen Natur meine stumme Liebe. Sie nahm sie schweigend an. Wie gut, wie bescheiden ist sie.

Es ist eigentümlich, dass Sie meine Briefe, für »schöne Briefe« halten. Können Sie nicht denken, dass es Menschen gibt, die sich im Schreiben erst offenbaren, erst ganz sie selbst sind? Ich fühle es gleichsam, dass das die Offenbarung meines wahren inneren Wesens ist. Nicht meine Briefe sind schön, sondern in mir selbst wogt die Fülle und Bewegung des Lebens. Vielleicht wünschen Sie das gar nicht, Aennie. Aber bin ich deshalb ein Anderer? Heute Abend stand ich eine Stunde am Quai und blickte in die leuchtenden Nebel, welche Mond und verdunstetes Wasser bildeten. Ah, wie göttlich, wie himmlisch war es. Hin- und hergezogen die seidenen weissen Schleier, über den schweigenden weissen Wald, über die Wiesen, legten sich auf das dunke Wasser und strebten zum Monde, seelige Ruhe.

Heute erhielt ich die zweite Folge Correcturbogen von See-Ufer. Es ist sehr hübsch. Besonders ›Landpartie‹ und ›Assarow‹. Tausend kleine Fehler. Heute sandte ich neue Veränderungen. Die Art des Druckes ist wundervoll auseinandergerissen.

Ich bin hier wie im Himmel, denken Sie! Eine kleine Freundin, welche ich in's Theater im Sommer mitgenommen hatte, lässt mich herausrufen aus dem Café. Sie ist zehn Jahre, ein himmlischer Engel. Ich gehe mit ihr an den See. Sie weint. Sie hat 5 fl. aus der Casse genommen, heute Abend ist die Abrechnung. »Was hast du mit dem Geld gemacht?« »Ich habe meinen Freundinnen Spielsachen geschenkt.« Sie wollte einmal »Königin« sein! »Wie werde ich wissen, ob es auch wahr ist?«

Sie starrt mich an – – – »Der Papa haut mich tot«, sagte sie einfach. »Da hast Du die 5 Gulden« sage ich, »aber es ist das letzte Mal. Übrigens musst du es dem Herrn Katecheten sagen bei der Beichte. Ich werde ihn bereits benachrichtigt haben.«

»Bei der Beichte«?! sagte sie.

»Gott weiss es ohnedies schon« sage ich »glaubst du, du wirst Ihn anschmieren«?

Sie nimmt die 5 Gulden, weint. Ich küsse die Holdselige auf ihre nassen Augen.

Ihr Richard.

[48] An Helene Holitscher

9.11.95

Liebe Helene. Danke sehr für Brief. Heute schrieb mir Fitsch wegen meines Zimmers Tiefer Graben. Ich konnte nicht bestimmen, wann ich komme. Ich erspare mir, von diesen himmlischen Tagen hier zu sprechen, zu schwärmen.

Wie oft denke ich mit eigenthümlichen Gefühlen an die sogenannten feinfühligeren Menschen, welche die Natur als eine angenehme Beigabe zu allem Andern betrachten, während sie wie eine Herrscherin, eine Tyrannin wirken muss, Uns von den Menschen losreissen u. Alles, Alles entbehrlich machen muss, damit wir den stolzen Titel »Naturfreund« verdienen. Gestern nacht gieng ich allein von 1-3 auf der Esplanade spazieren. Es war ganz warm u. die kahlen schwarzen Bäume waren die schwarzen Spinnen, welche Ännie mit dem Sonnenschirm angelt. Da traf ich Sekretär Wein, welcher von einer Soiré bei Hebra kam. Wir machten einen Spaziergang nach Altmünster. Diese Nacht werde ich nie vergessen. Aber was sage ich?! Den Nachmittag verbrachte ich mit Narbeshubers in der Ramsau und die rotbraunen Wälder und die gelben Apfelbäume und die sonnendurchwärmten Wiesen und der Gottes-Friede waren unbeschreiblich. So lagen wir am Waldesrand u. sahen die Sonne Alles lila machen.

Heute hatte ich wieder mit Correcturen zu thun. Ich schreibe Einiges, mache Änderungen, erlebe kolossal, innerlich, an den Menschen. Max N. und Frau sind auch, aber nur für Richard E., interessant. Das nämlich, was die Menschen einen interessanten Menschen nennen, hat für den Schriftsteller das geringste Interesse. Das findet er alles in sich selbst zur Noth. Die Ansätze u. die Verschüttungen des »Menschlichen« sind wertvoll. Z. B. ist Frau N. fromm und Max N. entwicklungsfähig. Gestern z.B. hatten wir eine riesige Diskussion über Madame Raffalowich, deren Recht auf ein Freibeuter-Leben ich mit allen meinen Hilfsmitteln vertrat. Frau N. erbleichte, zog sich in sich zurück. Max N. war empört. Sie müssen nur diese »Kleinbürger« kennen. Heute Früh bekam Frau N. von mir einen Brief zu Gunsten Madame Raff-s. Nachmittag schickte sie mir Max ins Caffé u. liess mir sagen, mein wunderbarer Brief habe sie und ihren Mann bekehrt, sie glaube an das Recht der »schönen Frau« u. danke mir von ganzem Herzen für die Erweiterung ihres Gesichtskreises. Er sagte mir wörtlich: »Wir haben erkannt, dass Sie christlicher u. milder denken u. die Menschen daher gerechter auffassen als Wir.«

Zugleich bat er mich, einen Abend bei ihnen mit der Erzieherin der Cumberland-Mädchen zuzubringen, welche meinen Brief gelesen hat. An Eindrücken, an reichen inneren Erlebnissen fehlt es nicht, obzwar die einsamen Tage die reichsten sind. Heute habe ich etwas ganz Kleines, aber wirklich nicht Schlechtes geschrieben: ›Das Herz meiner Schwester‹. Dann habe ich geschrieben einen Cyclus ›Landstädtchen‹, auch nicht schlecht, dann ›Wally‹, auch nicht schlecht. Heute schrieb mir Lotte Glas einen wunderbaren Brief von 12 Seiten. Sie schreibt ausgezeichnet über ›Liebelei‹ u. beweist mir, dass es ein wirklich gutes natürliches Stück sei, das meiner Zustimmung sicher sei. Sie sagt, Schnitzler sei von vornherein dadurch bei mir gestiegen, indem es keine Schreibtischarbeit sei. Unter Anderem schreibt sie einen geradezu genialen u. ausserordentlichen Satz: »Schnitzler rückt nicht, wie Richard Engländer es verlangt u. Herm. Bahr, das <u>Alltägliche</u> ins <u>Ewige hinaus</u>, aber er rückt es wenigstens ins <u>Menschliche hinein</u>«.

Das ist ein Satz, der wiegt ganze Essays auf. Ja sie ist eine ausserordentliche klar Denkende. Montag geht sie für 10 Tage ins Gefängnis.

Ich habe einen wundervollen Herbstmantel aus grauem Loden. Jetzt wird ein Wintermantel aus einem engl. Stoffe gearbeitet. Schadler hat eine Auswahl der herrlichsten engl. Stoffe. Leider konnte ich meinen Liebling, 9 Gulden der Meter, nicht auswählen. Das Essen, das Trinken, das Rauchen exquisitissime. Und das wacherlwarme Caféhaus beim Frühstück, herrlich. Es ist seit gestern heiss und schneefrei und trocken. Heute war Marienbrücke. Mein Körper sehr, sehr schlecht. S. Fischer bat um kleine Erzählung für ›freie Bühne‹. Habe keine. Habe ›Ehebruch‹ u. ›Ideal Flirt‹ zurückgezogen u. See-Ufer bestutzt. Ich empfehle mich, genug von mir gesprochen.

Der Ihre.

[49] An Annie Holitscher   [Poststempel: Gmunden, 9.11.1895]
An Frl. Annie Holitscher
dieses Dokument ist aufzuheben und zu zeigen !!!
<u>Kleine offene Briefe.</u>

An – – –.
Ich habe nie gezweifelt, Madame, dass die Verherrlichung der unverstandenen Frauenseele und des geistigen Uebermenschen ihre heftigen Antipathieen erregen werde!

Ihr ergebener

Peter Altenberg.

An – – –.
Hermann Bahr erklärte mir, dass Er in Wien nur 5 Menschen kenne, welche
die künstlerische Höhe meiner Schriften zu beurtheilen in der Lage wären.
Ich erlaube mir, Sie zu benachrichtigen, dass Sie sich nicht darunter be-
finden.
Ihr ergebener

— — —

An Herrn Altenberg, Esquire.
Ihre Schriften, mein Herr, scheinen klein und sind gross, sie scheinen
leicht und sind schwer, sie scheinen flach und sind tief. Sie haben ganz
einfach die Grazie in sich. Die schafft lächelnd!!
Ihr ergebener

— — —

Gnädige Frau.
Ich wünsche nicht unter jenen Schriftstellern zu rangiren, welche bisher
ihr Wolwollen besassen und die Freunde ihrer leeren Stunden waren.

Ich wünsche ganz einfach neben Tschechow, Kielland, Arne Garborg,
Peter Nansen und einigen englischen Herren und Damen placirt zu werden.

Ich wünsche mich mit einem anderen Platze unter keinen Umständen
abzufinden und würde eher auf die 80 Pfennige verzichten, welche mir
durch den Ankauf eines Exemplares von ihrer Seite zukämen. Ich schreibe für diejenigen, Madame, welchen die Mittel zur Verfügung stehen, sich
meine geistig-seelischen Freunde nennen zu können und welche mir einen bequemen und hervorragenden Platz im Salon ihres Geistes anzu-
weisen in der Lage sind.
Ich zeichne mit vollster
Hochachtung Ihr ergebener
P. Altenberg.

Sehr geehrter Herr.
Erlauben Sie mir, Ihnen einige Aufschlüsse zu geben, ehe Sie mich darum
gefragt haben.
1.) Es ist das Wesen des Künstlers, aus seiner Seele die Welt zu vermehren!
Sie werden einsehen, dass es dazu unbedingt nöthig ist, dass er eine von
allen Seelen verschiedene Seele habe!! Womit sollte er sonst vermehren?!
2.) être artiste, c'est tout simplement faire des vertues littéraires des ses
défauts humains!! Il faut avoir de grands défauts humains pour pouvoir
en faire des grandes vertues littéraires pour pouvoir triompher de ses

défauts humains ! Le monde moral n'y est pas, mon cher, Dieu merci.
C'est pour les fabricants de gants tout au plus et les pères de famille. Ils
ont les défauts et n'en font pas de vertues !
Ihr ergebener.

[50] An Helene Holitscher   [um den 14. November 1895]
ich wende mich an Sie, da unsere Freundschaft unerschütterlich ist, sie
beruht nicht auf dem Wunsche, den Anderen zur Karyatide, zum Pilaster,
zur Traverse seines Lebensglückes zu machen! Halte – – ich belaste Dich!
Oder breche zusammen, Kerl. Dieser Zwischenfall könnte die friedliche
Entwicklung meiner geistigen Kräfte stören. Wenn ich in Frieden wach-
se, kommen Leute rütteln an mir, werden böse.

Soll ich Ihnen über die Seeligkeit dieser 4 Wochen in Gmunden schreiben? Ich sage nur, es war »Gottes-Frieden«. Ich habe sehr viel wegen
meines Buches zu thun. Jeden 4. Tag Correcturen, die ziemlich Zeit u.
Aufmerksamkeit fordern. Gestern habe ich wieder abgeschickt – diesmal
war ich weniger zufrieden. Habe die Hälfte gestrichen. Ueberhaupt
wächst ein Buch noch während der Geburt. Über die göttlichen Tage hier
will ich Ihnen nicht schreiben. Heute schrieben mir Gretl u. Mizi lange
Briefe. Wann komme ich zurück?!?! Ich habe einen sehr guten neuen
Lodenmantel u. Galloschen. Gestern im Weinstübl bis 4. Alle haben mich
gern. Louise Frank reizend. Elsa R. Sonntag ins Café geführt zum Thee.
Die Natur ist göttlich. Soll ich meinen alten Stall nehmen?! Das ›See-
Ufer‹ ist bereits zum zweitenmal korrigirt. Ich verspreche mir nichts als
den Titel »Schriftsteller«. Das ist doch 300 fl. werth?! Denken Sie das
Avancement von »Nichts« zu »Schriftsteller«. Habe heute Mizi 14 Seiten
geschrieben. Sie soll doch ahnen, dass ich das nicht bin, wofür mich I. und
H. M. halten, das, glaube ich, wird dieser Brief beweisen. Ich bin über-
haupt nur Ich, im Schreiben. Im Leben nehme ich zuviel Rücksicht auf
die Stupidität der Andern. Wie leben Sie? Ihr freundschaftlicher
R.E.

[51] An Helene Holitscher   [14.11.95]
Liebe Helene. Sie können mich noch immer beneiden, denn diese letzten
4 Tage haben zu den schönsten gehört, was es überhaupt gibt. Mittwoch
war ein sehr gemüthlicher Abend bei Max Narb[eshuber]. Denken Sie, die
Cumberlandt-Lehrerin ist die begeisterte Freundin der Bigelow-Kinder u.
hat mir gestern die ganzen Correspondenzen in deutsch u. englisch der
3 Kinder geschickt, wofür ich ihr ›no age‹ schickte. Sie ist eine sehr fein-
sinnige Dame. Der Souper-Tisch war geradezu poetisch mit weissen u. gelben Chrysanthemen geschmückt. Neben jedem Teller lag ein Sträusschen

frische Veilchen. Die Sardinen waren prima. Dann kam Filet. Dann eine Chocolade-Crème-Torte ohne Mandel, welche ich so geschickt war, mir am Tage vorher zu bestellen u. welche grosartig war. Als die Anderen fort waren setzten Wir, Er, Sie u. Ich uns zusammen, sie kochte Thee u. wir tranken Thee u. Bénédictine u. blieben bissl beisammen. Am nächsten Tage, einem Sommertage, fuhren wir zusammen nach Ebensee (½ 2) u. mit Bahn zurück. Abend soupirten wir im Schiff mit Weins. Gestern holte mich das Ehepaar Nachmittag im Schiff ab u. wir giengen zur Marien-brücke. Dort setzten wir uns hinter der Küche in das kleine Loch mit 2 herzoglichen Jägern u. verbrachten bei Thee mit Rum, Knofelschinken, Cigaretten die herrlichsten Stunden. Wir giengen um 8 Uhr mit Laternen heim. Der Hin- und Herweg war unbeschreiblich stimmungsvoll. Dicke Nebel wallten u. es roch wunderbar nach Blätter-Moder. Seit einigen Ta-gen habe ich leider sehr viel Verkehr, Dr. Dimitriowich-Vogler, dann der Oberstallmeister Lübrecht. Man behandelt mich als deutschen Schrift-steller. Dimitriowich protegirt mich. Ich gieng gestern in der herrlichsten November-Nacht mit ihm bis 3 Uhr Früh spazieren. Ich kann über diese November-Stimmungen nichts schreiben. Es ist mir wie ein Märchen-traum. Heute nach 3stündigem Schlafe stand ich bei goldenen Morgen-nebeln auf u. gieng um ½ 7 die Traun hinab. Alles dampfte in leuchtenden Nebeln. Jetzt sitze ich im Angesichte des dampfenden Sees im Café u. starre in die November-Pracht hinaus. Jetzt eben ladet mich ein Salzbur-ger reizender Herr zu einem Morgenspaziergang ein. Wir gehen an die Traun. Adieu, grüssen Sie herzlichst Ännie. Sie ist mit meinen Briefen nicht zufrieden. Was soll ich ihr schreiben?! Wem diese herrliche Welt keine Ressourcen gibt, der wird verdorren. Sehen Sie, ich betrachte jeden Tag als ein Gnadengeschenk. Ökonomische oder körperliche Qualen können mich einmal wegraffen. Da mache ich rasch jetzt noch die Augen gross auf u. staune die Welten-Schönheit an u. liebe Alles, was um mich herum ist.

Grüssen Sie Ännie herzlich.

Man geht nur an sich zu Grunde, nie an Anderen.

Es gibt edle Frauen, die – – – – –

Ihr

[52] An Annie Holitscher

24.11.95

Liebe Aennie! Ich habe aufgehört, Ihnen zu schreiben, weil ich aus Ihren Briefen entnahm, dass meine Schreiben Ihnen kein Vergnügen bereiteten, sondern das friedevolle Dasein, das ich hier in einsamer Concentration auf mich selbst und die ewig göttliche Natur verbringe, Ihr Gemüth nur mit Kummer u. Enttäuschungen erfülle. Glauben Sie mir, was ich geniesse, ist die notwendige Frucht meiner erhöhten Menschlichkeit und Hunderte würden bei den körperlichen Martern, welche mich bei lebendigem Leibe aufzehren, sich eher eine Kugel hineinbringen als im November-Walde vor Entzückung fast vergehen. Mein Leben zählt nicht mehr lange, da meine körperlichen Qualen entsetzlich werden. Ich ringe mir das Glück an der Welten-Schönheit keuchend ab. Mein Schicksal ist furchtbarer als Ihres, denn ich sterbe mit der Fahne des Lebens in der verzweifelten Faust, während Sie die Fahne weggeworfen haben und sich für besiegt erklären.

Hier herrscht furchtbare Kälte und das in Verbindung mit meinen entsetzlichen Leiden, ist kaum zu ertragen. Dennoch war ich heute bei der Rückkehr von der Marienbrücke bei Mondschein wie berauscht. Die feinsten Zweige der kahlen Bäume ragten in das Blaue hinein, der schwarze Fluss hatte silberne Teiche, es fror zum Bersten und dennoch war Alles nur wie »gefrorener Sommer«. Ich ging allein zum Wasserwerke. Die Buchenblätter rasselten vor Reif und der Mond machte Alles wie Kindermärchen. Wir sassen dann bis 10 Uhr mit N. u. W. in dem ganz kleinen Gemach hinter der Küche, tranken Tee mit Rum, assen Knofelschinken, rauchten und es kam eine süsse Atmosphäre von Teegeruch und Cigaretten und Holzfeuer herein.

Aber ich leide fürchterlich. Die ganze Woche kamen keine Revisionsbogen. Ich habe alle Freude daran verloren. L[oris] schreibt seine zweifelhaften Sachen in die ›Zeit‹ und mich weist man zurück. Es ist eine ekelhafte Protektions-Wirtschaft. Ich habe durch meine Schmerzen alle Lebenslust verloren. Dazu die ökonomische Lage! Schreiben Sie doch wieder über sich. An Ihnen verliere ich die Letzte, die mich gern hat. Das weiss ich genau. Ich möchte 3000 fl. haben und mir hier ein Häuschen bauen. Wie schön leben die Prillingers. Dimitriowich ist ein »homme médiocre«. So werden auch Wir Anderen, nur um 10 Jahre später, bis Uns das Leben zerpatscht hat, bis die Seele ausgelöscht ist. Es war doch ein Malheur, dass Sie kein Geld gehabt haben. Geld ist das Friedensmittel. Geld gibt Frieden, darüber werde ich nie hinauskommen. Ich sehe elend aus. Ich habe mir aus blöden Ersparungsrücksichten einen Mantel machen lassen ohne Aermel, der bei der riesigen Kälte hier nicht zu brauchen ist. Mit den Damen N. u. W. habe ich natürlich ein feines freundsch[aftliches] Verh[ältnis] und beide Männer schmeicheln sich, daß ihre Damen mir gefallen. Aber es sind »hommes médiocres«. Was machen Sie Sonntag? Morgen Ausflug mit N. u. W. Die Rückkehr in ein warmes Lokal ist immer wunderbar. Man dampft dann förmlich. Die Kälte zieht weg, die Hitze ein

Ihr
Richard

[53] An Annie Holitscher

27.11.95

Liebe Aennie. Danke für Brief. Ein Brief soll das auf das Papier hinge-
worfene Leben sein, wenigstens ein Schatten von diesem auf der weissen
Fläche. Wie wenige verstehen das. Sie schreiben verschiedene Zeilen hintereinander, weder sich selbst noch den Freund, der es liest, bedenkend.
Welches schattenhafte Lebendige haben sie in sich, wenn es nicht einmal
einen Schatten wirft auf's Papier. Ich schreibe Ihnen, damit Sie »das
freche Bubenstück« von Loris in der ›Zeit‹ lesen und den Gang der »literarischen Welt« in seinem betrügerischen Humpeln kennen lernen. Nie
hat es einen »schamloseren, jüdischeren, in sich selbst verlogenen litterarischen Betrug« gegeben. Sie werden wenigstens in diesem Falle nicht
schreiben, dass ich »aufgeregt« zu sein scheine. Und meine einfachen klaren Schriften wies Hermann Bahr als unverständlich zurück!? Dafür
schreibt er über Theodor v. Hörmann, den ich bei seinen Lebzeiten für
das grösste Landschaft-Genie überall erklärte, erst nach seinem Tode eine
Hymne, weil er zu feig war, einen homme sans nom bei Lebzeiten zu
loben und er liess ihn zuerst verkommen und sterben! Alles das ergreift
mich mehr als jemand ahnt.

Auch denke ich ich immer an dieses Genie »Höfer« am Gmundner
Theater und meine tiefe Begeisterung, welche von den hündischen hommes
médiocres, Nini, Pollandt, Pick, belächelt wurde. Wie kann es mit zwei
Un-Menschen wie Nini und J.B. gemütlich sein?!

Denken Sie, nachdem Loris mir schon einmal früher wörtlich meine
»goldenen Gartengitter-Spitzen und die weissen Mandelblüten mit einem
Hauch von Rosa in der Seele«, gestohlen hatte, bringt er heute »eine Erinnerung an weiche, süsse, geschälte Mandeln«, aus meiner ›Primitiven‹.
Seine Erzählung ist in den Heften vom 2., 9., 16. XI. Es ist einfach eine
stupide Frechheit, ein unfähiger Betrüger, der »Dichter Österreichs« des
vollkommen unfähigen Schönaich!! Bitte, lesen Sie das herrliche Kunstwerk im Heft vom 23. XI von Amalie Skram, aber nicht wegen Aehnlich-
keiten. Wie hoch steht diese ausserordentliche Dame, deren ›Professor
Hieronymus‹ ein Kunstwerk allerersten Ranges ist, über diesem feigen
»Pegasus-Trainer« wie sie Wittmann nannte.

Ich leide entsetzlich, stehe erst um 4 Uhr auf, bin in Verzweiflung,
sehne mich nach Ende, ohne Schrecken.

Ihr Richard.

[54] An Annie Holitscher

3./ XII.1895

Liebe Aennie,

Finde den Ausdruck »Mandel-Dieb« sehr witzig. Trotzdem dieser Freche geistlose »Andrian-Bruder« mir meine Mandeln gestohlen hat, hat es seinen Kuchen nicht fetter gemacht. Es liegt eine unbeschreibliche Unfähigkeit in diesem auf Betrug angelegten Machwerk und glauben Sie ja nicht, dass er über seine Sache stehe und frozzle. Nein er hält diese von Geist und Seele vollkommen befreite Phantasie für Kunst. Während Kunst gerade von Geist und Seele vollgesogene Phantasie ist. Hier ist seit drei Tagen das tiefste Winterwetter. Alles ist in Schnee versenkt und gestern Sonntag fuhren reizende einpferdige Schlitten mit reicheren Leuten als ich bin, nach Ebensee. Die herrlichste Luft streicht durch die Strassen, bei dem Rathausplatz schwimmen 50-60 Wildenten und Duckenten zwischen den Schwänen herum. Die weisse Landschaft ist unbeschreiblich schön. Das Einkehren in ein warmes Lokal mit Thee und Zigaretten ist allein wert, alle körperlichen Qualen, welche mich foltern, zu ertragen. Oh Aennie, es ist wunderbar, das Landleben. Gestern Sonntag verbrachte ich riesig gemütlich mit dem Lehrer von Cumberlandt und dem Oberstallmeister Lübrecht und Abend mit N. und W. Ich bin sehr liirt mit einem Trainer von Cumberlandt, mit dem ich seine unglückliche Liebe zu einem hiesigen Bürgermädchen durchlebe. Gestern war ich bis 3 Uhr früh mit meinen Gmundner Bürgerssöhnen beisammen. Heute leisteten mir meine Schneeschuhe wunderbare Dienste. Ich ging durch tiefen Schnee zur Marienbrücke, wo ich in dem kleinen Zimmer dünstete. Heute kam wieder Revisionsbogen mit ›Trommler Belin‹ ›Venedig in Wien‹ und ›Quartett Soirée‹. Ich bin sehr zufrieden. Besonders das letzte ist reizend. Oh Loris et Andrian! Wie leicht ist das Leben zu beschreiben, wenn man es sieht!! Aber Ihr sehr nur Euch und das Schreckengespenst Eures verdammten Ehrgeizes.

Bei jeder Skizze habe ich die Angst, wie es gedruckt sich ausnehmen wird. Sobald ich enttäuscht bin, streiche ich das Ganze aus. Louis wird sehr erstaunt sein über die organische Zusammenziehung – von 21 Skizzen, worauf ich mir künstlerisch etwas einbilde. Er wird wahrscheinlich glauben, dass es eine Mache des Verlegers sei. Nun, das Buch habe ich von A bis Z ganz allein gemacht, ja jede Zeile habe ich angegeben. Mein physischer Zustand ist schrecklich und sehe ich elendiglichst aus. Ich nehme mir täglich vor, in ein Zimmer mit Ofen umzuziehen. Vielleicht morgen. Der Blick auf meinen verschneiten Fichtenbaum und die kleinen weissen Dächer und die erleuchteten Fensterchen, entschädigt mich teilweise für die schreckliche Kälte meines Zimmerchens. Ich kann mir nicht vorstellen, wann mein Büchelchen fertig werden kann? Es sind erst 75 Seiten 1. Revision. Der Druck ist sehr fein.

Wie war es bei Mizi?! Ist I. noch der alte Schachtelhalm? Schreiben Sie nach Diószegh, dass ich Margit grüssen, küssen lasse. Ihre »Povre Bajazzo«-Sache ist viel versprechend, jedesfalls ein Beweis, dass das verderbliche verpestete ererbte Blut in ihr seine Macht verloren hat und Euer Holitscher-Gemüth vorhanden ist. O wie hasse ich diese Schweine, welche sämtlich mit Ausnahme von Hans Mauthner an Krebs oder Zuckerkrankheit zu Grunde gehen müssen! (Nur die männlichen Mitglieder bestimmt.) Ich habe diese Prognose schon vor einem Jahr gestellt. Adieu Seien Sie herzlichst gegrüsst von einem alten Esel.

R.

[55] An Karl Kraus   [Poststempel: Wien, 19. I. 96]

Mein lieber Karl. Ich bitte Sie sehr, den Rudolf Strauß zu bewegen, mir den Revisions-Druck zu schicken (Café Central). Sollte es aber absolut, leider, nicht möglich sein, so möge Er selber um Gottes willen nach dem Manuskripte ausbessern u. besonders auf Zeilenfreiheit und Anführungszeichen Obacht geben.

Meine so winzigen Sachen vertragen keine Einstellung u. brauchen Raum und Pausen. Am liebsten hätte ich das Ganze verschoben.

Warum soll ich vielleicht sehr blamirt sein?! Sie werden denken, ich bin ein nervöser, sekanter altjüngferlicher Mensch. Aber denken Sie es lieber nicht.

Ihr Richard.

[56] An Victor Engländer   [Anfang Februar 1896]

Mein Lieber Viktor.

Mit Rücksicht auf Deine litterarischen Ausfälle gegen mich, erlaube ich mir, Dir Folgendes mitzuteilen:

Ich erhielt einen Brief von Herrmann[!] Bahr, in welchem er schreibt, dass es in Wien nicht 10 Menschen gäbe, die auf jener künstlerischen Empfänglichkeits-Stufe stünden, um meine in gedrungener Kraft geschriebenen Sachen aufnehmen zu können. Ferner stellte sich mir der Herausgeber der ›Neue Revue‹ vor, um mich als das bedeutendste Talent der österreichischen Schule zu beglückwünschen, blos auf die Kenntnis der ›Lokalen Chronik‹ hinauf. Schriftsteller Rosner aus München frug bei der Redaction an, wer der Künstler P.A. sei?! Louis Schweinburg erklärte es für den besten französischen Sachen ebenbürtig. Arthur Schnitzler, Loris fanden es entzückend.

– – –.

Ich schreibe nicht für die Mitglieder jüdischer Familien, nicht für in philiströsen Familien-Idyllen Versunkene, nicht für Solche, die, in der tiefsten Lebenslüge hindämmernd, vom Künstler sich erholen lassen wollen, nachdem es keine Erholung im Leben gibt als das eigene junge Herz.

Widmungssseite in ›Wie ich es sehe‹, 4. Auflage (1904):
»*Im März 1904 / Lieber Dr. Ludwig Schweinburg, / als Du im Jahre 1895 mein erstes Manuskript, ›Lokale Chronik‹, lasest, hattest Du sogleich jenes litterarische Urtheil, das viel viel später meine wirklich Verständnis-vollen erhielten. / Für den gänzlich Unbekannten, den verkommenen Erstgeborenen der Familie E., tratest Du ein mit Deiner vorurtheilslosen Gerechtigkeit. Ich danke Dir. / Dein / Peter Altenberg*«.

Die Urtheile Jener, in deren Kreisen Du verkehrst, sind das, was meine Höhe bestimmt. Je abgeneigter diese sind, desto entfernter stehe ich von ihnen. Wehe, wenn sie mich anerkennen! Dann bin ich gerichtet. Ich hasse diesen elenden Geist der Versumpfung und Lüge, welcher dazu dient, seelische und geistige Impotenzen in Lebensglück?! zu verwandeln. Mögest Du selbst, der eine Perle neben sich zu Grunde gehen zu lassen scheint, Dich aus jener verdammten Lebenslüge erheben, welche, mit Wegwerfung der göttlichen Dinge in Uns, ein Comfortable-Ross-Leben als den Pflicht-Weg vortäuscht, während man nur um das betrogen wird, was dem Leben des Gebildeten allein einen Werth zu geben vermag.

Du wirst 100000 Gulden haben und keine Seele. Besser ein Atom bebender Seele und 5 fl. Familien-Idyllen sind das Verderben des Mannes, einfach entmannend. Bedenke doch, dass man in wenigen Jahren weggeht und nie, nie mehr wieder auf diese schöne Erde zurückkommt.

Dein
Richard.

[57] An Richard Beer-Hofmann   [nach Februar 1896]
Lieber Richard Beer-Hofmann:
Eben lese ich in dem Vorworte unseres gemeinsamen Bekannten Alexander Brauner folgende Stelle:
»Ein begabter russischer Kritiker nannte die berühmten Autoren Rußlands ›grausame Talente‹. Sie wollen nämlich Alle Etwas mit ihren Sachen. Die ›guten Europäer‹ werden vielleicht behaupten, daß die Kunst Nichts will, sondern um ihrer selbst willen da ist. Möglich. Aber das wird eben wohl nur mit der ›europäischen Kunst‹ der Fall sein. Die russische Kunst, die russischen Künstler wollen immer Etwas!«
Ihr freundschaftlich ergebener
Peter Altenberg

Gruß, Empfehlung an das Künstlerischeste in ihrem Hause.

[58] An Hermann Bahr   [Frühjahr 1896]
Verehrter Herr:
Ich belästige Sie mit meinen Briefen.
Aber ich habe eine neue Idee.
Kunst und Leben sollen auf einanderrücken, Kunst sollte Leben, Leben Kunst werden.
So malt Walter Crane Tapeten-Muster und die französischen Maler Reclame-Plakate. Was halten Sie davon, Ereignisse des Tages, die Chronik der Tages-Journale, Begebenheiten des Alltages, in künstlerische Höhe zu bringen??! Das flache Tag-Leben künstlerisch zu machen?!

64

Zeitungsausschnitt ›Ein verschwundenes Mädchen‹.
In: Illustrirtes Wiener Extrablatt. 22. November 1894.

»Das Leben ist das Leben – – und die Kunst ist die Kunst. Aber das Leben künstlerisch zu machen, ist die Lebenskunst.«
Peter Altenberg
So etwas Ähnliches habe ich bereits versucht in der ersten Sache, welche in der ›Liebelei‹ erschienen ist. ›Lokale Chronik‹, welche einer thatsächlichen Notiz des Extrablatt entsprang.
Nun sende ich Ihnen als »ideales« Muster, welches auf alles Alltägliche der Strasse, des Lebens, anwendbar ist, meinen kleinen Cyclus ›Venedig in Wien‹.
Hier ist das wirkliche, für Jeden controlirbare Leben, künstlerisch geworden u. der Abstand zwischen Kunst (Aristokratisches) und Leben (Demokratisches) ist bereits verringert worden.

Wollen Sie diesen Versuch machen, das flache Alltag-Leben künst-
lerisch zu organisiren?!
Bitte sehr um Antwort.
Ihr ergebener
Peter Altenberg

[59] An Margarethe Engländer   [vor dem 20. März 1896]
Liebe Gretl.
Du kannst Dir wirklich nicht vorstellen, welche riesige Freude Dein Brief
mir gemacht hat. Selten kommt man in solche Stimmungen! Denn Mizi
K. gehört zu jenen süssen Erinnerungen, welche wie eine ewige sanfte
Melodie hinter, unter dem Gebrause des Lebens tönen. Zu solchen Un-
vergesslichkeiten gehören: Anna Knapp, Auguste und Alice Popper,
Gmunden, der Lakenboden und die Knofeleben, Dein Bild, welches Tante
Minna besitzt, Bettina Reinhold in ›Einsame Menschen‹, Madame Otérô,
der November in Gmunden, Coquelin in ›Widerspänstige‹, Hamsun's
›Pan‹, Camilla in ›Les petites filles modéles‹, Frau Hâlô, Bilder von Burne-
Jones, Puvis de Chavannes und Ludwig Dettmann, die Aufführung von
Bajazzo durch die »Italiener«, Bertha Lecher als Kind – – – –.
Aber Mizi K. werde ich nie vergessen und wie oft denke ich an die-
selbe! Wie schön war sie diesen Abend. Ihre Schultern wie von einem
rundlichen Baby, ihre Augen wie von einem Künstler!
Alles im Leben gibt mir und gibt und gibt und Niemand kann mir
Etwas wegnehmen. Ohne dass ich verlange, geben die Königinnen über
mein Herz, ohne dass sie geben wollen, spenden sie – – –! Daher erfüllt
mich immer eine tiefe Dankbarkeit, gegen die selbstlose Natur mit ihrer
Pracht und ihrer heiligen Bereitwilligkeit, sich an mein Herz drücken zu
lassen, gegen Mizi K., welche mir oft erscheint und gleichsam in mir Lieder singt, gegen die zarte theure Alice Popper, welche mir das Tiefste
spendete, was es gibt, ein ganzes kindliches Herz. Alles, Alles spendet,
wenn man mit den Augen, mit der Seele nehmen kann. Alles zieht sich
zurück, wenn man »verzehren«, »einsaugen« will, »besitzen«!!
Ich lebe jetzt in Frieden, Die Sorgen sind weg. Ein Kreis von ganz jungen Schriftstellern verehrt mich, liebt mich. Viel Freundschaft gleitet mir
entgegen. Heute gehe ich mit dem »Heiligen Georg« in das Burgtheater.
Ich habe eine tiefe unglückliche Liebe. Du kennst sie, wärest sehr, sehr
erstaunt. Ich habe darüber Etwas geschrieben, was the litterarische Welt
»Griensteidl« entzückte, dennoch habe ich es mir nicht von der Seele geschrieben. Weisst Du, wer es ist?!! Die junge süsse Schwester von der Poldi
bei Handl, ein Lecher-Gesicht. Sie hat mir einen Fusstritt gegeben. Dennoch liebe ich dieselbe wie früher. Aber das bleibt unter Uns!!! Mein Buch
gibt mir viele mühevolle Arbeit. Bin neugierig auf die nächste »Liebelei«.

66

Ich danke Dir sehr für die Wäsche. Schmutzige ist noch sehr wenige da. Man muss sehr sparen. Willst Du einmal mit mir soupiren?! Vielleicht Donnerstag?! Du könntest zu Griensteidl bei der Thüre hereinschauen um 8 Uhr.

Adieu.

Dein

Richard.

[60] An Annie Holitscher [Ende April 1896]

Liebe Annie!

Sende Ihnen und Madamme[!] Charlotte ein Exemplar.

In der Montag-Revue stand:

»P. Altenberg nimmt in diesem Buche einen künstlerischen Hochflug über die seichten Niederungen, wo heimische Gedankenarmut in Stimmungen schwelgt. Es sind weite Horizonte, welche ein Seher uns hier eröffnet.«

Ihr Peter Altenberg

[61] An Samuel Fischer [28. April 1896]

Sehr geehrter Herr.

Bitte sehr, mir zu den 15 Exemplaren noch 5 Stück so rasch als möglich zu senden, da ich für Herrn Theodor Herzl Feuilleton-Redakteur der Neuen freien Presse ein Exemplar brauche, ferner für die Extrapost u. 3 andere Zeitungen in welchen Gönner von mir sind.

Die gestrige Montag-Revue (27. April) schreibt:»Unter dem originellen Titel ›Wie ich es sehe‹, Verlag S. Fischer in Berlin, hat ein Wiener Dichter, P. Altenberg, Skizzen erscheinen lassen, die einen künstlerischen Hochflug nehmen über die seichten Niederungen, wo heimische Gedanken-Armuth in Stimmungen schwelgt. Es sind weite Horizonte, die uns hier ein Seher eröffnet.«

Soll ich Ihnen überhaupt eventuelle Besprechungen einsenden?! Vielleicht haben Sie doch einen nicht ganz Unwürdigen in die Litteratur eingeführt. Vielleicht aber auch doch.

Das Recensions-Exemplar der N. fr. Presse, welches Sie gesandt haben, hat der Redakteur M. Necker genommen. Nun wäre mir aber natürlich eine Besprechung durch Theodor Herzl 1000 mal lieber u. werthvoller.

Ihr ergebener

Peter Altenberg.

[62] An Samuel Fischer [Poststempel: 30. 4. 96]

Sehr geehrter Herr. Obzwar ich höre, daß Felix Poppenberg ein ausgezeichneter Essayist ist, erlaube ich mir Ihnen meinen Freund Rudolf

Strauß, Ex-Herausgeber der Liebelei, warm zu empfehlen, welcher gerecht und natürlich schreibt und ein sehr feiner bescheidener Mensch ist. Wenn Sie also auch für den Wiener Essay bereits versorgt sind, empfehle ich Ihnen dennoch diesen gewissenhaftern Menschen.

Ihr ergebener

Peter Altenberg

[63] An Samuel Fischer   [Anfang Mai 1896]

Sehr geehrter Herr.

Ich meinte einen Cyclus von der Länge von 30 geschriebenen Quartseiten, was also ungefähr 5-6 ihrer Zeitschrift-Seiten wäre. Sie haben ja sogar die ganzen Bücher, welche bei Ihnen erschienen sind, im vorhinein in ihrer Zeitschrift abgedruckt, wie z. B. Elsbeth Maier ›Drama eines Kindes‹; ferner haben Sie ja auch dem Arthur Schnitzler ihre Zeitschrift geöffnet. Warum bin ich überhaupt gar nicht jetzt aufgefordert worden, eventuell Etwas für ihre Zeitschrift jetzt zu schreiben, sondern musste ich erst eine diesbezügliche Bitte richten?! Bin ich denn wirklich um soviel miserabler wie ihre anderen Beitrag-Lieferer?!

Felix Poppenberg kenne ich nicht. Einen Artikel über die moderne Wiener Kunst kann wirklich ideal nur Herr Bahr schreiben. Übrigens sind auch einige Jüngere da. Soll ich mit denselben sprechen?!

Bitte sehr um Antwort wegen Cyclus. Der Name würde auf diese Weise sehr bekannt. Mein Buch ist sehr schön ausgefallen, bis auf ein »i« in dem Worte »sitzen«, welches ausgeblieben ist. Dieses i sind Sie mir also noch schuldig.

Haben Sie diesem Felix Poppenberg mein Buch gesandt?! Und dann, vielleicht verreisst er es. Ich kenne einige sehr talentirte Bahr-Protégée's, welche den Essay über Wiener Schriftsteller sehr gut schreiben würden u. von meinen Sachen einfach begeistert sind. Soll ich mit Einem dieser Herren sprechen?!

Bitte um Antwort.

Ihr ergebener

Peter Altenberg.

[64] An Samuel Fischer   [Poststempel: 11. 5. 96]

Sehr geehrter Herr.

Ich habe bis heute 14. Mai gar kein Paket mit Büchern bekommen. Soll man es auf der Post reclamiren?! Haben Sie die ›Zeit‹ mit dem Essay über mich von Hermann Bahr erhalten?!

Sollte mein Cyclus ›Paulina‹ angenommen werden in ihrer Monatsschrift, so bitte ich erstens, daß derselbe nur ungetheilt, in Einem, abgedruckt werde u. nicht in 2 Fortsetzungen, u. zweitens um die Correctur-Bögen, welche ich innerhalb eines halben Tages zurücksenden werde.

Ihr ergebener

Peter Altenberg

[65] An Moriz Engländer

10.6.1896.

Mein lieber Papa

Teile Dir mit, dass in einem ersten Blatte Deutschland's, welches literarische Führerrolle hat, gestern Montag ein Feuilleton von 8 Spalten erschienen ist, welches in den massgebenden Kreisen bedeutendes Aufsehen erregt. Es ist mehr als lobend und so gerecht und vertieft, als ob ich es selbst über mein Buch geschrieben hätte. Es ist die erste wirkliche Freude, die ich an mir selbst erlebe. Denn diesmal ist es eine vollkommen freie unparteische Stimme in einem fremden Lande (Frankfurter Zeitung), welche mich als Dichter in hohen Worten anerkennt. Ich werde Dir ein Exemplar senden, sobald ich eines erhalte. Soeben erhalte ich von Ricarda Huch (berühmte Romancierin in Zürich) einen wundervollen Brief über mein Buch, welches sie über alle Bücher der modernen Literatur stellt. Sie sagt, sie müsse das einem, wenn auch Unbekannten sagen.

Adieu wie geht es Euch. Gretl soll schreiben.

Richard.

[66] An Hermann Bahr   [Juni 1896]

Verehrter Herr Hermann Bahr:

Nehmen Sie ›Theobrôma‹ für ihre Zeitschrift an?!

Haben Sie den Essay über mein Buch in der ›Frankfurter Zeitung‹ gelesen?!

Ricarda Huch hat mir einen wundervollen Brief geschrieben, in welchem folgender Satz ist: »überhaupt hat mich in der ganzen modernen deutschen Litteratur kein einziges Buch auch nur ähnlich interessirt wie-das ihrige, ja es ist das erste deutsche Buch, welches mich ganz ergriffen hat – – –.«

Glauben Sie nicht, verehrter Herr, daß neben den Büchern, welche concentrirte Kunstwerke sind, auch solche berechtigt sein können, welche zwischen Roman, Lyrik, Bekenntnisse, Tagebuch, Philosophie, ein wenig hin und herschwanken und welche das was ihnen an klarer Kunst abgeht, durch die Mannigfaltigkeiten, das Temperament des Lebens und seine Complicationen, zu ersetzen vermögen?! Denken Sie, wie förderlich es wäre, wenn Jeder vor seinem Abschiede aus dem Leben, den Reichthum seiner Seele, seines Geistes seines Lebens, ein bischen zurückließe?!

Viele Nach-Kommende würden Deutungen ihres eigenen etwas verworrenen und verflochtenen Schicksals finden, Wege, welche man wandeln, Abgründe, welche man vermeiden soll.

Mögen Sie, der heilige Schützer meines so kleinen Talentes, nicht mißmuthig sich abwenden, wenn ich, in weiser Selbstbeschränkung, ihren großen Kunst-Idealen ferne bleibend, meine Moment-Photografien der Seele u. des Lebens auch weiterhin fortsetze.

In tiefer Verehrung

ihr Peter Altenberg

[67] An Ricarda Huch [Poststempel Wien, 16. 6.1896]

Sehr geehrtes Fräulein:

Ihr Brief hat mir eine große, große Freude gemacht. Man hat mir gesagt: »Sie, ihr Buch wird den feinen zarten Frauen gefallen – – –.« Ich bin nämlich ein Feind des »Mannes«. Ich finde, daß der »Heiland in Ihm« nicht erwachen kann, immer in Schlaf gehalten wird durch den pedantischen Mechanismus von Ausgaben und Einnahmen, welche regelmäßig erfolgen u. die sogenannte wünschenswerthe Gesundheit ausmachen, das solide bürgerliche und sichere Geschäft des Lebens.

Nein, ich bin für die Hystherie, dieses Überwiegen geistig-seelischer Potenzen, die Hystherie eines Beethoven, eines Lenau, und aller edlen Frauenleiber, welche sich als die heiligen Tempel seelisch-geistiger End-Erfüllungen wissen.

Jeder edle Frauenleib ist die körperlich gewordene, concentrirter Organismus gewordene Sehnsucht, durch seelisch-geistige Potenzen erlöst, zum Leben gebracht zu werden. Er bleibt todt durch sexuelle Potenzen, er erwacht zu seinem eigenen wesentlichen Leben erst durch seelisch-geistige Entjungferung.

In jeder Frau liegt diese Sehnsucht und ihr ewiger Drang nach Erlösung: die Ehebrecherin, die Nonne, die zu ihrem geliebten Heiland flüchtet, die Hystherische, welche nicht weiß, was sie will u. dennoch fühlt, daß etwas Wesentliches, ein Lebenselement fehlt, die Enttäuschte, welche sich in die Wellen des Flusses begibt, sie Alle folgen nur dem heiligen unentrinnbaren Drange idealer Forderungen in Ihnen, welche sie ebenso an das Kreuz bringen wie den Heiland. Der Mann hingegen ist ein perfider Sich-Abfinder mit dem Leben, ein findiger unerbittlicher Geschäftsmann, ein Hausierer des Glückes, ein Concessionen-Macher der Seele

Ihr ergebener

Peter Altenberg

[68] An Samuel Fischer   [Poststempel: Wien, 25.6.96]

Sehr geehrter Herr: Ich habe soeben von einer Dame aus Wiesbaden die Bitte erhalten, mein Buch in das Italienische übersetzen zu dürfen. Geben Sie mir, bitte, diesbezüglich einen Rath, da ich nicht weiß, ob man das nicht lieber einem anerkannten Schriftsteller überlassen solle. Über meine ›Paulina‹ in ihrer Zeitschrift habe ich immer noch keine Entscheidung erhalten. Ricarda Huch, die Züricher Romanschriftstellerin, schreibt mir, daß mein Buch das erste deutsche moderne Buch sei, welches ihr tiefes Interesse errege. Bisher habe sie sämtlichen erschienenen deutschen Büchern (modernen natürlich) ihre Anerkennung vollkommen versagen müssen.
Wie könnte man das Buch in Paris bekannt machen?!
Ihr ergebener
    Peter Altenberg.

[69] An Margarethe Engländer   [Poststempel: Wien, 28.6.1896]

Liebste Gretl. Dein Brief war sehr lieb. Wie lebt Ihr, Papa, Mama?! Ich bin jede Nacht in Venedig mit Victor. Ich liebe Signorina Maria. Ich habe ihr geschrieben:»Du bist Neapel, der Himmel bist Du und das Meer und dunkle Wälder und der ewige süsse Sommer bist Du. Man könnte für Dich sterben – – –.« Sie ist das, was ich vom Weib ersehne, Organisation gewordene Künstlerseele. Was wir empfinden, ist sie. Gestern habe ich ihre Hand berührt. Sie sagte:»gracia – – –.« Ich spüre heute noch diese süsse Hand. Eine Dame aus Wiesbaden hat mir geschrieben, ich möchte ihr gestatten, mein Buch in das Italienische zu übersetzen.
Eine sehr schöne Besprechung ist in den ›Dresdener Nachrichten‹. J. J. David hat mir einen wunderschönen Brief geschrieben. Von Loris erscheint ein Essay über mein Buch in der ›Zukunft‹ von Harden. Desgleichen einer im ›Magazin‹. Bitte die Frankfurter Zeitung, nur das herausgeschnittene Feuilleton, mir zu senden, da es dringendst brauche. Uebermorgen Souper mit Hermann Bahr. Gehe nächste Woche zum Zahnarzt. Adieu, grüsse Alle. Schreibe schnell.
Dein Peter A.

[70] An Annie Holitscher   [30.6.96]

Liebe Ännie. Ich lese soeben wundervollen Essay von Otto Stössl im ›Magazine‹ von Neumann-Hofer, Berlin-Charlottenburg 2, Carmerstrasse 10 u. bitte Mama sehr, für mich 10 Exemplare zu bestellen, da eines nur 40 Pfen. kostet. Trotzdem auch hier die Persönlichkeit ausgenützt ist, enthält es ausserordentliche Stellen.
Vielleicht wird dieser Essay Ihnen erklären, wodurch sich Peter Altenberg von Berthold Mayerhofer unterscheidet.
Ihr
    Richard.

[71] An Hermann Bahr [nach dem 4. Juli 1896]
Peter Altenberg.

Lieber Herr Hermann Bahr:
Bitte, können Sie mir die Adresse verschaffen von Hugo Ganz, Budapest, welcher den Essay über das Buch ›Einsame Seele‹ von Neeri [!], in ihrem Blatte geschrieben hat?!

Die darin ausgesprochenen Ideen sind nämlich das Geheimnis meines künstlerischen und philosophischen Lebens und der »ewige« Hintergrund meiner scheinbar »alltäglichen« Sachen. Ohne Heilands-Ideen gibt es überhaupt kein Künstler-Sein. Das ist es, was Schnitzler u. Beer-Hoffmann [!] u. den Jungen fehlt. Das Feuer brennt nicht in Ihnen, welches die Propheten, Dichter, Märtyrer, Menschen-Erlöser, Menschen-Erzieher, entzündet hat u. über ihr eigenes gleichgiltiges Ich hinübergetragen hat in die Gegenden, wo man lächelnd für seine Gedanken, für sein Herz zu sterben bereit ist.

Zum erstenmale habe ich in diesem Essay von Ganz die Ideen ausgesprochen gelesen, welche ich in meinem Gehirne trage.

In schamloser frecher und perfider Weise ist es diesem feigen Tyrannen »Mann« gelungen, dem »Ideal-Geschöpfe« Weib, diesem accomplissement des idées intimes du Créateur, seine eigenen thierischen Bedürfnisse als das zu imputiren, was ihre Seeligkeiten u. ihr Glück u. ihren letzten Wunsch ausmacht. Während das Weib die Vertreterin des Göttlichen auf Erden ist, indem sie nach ihrer innersten Organisation nichts, absolut nichts Anderes wünscht, als dem Mann zu seiner Göttlich-Werdung zu verhelfen dadurch daß sie seine Seele ihm selbst offenbar macht durch ihre Erscheinung und ihn in die Welt des »ästhetischen Schauens u. Genießens«, in das alte Griechenland, vermöge ihres Gott-ähnlichen Leibes, zu versetzen im Stande ist, während sie also gleichsam von Gott eingesetzt ist, um dem im dumpfen Leben Verkommenen zu seinem Seele-Werden, zu seiner letzten Entwicklungsstufe zu verhelfen u. der Begattungs-Akt nur die letzte organische Äußerung dieser erfüllten Mission ist, welche Erfüllung göttlichen Gesetzes als persönliche Wollust empfunden und gedeutet wird, hat der Mann dem Weibe perfider Weise ihre heilige Mission als Schöpferin des Thier-Mannes zum Künstler-Menschen, zum Gott-Gleichen, zu Gottes wahrem Sohne, geraubt u. ihr frecher Weise die Befriedigung seines Sexual-Triebes als Haupt-Mission imputirt. Das »wirklich schöne Weib« ist aber die einzige Erlöserin des Mannes von sich selbst u. seinen Niedrigkeiten u. kann daher auch nie einem einzigen Manne angehören, weil sie das heilige Recht hat, die ganze Gattung »Mann« zu erlösen.
P.A.

[72] An Annie Holitscher

26.7.1896.

Liebe Aennie,

Nichts neues. Nichts neues. Meine Krankheit wächst und zerstört mich. Papa ist bei Euch, der Glückliche. Ich habe über ihn, Margit, mich und Sophie eine Skizze geschrieben: ›Neapolitanisches Marionettentheater‹. Felix Salten hat heute ein sehr schönes Feuilleton (Samstag) über mich (6 Spalten) gebracht. Ich sende es. In der Königsberger Zeitung ist ein glänzendes Feuilleton über mich:

›Ein neuer Dichter Peter Altenberg.‹

Diese Zeitung hat 30120 Abonnenten.

Der eben angebrochene Samstag (½ 7 Früh) wird schrecklich sein. Was machen? Wohin flüchten vor seinem Rückenmarke?? Ich sende Ihnen die Königsberger Zeitung, welche 30120 Abonnenten hat, sobald ich die Exemplare erhalte. Oh wie beneide ich die Gesunden. Wie können sie leben. Ohne Körper leben sie gleichsam, wie Engel im Paradiese.

In Saltens Essay steht ein einfach genialer Satz: »Er kennt die Frauen, wie die Frauen selbst sich kennen würden, wenn sie auf seiner Höhe stünden.«

In der Königsberger Zeitung steht ein Passus, welcher Isidor M. seine tief unmännliche, kindische Auffassung zeigen würde. Nämlich: »Man merkt, dass Peter Altenberg das geistige Niveau zahlloser Personen und deren Seelenwelt, mit denen ihn das tägliche Leben zusammenbringt, weit überragt. Es ist nicht nur der Gegensatz der älteren und der jüngeren Generationen, sondern es liegt auch zwischen den jüngeren Generationen selbst eine tiefe Kluft, welche nur rein mildes Wohlwollen überbrückt. Stets haben ja grosse und ernste Geister den Kampf mit den werthen ältlichen Anschauungen ihrer Zeit aufgenommen. Waren sie zugleich Künstler, so haben sie mit jenen Waffen vor Allem gekämpft, welche ihnen zu Gebote standen, den Gestalten ihrer schöpferischen Kräfte. Doch niemals lässt sich Peter Alt. von den Lebensfragen, die ihm heilig und teuer sind, (Bewegung gegen tiefe Ruhe selbst auf Kosten des Friedens) so sehr beherrschen, dass er seine Ideen tendenziös vertheidigte. Er steht ja weder auf der Tribüne noch schreibt er ethische Essay's. Seine Ansichten treten milde und durch eine tiefe künstlerische Form geläutert vor uns hin.«

Das sollte I. M. zu lesen bekommen.

Ich freue mich, die Skizze ›Marionetten Theater‹ geschrieben zu haben, denn ich hielt mich bereits für impotent. Nun habe ich dennoch wieder ein herziges Kindlein gezeugt mit Sophie und Margit gleichzeitig. Ja so ein Stierl bin ich. Oh fi donc. Nun aber sagen Sie wieder Etwas über sich. Nicht so schweigsam. Schütten Sie alles aus. Ich bin der Ausguss. Er macht Sie nervös? Was ist mit Gradirhaus? Ich muss lachen: Wie ich Ihnen das

Gradierhaus recommandierte, sagten Sie so trocken komisch: »Danke«. Sie dachten »Billig zieht er sich aus der Affaire, er recommandirt das Gradirhaus.« Ihre Stimme sagte eigentlich: »Edelster aller Männer, Hoch-herziger, Rücksichtsvoller, jawohl, ich werde zum Gradirhaus gehen.« Oh fi donc – – –.

Ihr ergebenster Peter Altenberg.

[73] An Hugo Salus   [Sommer 1896]

Lieber Herr Dr. Hugo Salus!

Ihr Brief hat mich riesig gefreut. Wozu schreibt man solche Bücher?! Um den Zusammenhang herzustellen mit den gleichen verwandten Seelen. Wie Eisenbahnen zwischen den Völkern ist es. Man lernt sich kennen, findet sich, die Gegensätze verschwinden. Etwas Internationales begibt sich zwischen den Seelen. Etwas Friedevolles. Und die Wilden, die Bar-baren bleiben zurück. Sie können diese Eisenbahnen der Seelen, Bücher, noch nicht benützen. Sie hassen die Seelen, zu welchen sie nicht kommen können, brechen Schienen aus, machen entgleisen die »fremden« Züge. Als ich Ihren Brief gelesen hatte, fragte ich meinen Freund Max Messer (Buchkritiker der ›Zeit‹):

»Kennen Sie Etwas von Hugo Salus?!«

»Ich halte ihn für den ersten deutschen Lyriker«, erwiderte er mir.

»Wo sind seine Sachen?!«

»Verstreut – – – –«.

Bitte, können Sie mir nicht dazu verhelfen?! Ein Mann mit einer so edlen jünglinghaften Begeisterung, der die unausgesprochenen Dinge in der Kunst versteht, muß gut dichten, frei empfinden.

Adieu, herzlichsten Gruß von Ihrem

Peter Altenberg

[74] An Georg Engländer   [Poststempel: 16.8.96]

Mein lieber Georg: Im New-York Herald ist eine sehr günstige Bespre-chung meines Buches gewesen und die New-Yorker Wochenschrift ›Figaro‹ hat die Skizze ›Vor dem Concurse‹ abgedruckt in ihrer letzten Nummer. Gerade diese Skizze, welche vor dem Drucke von vielen Be-kannten für unwesentlich erklärt wurde, hat auch d. Königsb. Zeitung besonders hervorgehoben als Muster einer neuen Art.

Körperlich bin ich fast am Ende meiner Widerstandsfähigkeiten u. denke an Selbstmord, der allein mich von meinen Rückenmarksqualen befreien wird können. Seelisch hingegen lebe ich wirklich diese letzten 3 Wochen im Paradiese u. das Leben hat mir reichlich u. unsagbar Schönes gegeben. In tiefer Freundschaft mit diesen edlen sanften Aschanti–Mäd-chen und Kindern lebe ich von früh bis Abend, Idyllen, entrückt der

›N. Y. Figaro‹. Banner für die Ausgabe vom 1. August 1896,
in der ›Vor dem Konkurse‹ nachgedruckt wurde

elenden Cultur-Welt. Jeden Abend nachtmahle ich in einer Buschen-
schänke mit meiner heissgeliebten kleinen Ákolé (7 Jahre), von welcher
mich zu trennen mir ganz unmöglich sein wird. Oh, könnte ich sie kaufen, bei mir behalten, erziehen. Sie ist das süsseste heiligste reizendste,
auch ungezogenste kleine Geschöpf von der Welt. Ein Genie! Mein Leben macht sie reich, reich!!!

[75] An Friedrich Eckstein   [um den 10.9.1896]

Lieber Fritz,
Theile Ihnen mit, dass ich mich gestern in Bezug auf das Urtheil über
Loris's Aufsatz voreilig benommen habe, da ich denselben nur flüchtig
durchgeflogen hatte. Bei der Lectüre heute Vormittags finde ich den Es-
say ganz des feinen durchdringenden künstlerischen Geistes des Loris
würdig. Leider hat Niemand das eigentliche Wesen meines Buches her-
ausgearbeitet. Es besteht ganz einfach in meinem Satze:
»Es gibt nur drei <u>wirkliche</u> Idealisten: Gott, die Mütter, die Dichter.
Sie <u>suchen</u> die Ideale nicht im <u>Vollkommenen</u>, sie <u>finden</u> sie im <u>Unvoll-
kommenen</u>.«
Die Ideale im harten, schweren, dumpfen, trüben, saftlosen, müden
Leben selbst zu entdecken, nicht sie bequemer in unerreichbaren Reichen
zu suchen, ist die That jedes Dichters. Insofern er die »kommende Welt«
in sich trägt und die »seiende Welt« lebt, befindet er sich bereits in Harmonie mit den Sehnsuchten, die alle anderen Menschen verzehren. Wie
ein Amphibium ist der Dichter, welcher in den neuen reineren Athmo-
sphären frei athmen, jedoch auch in den alten schweren dickflüssigeren
bequem sich tummeln kann. Kein Fisch ist er, welcher ewig mit seinen
blöden Augen in das Licht- und Luft-Meer glotzt.

Ihr
Peter Altenberg

[76] An Annie Holitscher

13.9.96

Liebe Annie: Natürlich bin ich sehr erstaunt über das. Oder eigentlich
doch nicht erstaunt. Gestern habe ich wieder meine Freundinnen in die
Oper geführt. (Excelsior). Diesmal 7. Parterre Loge. Es war so schön wie
das erste Mal. Nabadû, meine Königin, königlich. Loris Essay in d. ›Zukunft, Berlin‹ sehr gut. Gestern mit Georg zusammen. Grosse Veränderungen. Geheimnis. Georg übernimmt das Geschäft. Karl, Papa, treten
aus. Ich fabricire herrliche Colliers aus Glasperlen, mattgold und matt-
schwarz, mattgrün in 4 Nüancen: Nabadû ist eine Königin, 15 Jahre, keine
Negernase. Mit dem jungen Hardtmuth zusammen das Souper im Stephans-
keller bestritten. Tioko tödlich verletzt durch meine Neigung zu Nabadû.
In der Logen-Kammer legte sie sich hin, wollte nicht aufstehen, sagte nur
immer: »Nabadû – – –.«
   Schreiben Sie mir viel über Gmunden! Wie geht mein Buch dort?!
Ebermanns Stück scheint ein Stück eines Vorzugsschülers, jüdischen, in
einem Obergymnasium. Was ich davon bisher durch ihn, den grössten
elendsten Schmock des Jahrhunderts, hörte, entsetzt mich durch Banali-
tät in perfider Form um zu bluffen. Ueberhaupt vertrage ich nur mehr
meine dunklen Menschen. Alles Andere freche Komödie. Georg war in
Pest, in Innichen, lauter Verhandlungen. Mama soll sich scheusslich benommen haben, Isidor sehr gut, Papa steht glänzend da, überhaupt wir
sind seit einem Jahre hinaufgekommen. Georg und Papa stehen als die
einzigen grossen kaufmännischen Ehrenmänner von der ganzen Familie
da, während Andere zerknirscht sind. Auch ich hoffe einen Rang zu
behaupten oder was mir gleich ist, hin zu werfen. O könnte ich Akolé
adoptieren.
                     Ihr. R.

[77] An Helene Holitscher

31.10.1896

Liebe Helene!
Erhielt gestern Abend einen Brief von Arthur Schnitzler aus Berlin, in
welchem er sagt, er fühle sich als Schriftsteller verpflichtet, mir mitzut-
heilen, dass Gerhart Hauptmann das Gespräch auf mein Buch gebracht
habe und erklärt habe, dass kein einziges Buch seit Jahren einen so tiefen
Eindruck auf ihn gemacht habe als das meinige.
   Arthur Schnitzler unterstrich das Wort »seit Jahren«. Ich bin glücklich
darüber. Ich habe ein wunderbares Bild von Nah-Baduh.
                     Ihr
                     Peter A.

[78] An Arthur Schnitzler   [Ende Oktober / Anfang November 1896]

Lieber Dr. Arthur Schnitzler:

Sie können sich gar nicht vorstellen, wie tief mich ihre wunderbare Aufmerksamkeit ergriffen hat.

Sie haben einem Bankrottirer des Lebens zu seinen sparsamen Augenblicken des Glückes einen heiligen Augenblick hinzugefügt.

Mögen Sie, edler Sieger im Leben, nicht sich wundern, wenn Einer, der
durch körperliche, seelische und ökonomische Leiden besiegt und zer-
drückt ist, manchesmal mit Verwunderung auf Jene blickt, welchen das
Schicksal freundlicher lächelt. Mögen Sie mir es verzeihen, der ich die
»ewige Bewegung«, das »innere Stürmen« für das Schönste halte, wenn
ich mit Verwunderung auf ihren innigeren Freundeskreis blicke, in welchem uralte Greise wie Leo Ebermann und Gustav Schwarzkopf Stamm-
sitze haben.

Merkwürdig, Sie waren der Erste, der mir über meine Manuskripte
erlösende Worte sagte. Nun bringen Sie mir ein wundervolles Urteil von
G. Hauptmann.

Sie haben sich immer fein und zart gegen mich benommen.

Möge in kommender Zeit ein freundschaftliches Zusammenleben mir
Gelegenheit geben, meine keimenden Neigungen auswachsen zu lassen.
Das wünsche ich mir!

Schreiben Sie mir aus Berlin, Sie erleben dort gewiss sehr viel. Ich selbst
lebe in Sehnsucht nach meiner schwarzen Freundin Nahbadûh, diesem
»letzten Wahnsinn meiner Seele!«

Ihr Peter Altenberg

[79] An Helene Holitscher

Wien, 18.12.96

Liebe Helene: Hier das Buch. Sonst bekommt ein Schriftsteller höchstens
20 Frei-Exemplare u. fertig. Ich aber habe bereits 50 verschenkt. Ich denke
mir nur, vielleicht kommt es so in die Herzen oder Gehirne. Es scheint gar
nicht gekauft zu werden. Wie gefällt Euch meine höchst unbedeutende
Skizze ›Der Recitator‹?! Hingegen habe ich heute über Aufforderung des
Herausgebers eine meiner allerbesten Sachen ›Marionetten-Theater‹, nach
Leipzig, an die ›Gesellschaft‹ geschickt. Das ist endlich wieder einmal ein
echter Altenberg. Es behandelt eine Sache, welche gerade in Ihrem Hause
bei Manchen Aufsehen erregen würde. Hoffentlich bekommen es die betreffenden Personen nicht zu Gesicht. Die Hauptrolle spielt Margueritta.
Das Ganze hat nur 3 Seiten. Aber ein Meisterstücklein sage ich Ihnen.

Es geht mir einfach entsetzlich, grässliche Rückenmarks-Schmerzen.
Zum Tödten!! Ich kenne mich nicht mehr aus. Ich verbrenne bei lebendigem Leibe. Ännie soll aufmerksam das kleine Drama von Maeterlinck

lesen. Es gehört für mich zu den unerhörtesten Schönheiten und hat Tiefen. G. Schönaich soll im Sommer furchtbar am Kahlenberg öffentlich über mein Buch geschimpft haben !???

Mizzi will mir einen Frack machen lassen. Was nützt mir Frack ohne Rückenmark?! Ziehe mich ganz zurück von Allem!!! Heute Nacht 1 Uhr hat im Griensteidl Felix Salten dem Karl Kraus wegen des soeben in der W. Rundschau enthaltenen Pamphletes eine Ohrfeige versetzt. Kolossale Aufregung. Ich war nicht dort, sondern mit meinen liebsten Verehrern Messer u. Polak im Café Ronacher. Fritz Eckstein kam, es mir berichten. Was sagen Sie, was dieses elende Rindvieh Brociner sich über dieses Rindvieh schlechtweg S. Fritz leistet?! Unerhört. Ich bin froh, dass der Jude Ebermann hergenommen wird von Karl Kraus in der W. R. Diese frechen Impotenzen sollte man vernichten u. ausbrennen. In Jerusalem sollen sie dichten, diese Judenbuben!

Wie geht es Ännie, an welche ich viel denke?! Ihre Liebe war das Tiefste, was es gibt. Wie ein Meer. Adieu, Ihr absterbender

Peter A.

Sie, ich heisse Peter Altenberg. Andere Adressen werden retournirt!!!

[80] An Helene Holitscher

24. Dezember 1896

Liebe Helene: Soeben erhalte ich die wundervolle Gans-Leber u. danke herzlichst Denen, die es mir geschickt u. sich entzogen haben. Auch für die wirklich grossartigen Cigaretten danke ich Annie, besonders die Dimitrino waren ausgezeichnet.

Diese ganze Woche war beleuchtet u. gewärmt durch die Abende, welch ich mit Mage Lorrison u. Russ von Russthal im Café Ronacher verbrachte. Sie liebte den jungen Russ u. liess sich von mir anschwärmen. Es war wunderschön. Sie ist einfach ein englisches Baby. Russ schwärmt von meinem Buche u. hat Theile der süssen Mage übersetzt. Gestern war Abschied. Ich schrieb ihr einen meiner schönsten Briefe. Sie hatte Thränen in den Augen. Vorher war ich gestern mit Karlweis im Volkstheater. Es war entzückend. Fräulein Kalmár einfach bezaubernd u. ihre Spiel! Nichts für kleine Mädchen. Alles war voll von Dichtern, Kritikern; reizend.

Denken Sie, ein Freund von mir kommt in Berlin in ein erstes Haus. Zwei entzückende junge Frauen sitzen mit ihm. »Sie sind ein Wiener?!« »Ja«, sagt mein Freund. »Kennen Sie Altenberg«? »Natürlich«. »Wie, Sie kennen das Altenberg-Buch«, sagt die eine junge Frau zur anderen. »Jawol« sagt diese, »ich habe es ja ins Polnische übersetzt«. »So?!«, sagt die Andere, »das ist noch gar nichts. Ich habe es ins Englische übersetzt«. Tableau.

Annie Kalmar. Porträtphotographie.
Signiert: »Annie Kalmár / 5. 12. 96 / Wien«.

Weihnachten verbringe ich ganz allein. Bin körperlich so leidend, dass es besser so ist. Leide einfach unmenschlich. Freue mich sehr, dass Ihnen und Annie ›Recitator‹ gefallen hat. In der Weihnachtsnummer der ›Wiener Allgem. Zeitung‹ kommt eine kleine Sache von mir, ›Landstädtchen‹. Meine sehr gute Lorrison-Skizze wurde nicht rechtzeitig geliefert.

Wann werde ich diese Seele der Gans fressen?! Wahrscheinlich gleich.
Mir kann nichts mehr schaden. Georg ist am Semmering. Der Glückliche.
In der Früh hinaustreten u. Bergluft atmen. Georg zahlt meine Schulden.
Das ist eine grosse Erlösung. Mama muss mit ihren 100 fl. noch bis nach
der Oster-Abrechnung warten. Soviel dürfte mein Buch gerade getragen
haben. Ebermann ist ein gänzlich vertrottelter Schmock. Immer singt er
leise vor sich hin Citate aus der ›Athenerin‹.
Im Magazin steht: ›Ein schweres Herz‹ war der Erfolg des Vortrags-
Abends. Kein Dichter vor Altenberg hat je die kleinen Mädchen so ver-
standen, so geliebt. Was machen Sie in den Feiertagen?!
Adieu, Grüsse an Annie.

Ihr Peter

[81] An Gerhart Hauptmann   [vor dem 26.12.1896]

Verehrter Herr:
In meinem bedrängten Leben habe ich ein großes Glück erfahren. Davon
lebe ich jetzt, in innerer Wärme und Zufriedenheit:
Sie haben mein Buch gut und liebevoll beurtheilt!
Arthur Schnitzler hat es mir gesagt. Ich liebe die Wege zu dem »Rei-
che, das kommen wird«, zur Erlösung der Menschen in Frieden. So habe
ich mit meinen wirklich beschränkten Kräften meine Seele ein bischen in
ein Buch hineingegeben, damit Andere dieselbe, wenn es ihnen frommt,
herausnehmen und benützen.
Viele Menschen gehen achtlos an diesen feinen wunderschönen Frau-
enseelen, an den Wiesen und Gärten und an kleinen Kindern vorüber.
Warum sollte man denselben nicht sagen: »Bleibe stehen! Betrachte!«?
Viele böse unverständige Seelen hat mein Buch gefunden. Selbstverständlich. Nun habe ich erfahren, daß es Ihnen nicht misfallen hat.
Sehr ruhig und glücklich bin ich. Ja noch mehr. Aber das ist selbstver-
ständlich. Denken Sie, Sie wären Peter Altenberg und ich Gerhardt
Hauptmann und ich würde zu Ihnen sagen: »Gutes hast du gethan!« Wä-
ren Sie da nicht sehr seelig?! Selbstverständlich.
Adieu, ihr ergebener

Peter Altenberg

Wien, I. Herrengasse, Café Central

Dokumente

94. 25. 2

Richard [Beer-Hofmann] liest Novelletten von Richard Engländer. Loris
seine ›Alceste‹.

[83] Peter Altenberg. Theater-Kritik. In: Liebelei. Eine Wiener Zeitschrift. Nr. 7.
1. März 1896. S. 155-156.

Er hielt die Mitte zwischen einem Narren und einem Dichter. Einige
meinten sogar, daß es gar nicht die Mitte sei. In einem ganz verrückten
kleinen Hefte, welches wie ein Wäschebüchlein aussah, hatte er eine lange Rubrik angelegt in rother Tinte, mit dem Titel: »Verzeichniß jener
Dinge, welche auf diesem Instrumente ›Seele‹ Pedale nehmen und die angeschlagenen Töne in das Leben hinein nachhallen lassen!«

Das Verzeichniß in rother Tinte begann mit:

1. »Alm-Wiese am Schneeberg, im Juni, wenn sie voll braun-lila Kohl-
röserln ist, welche Vanilleduft athmen.«

2. »Buchenwald am Grünberg, im October, wenn er beim Sonnen-
scheiden in lila-rosigen Dunstschleiern dasteht und braune Blätter in
Drehbewegung auf die Erde regnen.«

3. »Die Stimme der Bettina Reinhold und die Geberde der Anita Kallina.«

Hier folgte ein kleiner Commentar in rother Tinte:

»Das gesprochene Wort der Kehle sei der ›tönend gewordene‹ Mensch
selbst! Eine Höher-Organisirung des Menschen in Musik! Die ›heilige
Symphonie seiner selbst!‹«

So ist Bettinas Stimme. Bettina, in Musik gesetzt von Bettina! Wie wenn
ein Baby nach langem ruhigen Schlaf erwacht, mit den rosigen Zehen
spielt, alal-al-uduludlu singt, den Tag begrüßt, und die Mama vor Freude
weinen möchte, ja thatsächlich ein bischen weinen möchte, einfach tief gerührt dasteht und momentan ihr ganzes Leben hingeben möchte für diese
süße Musik »alal-al-uduludlu« und ihre liebevollen Hände halb grüßend
und halb segnend ausstreckt, so neigt in mir sich meine Seele liebevoll, in
tiefer Rührung, gegen Bettina Reinhold, wenn ich diese geliebte zarte
Stimme höre, welche des Weibes kindlichstes Wesen sanft in Musik setzt!

Anita Kallina, Frühling! Fräulein Frühling! Lady Spring! Wie Bettina
Musik wird, wirst Du Geberde! Die Geberde sei der »Bewegung gewordene« Mensch selbst! Eine Höherorganisirung dieses schweren Stoffes
»Mensch« in Bewegung! Deine Bewegung ist Dein heiliges Selbst! Du
selber, von Dir selbst befreit!!

Wie ruhig, wie sanft, wie gleitend bewegst Du Dich, Anita Kallina!
Wie Schilf im abendlichen Hauche, wie Silberfische in einem See und wie
ein Baby, welches zu einem Werkellied sich dreht!

Verblaßt, ihr Heldengrößen heiliger Schauspielkunst, vor der Natur, die Kinderlieder spricht und gleitet und welche alles Tragische des Lebens und sein mildes Glück so bringt, daß der Erdichter seiner Dichtung selbst erstaunt den Dingen lauscht, die in Ihm lagen und die Er nicht wußte!!
Bettina Reinhold, Fräulein Kindlichkeit! Anna Kallina, Fräulein Frühling!

Diese Hymne stand, unmittelbar nach Wiesen und Wäldern, im Verzeichnisse der Dinge, welche auf diese Instrumente »Seele« Pedale nehmen und die angeschlagenen Töne in das Leben hinein nachhallen lassen – – –.

Wien.   Peter Altenberg.

[84]   Peter Altenberg. Mylitta. Aus: Hausball. In: Liebelei. Eine Wiener Zeitschrift. Nr. 8. 10. März 1896. S. 164-165.

Der junge ältere Mann, der tanzte wie die Buben in der ersten Tanzstunde, und das junge Mädchen, das tanzte wie die Mädchen in gar keiner Tanzstunde, lagen in niederen weichen Fauteuils im Rauchzimmer.

Durch die à jour-Stores der geöffneten Fenster kam eine gute, milde Frühlingsluft.

Der junge Mann trank Cognac.

Er sagte, daß das lauter Betäubungsmittel seien, um nicht zu sich zu kommen – – –.

Das Fräulein fand, daß er den Nagel auf den Kopf getroffen hätte, und drückte sich auch demgemäß aus. »Ich bin Tolstoianerin –,« sagte sie, »wirklich lauter Betäubungsmittel – – –.«

Dann sagte er: »Wie die Nachtluft mit dem Zimmerdunste kämpft – – –!«

Worauf er ein Glas Cognac trank, um die Poesie hinabzuschwemmen.

Sie las die Goldbuchstaben auf den Einbänden der Bibliothek und sagte: »Makauley, Biographical Essay's, Wagner, Gesammelte Werke – –. Kann man aus einer Bibliothek auf ihren Herrn schließen?! Das wäre sehr interessant!?«

»Ja – –,« sagte er, »ungeheuer – –,« und trank noch ein Glas Extrafine, um es zu bekräftigen.

»In diesen Zimmerdunst ziehen Frühlingslüfte ein – – –,« sagte sie.

Da mußte er noch einen Cognac trinken, denn das war seine Idee gewesen von früher. Er dachte: »Strindberg hat Recht. Das Weib saugt uns geistig aus, lebt quasi von uns, wie die Leimmistel von der Birke – – –.«

Dann blickte er auf ihre schwarzen, seidenen Strümpfe – – –.

Jemand, der hereinsah, sagte scherzend: »He, die ›Insel der Romantischen‹!«

Ja wirklich, das war sie.

Hie und da schlug die Brandung des Ballgewoges an das einsame Ufer und man hörte »Rosen aus dem Süden« und »My Queen« –.

Durch das offene Fenster zogen Frühlingslüfte ein und verdünnten den Caravopoulodampf und das Fräulein saß da und zeigte eine zarte, wohlgeformte Wade und Geist – – –.

[85]   Arthur Schnitzler. Peter Altenberg. Aus dem Tagebuch.

96. 26. 4

Von Peter Altenberg (Richard E.) ein Buch erschienen, ›Wie ich es sehe‹.

[86]   Familienleben. In: Wie ich es sehe. Berlin: S. Fischer 1896. S. 108-115.

Es war in einem Hôtelgarten. Sie sassen in einer »Box«, Holzpavillon, aus gelbem lackirtem harzriechendem Holze. Der Garten war elektrisch beleuchtet, die Bäume waren hellgrün vom weissen Bogenlichte und mitten auf den kleinen schimmernden kreisrunden Wiesen standen in hölzernen Kübeln riesige Musacéen.

Die Herrschaften assen Backhühner mit Spargelgemüse und tranken perlendes Pilsener Bier aus kurzen weiten Gläsern.

Der jüngere Sohn sagte: »Da habt Ihr die zwei Karten zweiter Klasse bis Ischl, der Franz wird morgen um zehn Uhr kommen das Gepäck abholen, Ihr habe Euch um Nichts zu kümmern – – –.«

»Danke sehr – –«, sagte die Mutter.

Sie war eine Dame mit unzerstörbaren feinen Zügen. Die Schönheit hatte sich gleichsam zu dem »aristokratischen Zug« versteinert. Sie sah aus wie ein Mensch, welcher zu der Zeit sagt: »Du allein machst mich alt, Du allein, sonst Nichts! Ich habe Nichts genossen, Nichts erlebt – – –.« Sie konnte nicht einmal pathetisch sagen: »Ich habe gekämpft und gelitten – –!« Womit hätte sie denn kämpfen sollen?!

Sie hatte ein graues seidenes Kleid an mit schwarzen Spitzen und einen gelben Strohhut mit schwarzen Spitzen.

Den Söhnen sagte sie: »Die Spitzen habe ich schon gehabt, die sind noch von unserem Aufenthalte in Brüssel – – –.«

»Bitte sehr – –«, dachten die Söhne, »du brauchst dich nicht zu rechtfertigen, es ist ja nicht unser Geld –! Übrigens, unsere Mutter sieht aus wie eine Aristokratin.«

Sie sagte zu dem älteren Sohne: »Albert, was hast du?! Du bist ganz bleich – –.«

Er sagte: »Mir geht es nicht so gut wie Euch! Dieses Leben nach aussen, dieser Selbstbetrug, dieser Mangel an Einkehr, diese ewige rastlose Selbstbetäubung! Seid Ihr Kinder oder seid Ihr Wahnsinnige?! Was seid

Ihr?! Ich sehe die Krankheit der Welt und Ihr seid Babies. Jetzt fahrt Ihr
bequem in den Sommer hinein mit euren feinen Toiletten – – –.«
Niemand verstand, was er eigentlich damit meinte und wie es daher
passte. Es bezog sich aber auf ganze Lebensauffassungen, ganze Lebens-
melancholien lagen in diesem unpassenden Seufzer.

Aber die Meisten denken:»Ganz gut – – aber sage es nicht heute, sage
es morgen, sage es gar nicht, du bist eine Eule, ein Käuzchen, ein kleiner
Todtenvogel, mein Lieber – –.«

Die Mutter sagte:»Zerstöre Uns doch nicht diesen letzten Abend – – –!
Beneidest du Uns?! Evelyn hat sich so gefreut, mit ihren Brüdern zu soupiren –.«

Die Züge des Sohnes verzerrten sich.»Talmi-Idylle«, dachte er.

Die neunzehnjährige Tochter, ein wunderschönes Mädchen, sagte:
»Ah, Mama, wegen mir – – –?! Wo können denn nur Ernst und Maria
bleiben?!«

»Sie werden morgen Früh auf den Bahnhof kommen, sich von Euch
verabschieden«, sagte der jüngere Bruder.

»Monsieur findet es nicht geschmackvoll, sich an kleinen Familien-
festen zu betheiligen«, sagte die Mutter,»nämlich an unseren.«

»Mama – –!«, sagte das neunzehnjährige Mädchen.

»Was ist das?! Oho – –!«, sagte der ältere Bruder strenge,»darf man
nicht seine freie Meinung äussern vor dir?! Was haben Wir denn als Dieses?! Sollen Wir Uns verzehren, damit den Anderen ein unangenehmes
Wort erspart werde?! Was ersparen sie Uns, bitte?! Auf dieses Gesund-
heitsmoment, seine Galle los zu werden, sein Nervensystem durch ein
Wort zu purgiren, hat Jeder ein Recht, braucht Niemand zu verzichten,
basta! Ernst hat keinen Zusammenhang mit Uns, keinen natürlichen, organischen. Was ist daran zu constatiren?! Haben alle Menschen organische
Zusammengehörigkeit, bitte?! Nun also!?

Die Mutter sagte:»Hört Ihr, was er sagt – –?!«

Einen Augenblick brachte sie ihr Empfinden dazu, in ihrem Sohne einen
bedeutenden Geist zu erkennen. Hierin passte es Ihr. Sonst dachte sie:
»Der ist ein grosser Narr, ein Unglücklicher, wenigstens für sich –.«
Manchesmal dachte sie:»für die Anderen.«

Die Tochter sagte:»Albert, der Mama darfst du so Etwas nicht sagen,
die versteht das nicht, die fasst das ganz anders auf – – –.«

»Willst du mich schon wieder wie eine Kuhmagd hinstellen?!, sagte die
Mutter.

»Nein – –«, sagte das junge Mädchen sanft,»aber Albert sieht Alles von
oben herab,»aus der Vogelperspektive«, wie er sich ausdrückt. Wir aber
stehen mitten drin, oft sogar darunter. Er zieht keine Consequenzen, wenigstens keine seelischen, sein Gehirn arbeitet extra, er betrachtet wie in

einem Theater. Soweit verstehe ich Ihn, wirklich. Nämlich Jago zum Beispiel ist ihr gerade so interessant und werthvoll wie Othello und über
Malvolio lacht er. Wird er sagen im Leben: »Das ist ein unausstehlicher,
einfältiger, aufgeblasener Mensch«?! Er wird sagen: »bravo, es ist Malvolio –!« Er ist gewiss der Weisere, aber Wir sind noch Menschen, noch
nicht abgeklärt und spüren die Sachen! Was nützt uns da das Erkennen,
das Begreifen?! Wir sitzen nicht im Theater des Lebens. Wir können
nicht sagen: »bravo, es ist Malvolio – –.«

Der Bruder legte seinen Arm um sie und zog sie an sich. Er liebte sie in
solchen Augenblicken fast sinnlich. Er hatte immer die Empfindung: »Du
verstehst mich zwar auch nicht ganz, aber Du bist etwas Edles, Reiner,
Heiliges, man könnte zu dir beten –!«

Die Mutter sagte: »Der Kleine hat keinen Zug von seinem Vater, er ist
ein Engerl, er hat die Seele seiner Mutter, Gott sei Dank!«

Albert sagte: »Die edlere Rasse schlägt immer durch. Sonst gäbe es keinen Fortschritt!«

Der jüngere Bruder und die Schwester wurden bei diesen Worten ner-
vös. Sie fühlten solidarisch mit dem Familienleben der verheiratheten
Schwester, sie empfanden selbst theoretische Erörterungen, welche wie
Naturwissenschaft klangen, als eine Verletzung, eine Störung desselben.
Sie dachten: »Die Wissenschaft des Menschen, wozu?!«

Die Mutter wurde kühn.

»Dieser Mensch!«, sagte sie.

»Mama, oh Mama – –!«, sagte die Tochter.

»Aber andererseits verstehe ich das nicht, Mama –«, sagte Albert, »er ist
einfach aus einer anderen Welt als Wir. (Er meinte »als ich«.) Es sind verschiedene Entwicklungsstadien ganz einfach des Organismus »Mensch«.
In der Schachtelhalm-Periode des Organismus »Erde« zum Beispiel waren noch Organisationen für eine dunkle, dunstige, kohlensäurereiche,
sauerstoffarme Athmosphäre. Langsam, träge, bleich, schwerfällig lebte
Alles. Das war ein einfaches, dumpfes, gemindertes, trauriges Leben. Die
vertrugen noch nicht Luft und Licht und deren schöne Wirkung, Bewegung. So ist Er und die Meisten. Was können sie dafür?! Das sind noch
Schachtelhalme! Wir aber leben lebendiger! Wir lieben! Wir lieben die
Natur, wie etwas hinter Uns Liegendes, Väterliches, Wir lieben die Freiheit, die vor Uns liegt wie eine Sonne, Wir lieben die Wahrheit, die Erkenntnis, Wir lieben die Bewegung, die rosig macht, das Einfache, das
gesund macht, Wir lieben die bukolische Idylle, die Musik, die dunklen
Wälder und die Bergesspitzen, Alles lieben wir, worin der Geist, die Seele
sich offenbaren und gedeihen können! Das ist Licht und Luft – – –! Wir
sind die Feinde, das ist das Naturgemässe. Gut dass Wir es sind! Schmach
wenn Wir es nicht wären! Licht-Alben sind Wir!!«

Er sagte das Alles in tiefer grosser Überzeugung, ohne Hass, ohne Verachtung. Mit solchen Dingen riss er die Anderen mit sich fort, überrumpelte sie, brachte sie in Missklang mit sich selbst, zerstörte – – –. Es war wie eine Medizin, die der Schwache nicht verträgt. Sie bewirkt Veränderungen. Aber was nützt das?! Wenn deine Organisation nicht assimilationsfähig ist?! Gib Licht dem Blinden!?

Die Mutter verstand nur, dass es gegen den Schwiegersohn gerichtet sei. Das genügte ihr. Sie hatte selbst im Leben nicht viel gehabt, darum hatte sie für ihre Tochter einen Licht-Menschen ersehnt, Gott Baldur, eigentlich vielleicht einen Minister.

Der jüngere Bruder fand in seiner milden Lebensklugheit, dass es unpassend sei, einer Dame geschliffene Waffen in die Hand zu geben.

Die Schwester aber mit ihrer süssen Seele, hörte verzweifelt die unerbittliche Wahrheit und fühlte sich tief unglücklich. Ihre Augen wurden feucht und sie stützte den Kopf in die Hände.

»Wunderschön ist die Philosophie – – –«, dachte sie »eine beglückende Wissenschaft!«

Aber Albert konnte nicht begreifen, in welchem Zusammenhange das steht, was man empfindet, mit dem, was man denkt. Verachtet Billroth einen Menschen, an welchem er einen Krebs diagnostizirt, ein »gemindertes Lebendigsein«?!

Er hatte ein Gehirn gleichsam von Stahl, fest und elastisch. Er dachte unerbittlich scharf und klar, er sah die inneren Organisationen blosgelegt, nackt. Aber seine Empfindungswelt war davon losgelöst, hier war er weich und verschwommen wie die Seele einer Jungfrau. Zum Beispiel stand er sehr gut mit seinem Schwager, er machte ihm zarte Complimente, erklärte ihn für eine Ruhigen, Entschiedenen. Oft gingen sie Arm in Arm spazieren und verstanden sich. Oft sagte er zu Ihm: »Wie beneide ich dich um deine schöne Ausgeglichenheit, du bist wirklich Einer der wenigen Menschen, die – – –.«

»Nun, man hat auch seine Emotionen – – –,« sagte der Schachtelhalm.

Albert hatte eben die Ansicht, welche, wie die meisten Ansichten, wahrscheinlich seiner Organisation entsprach: »Ein Gefühl ist ein Gefühl, das ist eine ganz andere Nerventhätigkeit als ein Gedanke. Es ist so wie wenn man sagen würde, man könne nicht empfinden: »dieser Flieder duftet« und zugleich denken: »er besteht aus Kohlenstoff, Wasserstoff und Stickstoff.«

Solche Paradoxon wirkten auf seine Familie wie eine explodirende Granate. Alles wirft sich platt auf den Bauch, um sich geistig zu schützen. Man spürt den Krach, aber Niemand ist getroffen. Nur der Geist hat sich zersplittert!

Die Schwester sass da mit ihren feuchten Augen und ihrem traurigen

Gesichterl. Sie hatte sich so gefreut auf dieses Abschiedssouper mit ihren Brüdern.

War das die Freiheit und die Wahrheit – – –?!

Da liebte sie mehr die »schöne Lüge« des Lebens und seine süsse Knechtschaft. War das die »bukolische Idylle«, der Friede?!

»Auf schöne Sommertage – – –!«, sagte Albert und sties mit seinem Glase an das der Schwester. Dann nahm er ihren Kopf zwischen beide Hände und küsste sie sanft auf die Haare. Da wurden alle schweren dunklen Empfindungen frei und flogen zum Himmel –.

»Arbeitet nicht zu viel in den heissen Sommertagen – – –«, sagte die Mutter zu den Söhnen, »schont Euch – – –. Albert, denke nicht zuviel.«

Und die Familie sass friedlich beisammen in dem schönen Garten. Die Bäume leuchteten hellgrün im weissen Bogenlichte, die kleinen kreisrunden Wiesen schimmerten und die riesigen Musacéen in den Holzkübeln träumten: »Wir sind keine Schachtelhalme, wir sind Palmen!«

»Palmen sind Wir – – –!«, träumten sie und dennoch mussten sie in einem Hôtel-Garten blühen, in den kühlen europäischen Nächten – – –.

[87]   Montags-Revue. XXVII Jg. Nr. 17. 27. April 1896. S. 6.

Wie ich es sehe. Von *Peter Altenberg*. Unter diesem originellen Titel hat ein Wiener Dichter in dem bekannten Verlage von S. *Fischer*, Berlin, Scizzen erscheinen lassen, die einen künstlerischen Hochflug nehmen über die seichten Niederungen, wo heimische Gedankenarmuth in Stimmungen schwelgt. Es sind weite Horizonte, die uns hier ein Seher eröffnet.

[88]   Hermann Bahr. Ein neuer Dichter. In: Die Zeit (Wien). VII. Bd. Nr. 83. 2. Mai 1896. S. 75-76.

[...] Vor ein paar Tagen ist bei S. Fischer in Berlin ein Buch von einem Herrn *Peter Altenberg* erschienen, das ›Wie ich es sehe‹ heißt. Wenn ich mich besinne, was denn wohl eigentlich an diesem Buche so ungewöhnlich stark auf mich gewirkt haben mag, so kann ich es nur mit diesem Worte sagen: es hat durch und durch einen eigenen Ton. Diese Stimme haben wir noch nie vernommen; hier spricht jemand, den wir nicht mehr vergessen können. In seinem Munde wird jedes Wort neu und lebt auf; wir glauben es zum ersten Male zu hören. Es ist nicht mehr irgend ein Wort, das allen gehört, eines von den vacierenden Worten der Journalisten, das jedem zuläuft; es ist sein Wort geworden, seine Seele hat es sich angeeignet und gibt es nicht mehr her. Das wirkt so ungewöhnlich an diesem Buche. Nach und nach faßt man sich freilich und erinnert sich, daß das ja eigentlich gar nichts besonderes, sondern immer bei allen Dichtern so gewesen ist.

Das Buch enthält lauter kleine Scenen, keine über fünf Seiten, einige nur ein paar Sätze lang. Sie spielen in Wien und auf dem Lande; ihre Menschen sind immer Wiener, so wienerische Wiener, daß man unter uns leben muß, um an sie glauben zu können. Es ist aber schwer zu sagen, was sie mit diesen Menschen thun. Schildern sie sie? Nein, sie nennen kaum ein paar Nuancen: ein Band am Hute der Gestalt, und wie sie den Sonnenschirm hält, und eine Blume, die sie pflückt; aber es genügt, um sie uns einen Moment lang so grell wie unter einem Blitze sehen zu lassen, und schon ist sie fort, nur ein leiser Geruch bleibt übrig. Erzählen sie etwas von ihnen? Nein, Erzählungen sind es auch nicht, keine drastischen Begebenheiten, in denen ein Mensch mit seinem Schicksal zusammenstößt. Zwei junge Leute gehen über eine Wiese, er ist schmachtend, sie spöttisch; oder Kinder plauschen; oder ein Mädchen fischt: das ist alles. Haben Sie Pointen? Einige ja; aber diese scheinen aus der Art geschlagen und befremden. Gerade die unvergesslichen sind ganz rein: sie sagen dem Verstande gar nichts. Also Gedichte in Prosa? Ja, kleine, sanfte, kosende Gedichte von einer unbeschreiblichen Rührung. Rührung, das ist das Wort für sie. Diese Menschen sind gerührt und schmachten. Sie haben alle etwas von Bräuten: sie harren, bange möchten sie fast weinen, aber es ist doch schön. Bräute, das drückt ihre Stimmung aus: sie sind Bräute des Lebens. Wunderbar haben sie sich geschmückt, nun sitzen sie da und warten, das starke Leben zu empfangen; von Scham, Angst und Lust sind sie wirr. Aber sie warten umsonst, das Leben kommt zu ihnen nicht. Dieses bräutliche Harren auf das Leben stellt er dar. Er ist der Dichter der Menschen, die kein Schicksal haben, weil sie es sich nicht nehmen. Ihnen fehlt der Muth, ihren Leidenschaften nachzuspringen und das Leben an sich zu reißen. Sie sitzen bange da und warten schön, ob sie das Leben nicht abholen wird. Sie gehen nicht in ihr Schicksal; es soll über sie kommen. Aber es kommt nicht. Sie warten umsonst. Davon sind sie nach und nach so müde und matt und traurig geworden, nun glauben sie es schon beinahe selber nicht mehr, aber es ist zu spät. Ihnen ist versagt, sich ihren Theil zu nehmen; was ihnen nicht geschenkt wird, mögen sie nicht. Mit dem Andrea des Loris müßten Sie rufen: »O, wie ich sie beneide um ihr Wollen!«

Diese altösterreichischen Menschen, die nichts erleben können, stellt der neue Dichter mit einer unbeschreiblichen Güte dar. Wie kranke Kinder hegt er sie, seine Augen sind naß, er weiß, daß sie im Sterben liegen. Der Tod hat sie schon angerührt, von seinen Händen sind sie so weiß, sie schauen schon hinüber. Wunderlich irre und tief reden sie dann; sie erkennen sich jetzt, nichts schmerzt sie mehr, es muß ja sein. Und siehe, da erblicken sie eine helle Schar von harten und gewaltsamen Gestalten vor sich, die singend in den Kampf mit dem Leben gehen. Ihnen winken sie zu und lächeln noch einmal, weil sie nun doch nicht umsonst gewartet

›Wie ich es sehe‹. 1. Auflage. 1896. Umschlag von Otto Eckmann.

haben: denn ihre Sehnsucht hat ein neues Geschlecht geboren, das er-
obern wird, und noch dürfen sie Fortinbras grüßen, der einzieht.

Das ist mir das liebste an dem Buche des neuen Dichters: er läßt uns in
der Ferne ein neues Oesterreich sehen. Noch einmal trägt er alle Schätze
zusammen, die wir von uns wegwerfen müssen; aber er hat den Muth,
von ihnen Abschied zu nehmen. Am schönsten hat er das in der kleinen
Geschichte von dem Kinde, das angelte, gethan:
»Das Fischen muß sehr langweilig sein, sagte ein Fräulein, welche davon so viel verstand, wie die meisten Fräuleins.

Wenn es langweilig wäre, thäte ich es ja nicht, sagte das Kind mit den
braunblonden Haaren und den Gazellenbeinen.

Sie stand da mit dem großen unerschütterlichen Ernst des Fischers. Sie
nahm das Fischlein von der Angel und schleuderte es zu Boden.

Das Fischlein starb – – –.

Der See lag da, in Licht gebadet und flimmernd. Es roch nach Weiden
und dampfenden verwesenden Sumpfgräsern. Vom Hotel her hörte man
das Geräusch von Messern, Gabeln und Tellern. Das Fischlein tanzte einen
kurzen originellen Tanz wie die wilden Völker – – – und starb.

Das Kind angelte weiter, mit dem großen unerschütterlichen Ernst des
Fischers.

Je ne permettrais jamais, que ma fille s'adonnât à une occupation si
cruelle, sagte eine Dame, welche in der Nähe saß.

Das Kind nahm das Fischlein von der Angel und schleuderte es wieder
zu Boden, in der Nähe der Dame.

Das Fischlein starb – – –. Es schnellte empor und fiel todt nieder – – –
ein einfacher sanfter Tod! Es vergaß sogar zu tanzen, es marschierte ohne
weiters ab – – –.

Oh – – – sagte die Dame.

Und doch lag im Antlitz des grausamen braunblonden Kindes eine tiefe
Schönheit und eine künftige Seele – – –.

Das Antlitz der edlen Dame aber war verwittert und bleich –.

Sie wird Niemandem mehr Freude geben, Licht und Wärme –

Darum fühlte sie mit dem Fischlein.

Warum soll es sterben, wenn es noch Leben in sich hat – ?!

Und doch schnellt es empor und fällt todt nieder – – – ein einfacher,
sanfter Tod.

Das Kind angelt weiter, mit dem großen unerschütterlichen Ernst des
Fischers. Es ist wunderschön, mit seinen großen starren Augen, seinen
braunblonden Haaren und seinen Gazellenbeinen.

Vielleicht wird es auch einst das Fischlein bemitleiden und sagen:

Je ne permettrais jamais, que ma fille s'adonnât à une occupation si
cruelle – – –!

Aber die zarten Regungen der Seele erblühen erst auf dem Grabe aller zerstörten Träume, aller getödteten Hoffnungen – – –.
Darum angle weiter, liebliches Mädchen!
Denn, nichts bedenkend, trägst du noch dein schönes Recht in dir – – –!
Tödte das Fischlein und angle!« –
Das Beste, das wir in uns spüren, wir neuen Leute in Oesterreich: unsere Verehrung der harten, in heiterer Schönheit waltenden Kraft finde ich durch diese lieblich grausame Gestalt ausgedrückt.

Hermann Bahr.

[89]   Arthur Schnitzler. Peter Altenberg. Aus dem Tagebuch.
96. 25. 5.
Richard E., der ein Buch herausgegeben unter Peter Altenberg, sehr hübsche, eigene Stimmungsbilder enthaltend, der selbe Richard E., dem man früher Aehnlichkeit mit mir zugeschrieben (derselbe, der O[lga] W[aissnix]'s erste Liebe war vor 13, 14 Jahren) verkehrt meist in Nachtkaffeehäusern, Neigung, Pose, Gewohnheit, fast schon echt, verliebt sich meistens in Dirnen à drei Gulden. (In einem solchen Weib die Seele finden – gerade das ist das Höchste. Dem Weib, das man liebt, muss man den Mann bringen, den sie haben will.) – Von diesem Standpunkt aus hat er unter anderem seine Geliebte Anna einem von den papierenen jungen Menschen, die sich um Bahr sammeln, seinen Stil äffen und für die die Welt im Jahre 1889 (frühestens) angefangen hat, einem gewissen M[esser] zugeführt. Dieser M[esser], ist nun der Geliebte Annas geworden (ich habe sie im vorigen Jahr einmal gesehen, im Café Stukart, Typus der Prostituierten, die vom Stubenmädchen auf gedient hat) und schreibt ihr tiefsinnige Briefe. Sie beantwortet sie gleichfalls tiefsinnig und M[esser] ist entzückt – Aber Richard E. ist es, der ihr diese Briefe diktiert. Dies verteidigt er (wenn man ihm vorwirft (Salten), dass er ja eigentlich das Leben M[esser]'s fälsche): Ja, ich diktiere ihr ja nur, was sie ihm schreiben wollte, wenn sie es könnte! Das ist ja in ihrer Seele. Es hat sich jetzt herausgestellt, dass ein Liebesbrief dieser Anna, den Richard im vorigen Jahr erhielt, auch von R. E. inspiriert d.h. verfasst war. Ein anderer von diesen papierenen Menschen, namens P. W., hat sich dieser Anna auf der Strasse vorgestellt, erklärt, dass er uns alle kenne, hat ihr seine Gedichte vorgelesen, dann von ihrem Beruf Gebrauch gemacht, und ihr schliesslich einen Gulden fünfzig gegeben, worüber sie wütend war, besonders dass er ihr auch die Gedichte vorgelesen.

[90] J. S. Wie ich es sehe. In: Frankfurter Zeitung. 8. Juni 1896. Morgenblatt. S. 1-2.

Ein kleiner warmer Salon. Im marmornen Kamin knistert Holzfeuer.
Weiche hellfarbene Divans mit schwellenden seidenen Polstern und Kissen, zarte englische Parfüms und der feine Duft egyptischer Cigaretten, gedämpftes Licht, Chopin'sche Balladen, weiße herrliche Frauenbilder in fließenden Gewändern und an den Wänden Gemälde von Carlo Dolci oder einem anderen Manieristen der florentinischen Schule – dies etwa veranschaulicht die kondensirte Stimmung, die *Peter Altenberg* in seinem soeben erschienenen Buch ›*Wie ich es sehe*‹* darbietet. In diesem Buch, dem Erstlingswerk eines jungen Wieners, freut man sich wieder einmal, einem Talente zu begegnen, einem sicheren und eigenartigen Talente. Und man freut sich, in unserer materiellen, fast möchte man sagen, darwinistischen Literatur die Stimme eines Sängers zu vernehmen, der zur reinen Schönheit, zu den platonischen Empfindungen zurückführt. Das mag vielleicht auf den ersten Blick wie ein Widerspruch klingen. Denn in Büchern, die wie dieses eine hohe und mehr raffinirte als vornehme Kultur zur Voraussetzung haben und in ihrer weichen, so hingebenden impressionistischen Manier recht das Gegentheil von einfach, nämlich echt decadent sind, pflegt man gewöhnlich keine platonische Kunst zu suchen. Allein dieses Buch ist ungeachtet seiner *fin de siècle*-Gewandung platonisch in des Wortes edelster Bedeutung. Sein Autor genießt mit delikaten, fast verzückten Sinnen die verborgensten Reize der Dinge und Menschen, aber er genießt sie nur mit der Seele. Er saugt sie nicht ein, er trinkt sie nicht und befriedigt kein materielles Bedürfniß mit ihnen; er berauscht sich auch nicht daran, er schaut nur ihre Formen, betrachtet nur ihre Farben, sie bleiben stets ästhetisch für ihn. So ist dies Buch im tiefsten Wesen ein jünglinghaftes Buch, obgleich es doch kein unerfahrenes ist, und so ist es ein schwärmerisches, ein andächtiges und gläubiges, obgleich es sich auf einer raffinirten und sinnlichen Kultur aufbaut.

Aeußerlich setzt es sich aus lauter kleinen Impromptus, aus schattenhaften Momentbildern, fliegenden und etwas verwischten Skizzen zusammen, die häufig untereinander verbunden, meist jedoch ohne jeden Zusammenhang sind und bald einige Seiten des Buches, bald auch nur eine einzige oder eine halbe füllen. Die Sprache ist bewegt, sprunghaft, abgerissen und ungewöhnlich malerisch. Schon die einzelnen Worte sind Bilder. Der Sinn fürs Elegante, für edelkörperliche Spiele, wie Reifspiele, Rudern, Angeln, Tanzen, Lawn Tennis, für Alles, was Bewegung, Leben und Freude schafft, tritt überall hervor. Der Sinn für reizenden Luxus jeder Art, für das nothwendige Ueberflüssige des Lebens dominirt durchaus. Eine Welt des Glanzes und der Pracht, eine Märchenwelt, wie sie so

* Verlag von S. Fischer in Berlin

schön und schmerzlos keine Fürstinnen und Königinnen, nicht einmal Courtisanen oder Primadonnen kennen, eine solche Welt, in der die verträumten süßen Leid- und Lustgefühle geheimnißvoll wie Pflanzen wachsen, ersteht mit ihren verborgenen und offenbaren Schönheiten vor unsern Augen. »Die dritte Stufe der Menschheit,« wie der Dichter selbst einmal sagt, »keine Arbeit«, das Reich über der Erde und die überschüssige Seele schildert er uns.

›Wie ich es sehe‹ ist also ein Buch für die Reichen, womit noch nicht gesagt ist, daß Jeder, der reich ist, zu dessen Lektüre berechtigt wäre. Denn da es ein Dichter, ein subtiler, zartnerviger Sentimentsmensch ist, der diese schöne Welt der stillen, sanften und ahnungsvollen Menschen vor uns hinzaubert, so braucht man noch mehr als nur den äußeren Schimmer des Reichthums, um seinen geheimnißvoll verschlungenen Pfaden zu folgen, seinen Tönen aus dem Innern zu lauschen. [...]

Man lese das folgende Capriccio:

»Ich kam einmal zu dem ersten Friseur der Residenz. Es roch nach Eau de Cologne, nach frisch gewaschenen Leinenmänteln und zartem Cigarettenrauch – – Sultan flor, Cigarettes des Princesses égyptiennes. An der Kassa saß ein ganz junges Mädchen mit hellblonden seidenen Haaren. »Ah, dachte ich, ein Graf wird Dich verführen, Du Wunderschöne – – –!«

Sie sah mich an, mit einem Blick, der sagte: Wer Du auch seist, Einer unter Tausenden, ich sage Dir, das Leben liegt vor mir, das Leben – – –! Weißt Du das?«

Ich wußte es.

»Ah«, dachte ich, »es kann aber auch ein Fürst sein – – –!«

Sie heirathete einen Cafétier, der in einem Jahre zu Grunde ging.

Ich traf sie auf der Straße mit einem Kinde.

Sie sah mich an, mit einem Blick, der sagte: »Ich habe das Leben dennoch vor mir, das Leben, weißt Du das – –?«

Ich wußte es.

Ein Freund von mir hatte den Typhus. Er war Junggeselle, reich und bewohnte die See-Villa.

Als ich ihn besuchte, machte eine junge Dame, mit hellblonden seidenen Haaren, die Eisumschläge. Ihre zarten Hände waren ganz aufgerissen vom Eiswasser. Sie blickte mich an: »Das ist das Leben – –! Ich habe Ihn lieb – –! Weil das das Leben ist – –!«

Als er genesen war, überließ er die Dame einem andern reichen jungen Manne – – –.

Er trat sie einfach ab, ganz einfach – – –.

Das war im Sommer.

Später überfiel ihn die Sehnsucht – – im Herbst.

Er schrieb ihr: »Komm' zu mir – – –!«

Eines Abends im Oktober, sah ich sie mit ihm in den wunderschönen Hausflur treten, in dem acht Säulen aus rothem Marmor schimmerten.

Ich grüßte sie. Sie blickte mich an: »Das Leben liegt hinter mir, das Leben – –! Weißt Du das?«

Ich wußte es.

Ich kam zu dem ersten Friseur der Residenz. Es roch noch immer nach Eau de Cologne, nach frisch gewaschenen Leinenmänteln und zartem Cigarettenrauch – – Sultan flor, Cigarettes des Princesses – – An der Cassa saß wieder ein junges Mädchen mit braunen welligen Haaren.

Sie blickte mich an mit dem großen Triumphblick der Jugend – – – profectio Divae Augustae Victricis – – –: »Wer Du auch seist, Einer unter Tausenden, ich sage Dir, das Leben liegt vor mir, das Leben – – –! Weißt Du das?«

Ich wußte es.

»Ach, dachte ich, ein Graf wird Dich verführen – – – es kann aber auch ein Fürst sein! – – –«

Diese knappe, treffliche und eigenartige Skizze veranschaulicht recht die impressionistische Kunst unseres Autors. Sie zeigt freilich auch seine rondeauhafte, selbstgefällige und mehr musikalische als bedeutungsvolle Manier, die keineswegs immer angenehm anmuthet. Diese Manier, die absichtliche und ermüdende Wiederholung gewisser charakteristischer Vokabeln und Satzbildungen, findet sich oftmals in dem Buche. Und das ist ein Störendes für den kritischen Leser, wie für den enthusiastischen Zuhörer: Es bringt den Autor nämlich erstens in Verdacht, daß er über keine neuen sicheren Ausdrücke für dieselbe Sache verfüge, und zweitens verleiht es der Piéce einen viel zu simplen, vielleicht auch blos koketten Charakter. Ein Dichter aber, der von einsamen Seelen in Mußestunden und lauschigen Plätzchen gelesen wird, muß auch in der Form Anderes und Höheres bieten, als ein Plauderer, der höchstens einen eigenen Ton oder gar nur die Gabe hat, den Dingen, die er vorträgt, den Anschein einer besonderen Art zu verleihen.

Die reizvollste Gestalt des Buches hat der Dichter in der Frau geschaffen, die er mit dem Namen Anita getauft hat. Sie ist die Gattin eines Bankmannes und die ersten Kapitel, die sie und ihr ideales Interieur zum Mittelpunkt haben, überschreiben sich: »Zwei, die nicht zusammenkommen.«

[...]

»Bis zur Hüftenlinie ging Deine Liebe, Anita, phantastische Gazelle«, sagt der Dichter an einer Stelle des Buches von ihr. »Meine lebendig gewordene Idee bist Du gewesen von den Seelen, welche bis zur Hüftenlinie herabgleiten und hier Halt machen müssen. Die Seele macht nicht ›die heilige Transformation‹ zum Körperlichen durch, erlöst sich nicht selbst zum ›fertigen Rausche‹. Sie wächst hingegen und wächst und wächst in sich selbst hinein und hat kein Ende. Und zuletzt macht sie Dich ganz zu einem glühenden Dichter, welcher immer zu Jemandem aufschaut, süße Hymnen singt und wundervolle Träume hat. Die Liebe wird nie verdichtet zur körperlichen That, es giebt kein physisches Ausdrucksmittel, kein Instrument für den Ton des Lebens, auf welchem sich die Seele ausjauchzen könnte, austönen könnte, erlösen! Das Mysteriumn ›sexuelle Auslösung‹ tritt nicht ein, welche die sich selbst laut tönend aussprechende sich erlösende Liebe ist! Wie das gesprochene Wort der Kehle der körperlich gewordene, sich selbst laut tönend offenbarende, sich ins Körperliche heraus befreiende, heraus erlösende Gedanke ist!«

»Alles blieb in Dir, Anita, und wuchs nach innen zu mysteriösen Dingen an! Aus solcher Liebe wird eine Symphonie geboren, eine äußere wie beim Mann-Beethoven, eine innere wie beim Kind-Jungfrau. Niemals erblüht daraus ein kleines Baby, wie kannst Du diese Liebe aus Deinem müden Schooße herausbringen und sie auf Deinen erlösten Schooß setzen als ein gewordenes Menschlein! Wie ein phantastisches Protoplasma wirst Du, Weib, ohne das heilige Werden und die Ruhe! Wie eine Künstlerseele wirst Du, in ewiger Bewegung, wie Beethoven und das Meer!« – –

Wir könnten noch gar Vieles citiren, denn das Buch ist voll solcher Aussprüche. Es ist auch voll solcher Bilder, voll solcher süßer Träumereien, von denen wir vorhin eine Reihe vorführten. Ein nobler, dichterischer Geist, ein erlesener Geschmack gibt sich aus dem Buche kund. Man hält die Seele eines Jünglings in der Hand, der die Schönheit sucht. Er ist noch nicht europamüde und obgleich auch er die berückende Sehnsucht nach früheren Kulturen, besonders nach Griechenland, fühlt und kennt, geht er nicht so weit, die heutige Welt zu negiren. Vielmehr gestaltet er vorerst in Europa, in Wien, an allen Sammelplätzen des modernen Lebens sein Ideal aus. Denn die Schönheit blüht überall, wo Dichterherzen den Symptomen des Lebens lauschen. Sehet, das Reich Gottes ist innen in Euch!

J.S.

[91]   Otto Stoessl. Peter Altenberg. In: Das Magazin für Litteratur. Jg. 65 (1896). Nr. 26. Sp. 812-818.

Peter Altenberg. Von Otto Stoeßl (Wien).

Schon eine geraume Zeit, ehe dieses ziemlich schmale Buch mit Skizzen (›Wie ich es sehe‹, Berlin, S. Fischer 1896) erschien, kannten wir diesen Peter Altenberg als merkwürdigen Menschen. Er kam nämlich immer des Nachts in das Caféhaus, das hier in Wien die jungen Künstler, die es sind und dies es sich einbilden, vereinigt. Ein ziemlich klein gewachsener, nachlässig und bequem gekleideter, dem die Merkwürdigkeit um alles floß, was er sagte, wie er sich benahm und trug. Er hatte jahraus, jahrein einen grauen, weiten, ärmellosen Mantel, wie man sie gegen den Regen trägt, aus gutem dichten Stoff, ein deckelartiges, schwarzes Hütlein, das er nicht gern abnahm, und ein Gesicht, das sich immer erst langsam von seinen alten und müden Zügen erholte und erst durch irgend einen Zufall Lebhaftigkeit und Jugend gewann. Er selbst vergleicht es mit dem eines Tataren, uns erschien es so ein bischen verwandt mit dem eines Seehundes. Graue Augen unter roten Brauen und ein dicker, roter, sehr herabgezogener Schnurrbart, die Augen tief liegend und, da er bei Nacht lebte, bei Tag sich versteckte, um zu schlafen oder zu arbeiten, – das letztere wahrscheinlich seltener, – meist mit diesem Rand von bläulichem Schatten. So geriet er in das Kaffeehaus, zu dem erstbesten Tisch, wo er stand und für ein Gespräch eingefangen wurde, das natürlich bei dem gewöhnlichen Anfang: Theater, Personalien und so weiter anfing. Gewöhnlich setzte er sich garnicht einmal nieder. Vorläufig wenigstens. Wenn man so recht in Fluß gekommen war und die lieben persönlichen Dinge vorbrachte, schien er genau so wie die andern. Nur hatte er originelle und leidenschaftliche Motivirungen und Bilder, aber die Wege des Gesprächs waren die gleichen. War diese Bahn so ziemlich ausgefahren, so wandte er dem Tisch den Rücken und schlenderte weiter und ließ sich wieder wo anders fangen. Wenn man ihn bei solchen Gesprächen zum Niedersitzen aufforderte, hatte er nie Zeit; nun kam es aber hie und da vor, daß irgend ein Wort, ein lauernder Gedanke ihn traf wie ein Pfeil. Nun begann er zu reden. Erst ein bischen schwer, mit ungehorsamer Zunge. Er hatte ja in sich das alles schon so fertig und nun die doppelte Mühe, es zu sagen und für die Leute zu sagen. Aber die Rede geriet ihm immer lebhafter, streifte die Erhabenheiten und wurde wieder oft durch die Lächerlichkeiten geschleift, oft war es etwas ehern Gewaltiges, wie eines göttlichen Sängers, dann grub es sich wieder mühsam durch Plattheiten, um plötzlich wieder hervorzubrausen. Und da wurde er nicht müde zu geben. Mir fällt ein altes Bild dafür ein. Sein Wesen war wie die breite Schale eines Brunnens, in den die Welt als reiches Wasser stürzt und das Becken füllt und füllt, das wieder alles hergiebt und so ungeizig ist, weil es immer neues bekommt. Dann konnte er mitten im Reden aufhören, wenn er sich niedergesetzt hatte, aufstehen, ohne Adieu sich zu einem andern Tisch begeben und dort von neuem beginnen.

So ist sein Buch, erschreckend so wie er: nachlässig angezogen, oft gleichgiltig, manchmal die Plattheit streifend und plötzlich auffliegend. Seine Stimmungen sind wie die Lerchen, die so wunderbar und jubelnd in den Himmel steigen und plötzlich wie Steine herunterfallen.

Und auf einmal wird man atemlos. Man sieht auf den Grund der Dinge und ahnt das Verborgene.

Die Worte sind ganz von der Gasse her, ganz die ungewaschenen, gleichgiltigen Worte, diese Dienstboten des Verstandes und der Gefühle,

Peter Altenberg. Beschriftete Ansichtskarte ›Cherry. Tokyo‹: »Über ›Japanische Kunst‹: / Die Japaner malen einen Blüthenzweig – – – und es ist der ganze Frühling! Bei uns malen sie den ganzen Frühling – – – und es ist kaum ein Blüthenzweig! / Peter Altenberg«.

die zu allem gut sein müssen; aber wie werden sie bei ihm plötzlich geflügelt!

Sie werden zu Klängen zusammengehalten, und aus ihrem Verborgensten wird Sinn und Farbe geholt.

* *

[...]
»Mit wenigem viel sagen, das ist es. Die weiseste Oekonomie bei tiefster Fülle, das ist auch beim Künstler alles, – wie beim Menschen, ... diese Japaner malen einen Blütenzweig und es ist der ganze Frühling. Bei uns malen sie den ganzen Frühling, und es ist kaum ein Blütenzweig.«

So giebt sich die Welt dem Künstler, sie schenkt sich diesem königlichen Bettler, und er giebt sie weiter und schafft fast wieder eine neue.

Es ist ein wunderbarer Parallelismus zwischen Erscheinung und Bedeutung des Lebens und des Künstlers.

Man kann diese zwei Linien deutlich gewahren und ihre Beziehungen begreifen.

* *

Erst das Leben. Die Natur. Er sieht sie genau so, wie er Menschen sieht. Er bemüht sich auch garnicht, sie mit anderen Mitteln darzustellen, wie etwas Anderes, Großes; sie ist ihm ebenso beseelt und lebendig. Er sieht auch sie in Skizzen. Es ist eine wunderbare Schärfe des Details, sodaß sofort das Ganze durch das Einzelne gezeichnet ist ... der Frühling durch den Blütenzweig.

[...]
Dieses Ich, das immer wiederkehrt, einfach, oder verkleidet, als der Sonderling Altenberg mit der schlecht geknüpften Kravatte oder als müder Tatar, der rauchend in den seidenen Kissen träumt, ist in steter Schwingung, Sehnsucht, Bewegung, die sich nach der Ruhe sehnt. Das ist er. Daher dieser wunderbare Zug nach der Schönheit, der eine gar so rührende und wunderliche Größe hat, weil er den heutigen Menschen mit den heutigen Kleidern in die Seele und in den Mund gelegt ist, denen man es gar nicht ansieht, wie sie nach der Schönheit lechzen. Dafür sind zwei Parabeln in dem Buche. Dort sind sie gegenständlich, uns werden sie Parabeln für diesen Drang nach der Schönheit: die Parabel von der »Primitiven« und ihrer einfachen Anbetung des eigenen, nackten Körpers, die andere wundervolle von dem Mädchen, dem Er einen Strauß mit dunklen Rosen geschickt als dem »Ideale menschlicher Schönheit. Ein Grieche.« Und da heißt es:

»Nacht.
Sie ließ ihr Nachtgewand herabgleiten und stand splitternackt vor dem großen Spiegel.

Es war das ›Ideal menschlicher Schönheit.‹
Auf dem Tische dufteten die Rosen. –
Da wich für einen Augenblick die dumpfe, müde Langeweile von ihr, und wie eine jubelnde, junge Siegerin zog die Hoffnung in ihr ein. – Als sie im Coupé saß und in den Herbst, in den Winter hineinfuhr, in fröstelnder Langeweile, dachte sie: Perikles, Sophokles, Themistokles, Sokrates. – – Da hatte sie eine dunkle Empfindung von dem schönen, unvergänglichen Geiste Griechenlands.« –
Tiefer ist noch in keinem Vers als in diesen einfachen, fast rührend hilflosen Worten die Sehnsucht der heutigen in den bleiernen Tag vergrabenen Menschen nach der Schönheit ausgedrückt worden!
Dann finden sich auch wunderliche, philosophische Digressionen in dem Buche: dasselbe, was wir in manchen Nächten von ihm hörten. Der Künstlermensch, der ewig bewegte und bewegende, erkennt in Christus »die aus dem Innersten, aus dem Entwicklungsmysterium herausgeborenen Ideale, die wir von uns loslösen und in die Natur hinausstellen, in den riesigen, weltumspannenden Saphir, so weit von uns, daß wir Zeit haben, zu ihnen emporzuwachsen. Unsere Liebe zu Jesus Christus, unsere Sehnsucht, ist die Liebe zu uns selbst, zu unserm wahren, reinen, leidenschafterlösten, wirklichen Wesen. Wir sehnen uns nach uns… Wer dieses Ideal Jesus Christus als Vorausentwicklung seines eigenen Wesens, als sein antizipirtes Sein empfindet, denkt, erkennt, ist ›christlicher Organismus‹, wer sich als Fertigen, Endgiltigen, Entwicklungsprodukt, als Unbeweglichen, Beständigen, Definitiven fühlt, weiß, erkennt, ist Heide. Wer sich als Vorläufigen, Unbeständigen, sich Wegbewegenden, sich von sich selbst Wegbewegenden fühlt, weiß, erkennt, ist Christ. Wehe dem Verharrenden!«
Sofort schwingt eine Erinnerung an die Wette des Faust in uns, hier wollte etwas tief philosophisches gesagt sein, und was gesagt ist, scheint uns die grundlegende Teilung der Künstler, die ewige Bewegung. Und ein allzuhartes Urteil. – Wehe den Verharrenden!

* *

Wenn man so breit von einem neuen Künstler als von einem großen redet, ist man dem Publikum, das einem glauben soll, schuldig, ihn irgendwie zu den früheren in Beziehung zu bringen, ihn womöglich organisch zu deuten als eine notwendige Weiterentwicklung des Gewesenen, ihn zu den Anverwandten einzureihen, zu klassifiziren. So müssen wir es ja wohl auch hier versuchen. Aber in dem bloßen Gedanken hieran bleiben wir stehen. An wen schließt er?
Wir sehen niemand, dem er folgt; er scheint außer der Entwicklung zu stehen, selbst fertig und ohne Entwicklung.

Aeußerlich, in seiner Form, in der Koketterie, die in diesem Verbinden
der Gewöhnlichkeit mit den tiefsten Wahrheiten der Seele liegt, ist ein
wenig, aber wohl nur ganz geringe Aehnlichkeit mit Andersen, nur ist er
zu den Wirklichkeiten geneigt, Andersen ihnen allzu fremd. In der Hel-
ligkeit und Durchsichtigkeit des Sehens wollte man eine Aehnlichkeit mit
Jakobsen finden, aber dies scheint uns wohl ebenso halb, denn Jakobsen
ist mehr in seine Fantasien eingesponnen; von den zwei Linien des kühlen, stahlharten Denkens und des farbigen, tiefen Gefühls fehlt dem herrlichen dänischen Meister die erste, seine Beziehungen zur Welt sind träu-
merischer, lässiger geschlungen, und wieder ist er mehr ins Ganze, in die
Natur gelöst. In manche pathetische Stellen scheinen ganz leise fast völlig
verklungene Jugenderinnerungen zu tönen, vielleicht Lamartine, vielleicht Victor Hugo, namentlich das Mitleid! – Aber dieses ganze Ich steht,
so kompliziert und sensibel es ist, allein. Die Verbindungen mit dem Vergangenen sind höchstens zufällige; vielleicht hat er nicht einmal den ganzen Goethe gelesen. Und mit den gegenwärtigen, namentlich mit den
jungen Wienern, mit denen er doch zeitlich, wie nach Umgang und Verkehr zusammen zu nennen ist, sucht man eigentlich auch vergebens eine
Verknüpfung. Nichts einigt sie als die Sehnsucht nach der Schönheit, die
bei den einen sich in wundersam stilisirten, altitalienischen, dantesken
Gedichten und Plänen äußert und bei ihm in dieser nervösen, flüchtigen,
vibrirenden Prosa, die selten, aber dann wunderbar tief sich auszuweiten
und auszuatmen scheint, so daß die heutigen Worte, wie wir sie schon
einmal nannten, diese Dienstboten des Verstandes und der Gefühle,
plötzlich Königinnen werden.

So ist er, mitten im Leben, dennoch in der Kunst allein.

[92]   Rudolf Strauß. Peter Altenberg. Wie ich es sehe (Berlin, S. Fischer, Verlag, 1896).
In: Die Gesellschaft. Jg. 12. 1896. Juni. S. 823-285.

Peter Altenberg: Wie ich es sehe. (Berlin, S. Fischer, Verlag, 1896).

»Er liebte diese, für die die Sprache Identität mit dem Gesamtorganismus
war, ja, der tönend gewordene Gesamtorganismus selbst, nicht ein Instrument, wie die Flöte, die Klarinette, auf dem man beliebig spielen konnte,
so oder so.« Peter Altenberg spricht da wirklich für sich selbst. Auch *seine*
Sprache ist der Ausdruck seiner Individualität, auch bei ihm trägt jedes
Wort den starken Stempel dieser eigenen schwachen und müden Persönlichkeit: Peter Altenberg. So giebt sein Buch ›Wie ich es sehe‹ das beste,
das er hat: ihn selbst. Mit seiner bleichen und nervösen Hand zerreißt er
alle Hüllen seines Lebens, die letzten Regungen der Seele giebt er preis.
Aber diese Persönlichkeit Peter Altenberg ist eine gar seltsame, erstaun-
liche, und ihr sprachlicher Ausdruck darum nicht minder wundersam.

Man muß dieses blasse, feine Gesicht mit den mattgrauen Augen und dem blond-rötlichen, herabhängenden Schnurrbart gesehen, man muß diesen müden und unsäglich milden Menschen reden gehört haben, um ihn ganz und genau zu bewerten. Jetzt sitzt er stumpf und teilnahmslos mit resignierter Miene da, die ganze Gestalt sinkt in sich zusammen, jeder Zug weist den Dulder, den Armen – dann plötzlich fällt ein Wort, das ihn packt – und nun reckt sein Kopf sich jäh empor, Leben kommt in diesen regungslosen Organismus, die Hände arbeiten, die Augen blitzen, und aus dem Munde quellen kurze, wilde Sätze voll tiefer, lebendiger Weisheit.

In solchem Zustand sind auch seine Skizzen geschrieben. Nur darum ist sein Stil so kurz und abgebrochen, weil er noch warm ist vom Leben, weil er in brausender Begeisterung das Licht gewann. Es ist der Stil der Ekstase.

Denn wenn Altenberg schreibt, so sinnt er nicht nach. Die Muse flüstert ihm alles zu. Diese Muse aber ist das Leben. Alle Tore seiner Seele – weit stehen sie offen, er bangt nicht vor der Außenwelt, sondern dankbar nimmt er auf, was immer sie ihm bietet. Seine Muse ist das Leben...

Sein Leben! Es ist ein trauriges und stilles auf den ersten Blick. Über das kleine Kaffeehaus, in dem er die Nächte verbringt, und über Gmunden, wo er den Sommer verbringt, ragt es nicht fort. Große Kämpfe und schwere Konflikte haben in dieser kleinen, ruhigen Welt nicht Raum. Man muß schon eine ungeheuer nervöse Natur sein, um auf die kargen Reizungen eines solchen Milieus zu reagieren. Aber für Peter Altenberg, diesen Décadent par excellence, reicht jeder schmalste Anlaß aus. Jeder leiseste Windhauch setzt seine kranke Seele schon in Schwingungen, daß sie leise und zitternd zu tönen beginnt. Was an gesunden und robusten Naturen ganz spurlos noch vorübergeht, wirkt *seinen* Nerven schon ein sicheres Empfinden und einen starken Ausschlag. So ist der Dichter dieser kranken, bleichen, sehr nervösen Frauen, und dieser jungen, blassen Dichter, die so sind wie sie.

Ich weiß, es wird ihn unendlich freuen, wenn er das liest. Denn er hat eine unsägliche Zärtlichkeit für schöne, schlanke, müde und sensible Frauen. Er geht in ihnen auf. In *ihnen* sieht er alle Majestät und allen Purpur dieses Lebens. Und es gilt ihm völlig gleich, ob solche hohe Frau dem Adel zugehört oder der trüben Klasse der Verworfenen: in seinen Skizzen drücken beide Typen in gleicher Weise das für ihn höchste aus: das ewig Weibliche.

Überhaupt ist er ein merkwürdiges Gemisch von Heiligem und von Roué. Er lebt nur des Nachts – aber nur, weil der Tag ihm zu roh ist. Er ist ein Stammgast niederer Lokale – aber nur, um in dem Niederen das Hohe, das Ewige, das wirklich Hehre zu entdecken. Ich bitte! Das ist wörtlich zu nehmen. Lesen Sie seine grandiose Skizze ›Die Primitive‹, und Sie werden sehen, daß eine Kokotte ihm Ausgangspunkt der tiefsten, reinsten Weisheit werden kann.

Dann ist er wieder heilig, nichts als heilig, und mit langsamen, feierlichen Gesten deutet er alle Symbole des christlichen Ritus. Jesus Christus ist ihm das anticipierte Ideal von menschlicher Vollkommenheit, und seine Wiederauferstehung das endliche Identischwerden unsrer Menschheit mit diesem weiten, prunkend-hehren Musterbild.

So mahnt denn Altenberg sehr stark an jene schimmernden Zeiten der Ritterherrlichkeit, wo Frauen-, Gottes- und Herrendienst das Hauptwerk des Edlen waren. Nur diesem letzteren, dem Herrendienst, hat er bisher sich stets versagt. Nicht, daß er den Männern feindlich gegenübersteht, daß er sie lächerlich macht, ihnen, wenn sie groß sind, sein Anerkennen blind entzieht! Nein! seine [!] Ehemänner sind sogar stets gut, stets tapfer und werden nie betrogen. Aber es ist keine Liebe in dem, wie er sie schildert, keine Ehrfurcht – sondern nur eine unendliche Güte und Milde, und immer stehen sie hinter den Frauen an Geist und an Erfassen weit zurück. In seiner Güte steckt ein Tropfen von Verachtung, und leise, unmerksam mischt sich die Ironie in seine Farben.

Es ist keine Ironie, die wild verletzt, die blutige Wunden schlägt, sondern eine sehr sanfte, sehr zarte. Es ist auch keine, die von außen gegen das Subjekt geschleudert wird, sondern organisch fast erwächst sie aus dem Innern des Subjektes. Sie besteht darin, daß diese kleinen, lächerlichen Unterstimmungen und Untergefühle, die uns beim Äußern großer Worte oft befangen, mit seiner Sicherheit bedeutet werden. Es ist, wenn ich so sagen darf, eine unterirdische Ironie der ganz dünnen Nuancen, der fast punktierten Andeutungen.

Denn Peter Altenberg ist ein Meister der Andeutung. Was er von den Japanern sagt: »Sie geben einen Blütenzweig – und es ist ein Frühling«, das gilt mit ebensolchem Rechte von ihm selbst. In dieser Hinsicht ist er direkter Sprößling der Japaner und Prärafaeliten. Er giebt ein Wort, und es ist ein Satz. Er giebt einen Satz, und es ist eine Skizze. Er giebt eine kurze, zehn Zeilen lange Skizze, und es ist eine ganze, große, leuchtende Welt.

Dialogue.
Er und Sie sitzen auf der Bank in einer Linden-Allee.
Sie: Möchten Sie mich küssen?!
Er: Ja, Fräulein – – –.
Sie: Auf die Hand – – –.
Er: Nein, Fräulein.
Sie: Auf den Mund – –?!
Er: Nein, Fräulein.
Sie: Oh, Sie sind unanständig.

Er: Ich meinte »auf den Saum Ihres Kleides!«
Sie erbleicht – – – –.

Diese Probe mag genügen .....

Rudolf Strauß.

> Da ist, »wie ich sehe«, der Altenberg,
> Ganz deutlich sogar zu erkennen,
> Derselbe, den seine Freunde oft
> Den »Fliegenden Engländer« nennen.

Peter Altenberg. Zeichnung von Ferry Bératon.
In: ›Die vornehme Welt‹. 1. Februar 1897.

[93]   Arthur Schnitzler. Peter Altenberg. Aus dem Tagebuch.

96. 1. 7.

Mit Schwarzkopf im Stefanskeller, dann auch mit Richard E., der in Paradoxen schwelgte. »Eine Frau, die mir sagt, dass sie mich allein liebt, mit
der verkehre ich überhaupt nicht mehr. Die ist ein Idiot.«

[94] Hugo von Hofmannsthal. Ein neues wiener Buch. In: Die Zukunft. IV. Jg.
Nr. 49. 5. September 1896. S. 452-457.

Da ist ein neues Buch, eine Art von Buch. Ich weiß nicht recht, von welcher Art dieses Buch ist. Es ist ganz ausgefüllt mit kleinen Geschichten,
wie ein Obstkorb. Es sind vielleicht hundert kleine Geschichten darin.
Ich kann schwer sagen, was für kleine Geschichten. Sie sind zu einfach;
zum Beispiel: ein neunjähriges Mädchen redet mit dem Vater, der es im
Pensionat besucht. Oder ein paar junge Mädchen reden mit einander.
Oder zwei junge Männer gehen mit einander herum und reden, in einem
Ballsaal, am Ufer eines Sees. Oder ein Bräutigam geht mit seiner Braut
sich photographiren lassen. Oder drei junge Menschen hören zusammen
der Musik zu. Oder ein Mann fährt mit seiner Frau in einem Boot. Oder
ein kleines Mädchen spielt Klavier und ein erwachsener Mensch hört zu.

Diese kleinen Geschichten sind viel leichter wiederzuerzählen als zu
beschreiben. Ich will lieber gleich eine erzählen. Vielleicht die, wo das
kleine Mädchen Klavier spielt. Sie heißt ›Musik‹. Alle diese kleinen Geschichten haben sehr einfache Überschriften.

Die Kleine übt Klavier. Sie war zwölf Jahre alt und hatte wundervolle
sanfte Augen. Er ging im Zimmer leise auf und ab, auf und ab. Er blieb
stehen und lauschte und wurde eigenthümlich ergriffen.

Es waren ein paar wundervolle Takte, die immer wiederkehrten.

Und das kleine Mädchen brachte Alles heraus, was darin lag. Wie wenn
ein Kind plötzlich ein Großer würde!

»Was spielst Du da?!« sagte der Herr.

»Warum fragst Du?! Das ist meine ›Albert-Etüde‹, Bertini Nr. 18;
wenn ich die spiele, muß ich immer an Dich denken – –«

»Warum – –?!«

»Ich weiß nicht; es ist schon so.«

Wie wenn ein Kind plötzlich ein Weib würde!

Er ging wieder leise auf und ab – – –.

Das kleine Mädchen übte weiter, Bertini Nr. 19, Bertini Nr. 20, Bertini
Nr. 21, 22, 23 ... aber die Seele kam nicht wieder.

Solche kleinen Geschichten sind es. Aber daß es so viele sind, macht
ihren Reiz viel merkwürdiger. Sie haben einen eigenen Ton: einen weiblichen, einen kindlichen, einen sonderbaren Ton. Aber freilich nicht, wie

wenn sie von einer wirklichen Frau erzählt wären, oder von einem wirklichen Kind. Sondern von einem Dichter, einem Dichter-Schauspieler, der hie und da den Ton einer Frau nachahmt, hie und da ein Kind oder irgend ein anderes lebendiges Wesen, in das er für einen Augenblick verliebt war. Denn das Buch ist sehr kokett, es ist durch und durch kokett. Es ist Etwas von der altklugen Koketterie der andersenschen Märchen darin, und noch Anderes. Es ist verliebt in das Leben, allzu verliebt; es ist mit süßen kleinen Dingen angefüllt, wie ein Obstkorb. Es giebt eine zurückhaltendere Art, dem Leben zu huldigen, eine größere, herbere Art, ihm zu sagen, daß es grenzenlos wundervoll, unerschöpflich und erhaben ist und werth, mit dem Tod bezahlt zu werden.

Aber Das macht wieder die Seltsamkeit des Buches aus, daß es das ganze Leben, aber wirklich das ganze, für den Lustgarten der Poesie ansieht und mit seiner allzu süßen, verliebten Musik in alle Klüfte des gewöhnlichen Lebens hineindringt. Denn die Menschen in den hundert Geschichten thun die gewöhnlichsten Dinge und reden die gewöhnlichsten Dinge: aber der Dichter sieht die Bruchstücke ihrer einfachen Schicksale mit solchen trunkenen Augen, wie man am Abend in einem schönen Garten zusieht, wenn die Beete begossen werden. Er liebt Alles an ihnen. Und wie sehr liebt er, wenn sie mit einander reden! Ihre einfachen Gespräche sind ihm ein süßes sinnliches Schauspiel. Die Antworten, die sie einander geben, und auch die, die sie schuldig bleiben; ihr Stocken, ihre Verlegenheit über ungeschickte Worte und die flüchtige Trunkenheit, die durch geschickte Worte entsteht. Er ist völlig verliebt in ihre kleinen Gespräche. Aber fast noch mehr in ihr Schweigen: in das stumme Nebeneinandersein der jungen Mädchen und der kleinen Kinder, der Goldfische, der nachdenklichen Männer und der blühenden Bäume, in das aufregende, geheimnißvolle Nebeneinandergehen der leidenden, der lächelnden, der demüthigen, der triumphirenden Geschöpfe. Wie ein griechisches Gastmahl, wie ein römisches Theater genießt er das Schauspiel der Berührungen, aus denen das Leben zusammengewoben ist: er sieht die Menschen an den Lehnen der Berge mit einander spazierengehen und weiß, wie das Mattwerden des Himmels, das Großwerden der Bäume ihr Gespräch matt und groß machen kann; er fängt die Blicke auf, in denen sich die Seele eines Menschen den Dingen zuwendet und hingiebt, die man die gleichgiltigen nennt: fremden Kindern, den Gesichtern fremder Menschen, Wolken, gut riechenden unbekannten Blumen; er kennt die Gewalt der Bäder über die Seele, ja, des kalten oder des erwärmten Wassers über Muth und Feigheit, Demuth, Heiterkeit oder Verzagtheit. Ich finde in seinem Buch verstreut eine ganze Abhandlung über die Kunst des Badens. Und eine gleiche über die Kunst des Schlafens, des Schlafens, um heiter und frei aufzuwachen. Und kleine Abhandlungen über Erhitzen und Erkälten, über schönen Teint, über gute und schlechte Ermüdung, über Essen, und zwar das Essen von Suppe, von Fischen und von Früchten, über Spiele: Tennis, Reifschlagen, Federball, über Frisuren, Kleider und Handarbeiten. Aber es sind keine trockenen Abhandlungen, sondern kleine Gedichte, wie jene antiken Bruchstücke der ersten Aerzte und Lehrer der Naturgeschichte, die trunken waren vor Naivetät und Freude über ihren Gegenstand. Ich wüßte nicht zu sagen, wie viele Kleider in dem Buch beschrieben sind: ihr Stoff, ihr Schnitt und ihre Farben sind genau beschrieben, um ihrer Schönheit willen, die wetteifert mit der Schönheit der Hände und der Haare, der smaragdgrünen Wiesen und der braunrothen Abendwälder. Sie sind mit Ehrfurcht und Freude beschrieben, wie die Waffen bei Homer, die Geberden bei Dante oder die Gewänder der Männer bei den Dichtern im Mittelalter.

Es ist, wie man sieht, ein völlig romantisches Buch: und doch fühlt es sich nicht verpflichtet, sich aus dem Leben zurückzuziehen. Es bleibt da und schwebt mit seiner verliebten Musik in die Klüfte und Spalten der alltäglichen Dinge. Es bleibt da und betet mit gutem Gewissen Nichtigkeiten an. Das Buch hat ein so gutes Gewissen, obwohl es um alles Wichtige völlig unbekümmert ist, daß man gleich sieht, es kann kein richtiges deutsches Buch sein. Es ist wirklich wienerisch. Es kokettirt auch damit, mit seiner Herkunft, so wie es mit seiner Gesinnung kokettirt,. Es ist im Ton hie und da manierirt leichtfertig, wie es hie und da manierirt kindlich ist. Es ist ein sonderbares Buch: in seiner Gewissenlosigkeit, seiner bewußten Grazie, scheint es eine komplizirte innere Erziehung, ja, es scheint Kultur vorauszusetzen. Denn was ist Kultur, was ist sie anderes als Dieses: zu wissen, daß Das Etwas ist: herumgehen, reden, essen; Scheu vor dem Alltäglichen zu haben als vor dem Göttlichen.

Dieser süßen Reife, dieser spielenden Freiheit ist das Buch voll. Und sie scheint nicht in Einsamkeit errungen, sonst würde sie herber schmekken. Dem Buch haftet etwas Geselliges an. Es läßt sich an die Titel alter Bücher denken: ›Die attischen Nächte‹ oder den ›Deipnosophistes‹. Man spürt Menschen hinter diesem Buch. Wie in den Hymnen des Pindar die jungen adeligen Wagenlenker und Sieger im Fünfkampf sich wiederfanden, sich und das Lob ihrer Arme, ihrer schönen Schultern, ihrer Väter, ihrer Brüder, ihrer berühmten Ahnen, ihrer schönen Wagen, ihrer schönen Gärten, ihrer schönen Schiffe, so scheinen auch hier die Spiegelbilder einer Gesellschaft durcheinanderzuschweben. Man ahnt Menschen, die hier das pretiöse, aber schöne Lob ihrer Geliebten und ihrer Töchter wiederfinden, die Kieswege und Beete ihrer Gärten, ihrer sommerlichen Seeufer und Landschaften, den Ton ihrer Gespräche, ja die kleinen geistig-sinnlichen Wahrheiten ihrer Tage. Man ahnt ein junges Mädchen, das hier das Lob der kleinen Schwester oder der Lieblingsblumen bestellt, wie dort ein korinthisches Geschlecht das Lob seines

jüngsten Siegers. Nur daß Alles viel raffinirter, verschwiegener, schatten-
hafter geworden ist, verglichen mit jener unbegreiflich wundervollen na-
iven Feierlichkeit. Das Buch hat nichts Gedrücktes; es gefällt sich selbst; es
ist sicher, zu gefallen. Es ist seiner Lebenslust sicher. Starke Freunde müssen diese Lebenslust schützen. Es muß eine Gruppe von Menschen da sein,
die voll Freiheit und Würde allen unscheinbaren Dingen Wichtigkeit zu-
getheilt und den schönen Garten des allgemeinen Lebens mit bunten Ge-
weben umhängt hat, um die allzu große, unheimliche Ferne auszusperren.
Eine Gruppe von Geistern, die gesagt hat: »Dieses, das vorliegende Leben,
darfst Du mit freiem Mund loben, so wie Du es siehst. Das Andere, das
große Weltwesen, haben wir schon mit Alledem in Harmonie gesetzt. Du
darfst Alles, so weit Du siehst, mit gutem Gewissen anbeten.«

Diese Gruppe von Menschen, diese Tradition der Geister, – ich spreche das geheimnißvolle Wort dafür noch einmal aus: Kultur. Ich glaube,
daß das Buch seine innere Freiheit einem Dasein von Kultur verdankt,
genauer: von künstlerischer Kultur, von literarischer Kultur. Nur eine
Kultur giebt einem Menschen, der kein Genie ist, diese raffinirt naïve
Sicherheit, daß er hingeht und kleine Geschichten von allen Dingen erzählt und auf das Buch darauf schreibt: ›Wie ich es sehe.‹ Er hat gelernt,
daß da schon Etwas daran ist, nur herzugehen und zu sehen. Er stilisirt
sich selbst als Den, der nur herumgeht und zusieht. Seine Geschichten
sind wie ganz kleine Teiche, über die man sich beugt, um Goldfische und
bunte Steine zu sehen, und plötzlich undeutlich ein menschliches Gesicht
aufsteigen sieht. So ist das Gesicht des Dichters schattenhaft in die hundert Geschichten eingesenkt und schwebt empor. Ein sehr stilisirtes Gesicht, mit einer großen, raffinirten Einfachheit. Mit weiblichen Augen
sozusagen: was man an Männern weiblich nennt. Mit kindischen Allüren:
so wie Männer die Kinder spüren und nachmachen. Und Etwas von Sokrates ist dabei: von Dem, der ein Lehrer und zugleich ein Liebender ist.
Denn die Gestalt hat Etwas vom Lehrer; aber sie bringt fortwährend die
Worte Nietzsches über Sokrates ins Gedächtniß: »Es konnte Niemand
sagen, warum Sokrates lehre, er selbst ausgenommen. Wohin er kam, da
erzeugte er das Gefühl von Unwissenehit, er erbitterte die Menschen und
machte sie nach dem Wissen gierig.« Dieser Lehrer, der Weiber und Kinder nachahmt, der in seine Schüler verliebt ist und dessen Schüler die jungen Männer und die jungen Frauen dieser Zeit sind, kann nur eine Lehre
haben: die Anbetung der Natürlichkeit, der natürlichen Grazie, der natürlichen Grausamkeit; die Verherrlichung der leichten und schönen und
zwecklosen Dinge, die Anbetung des höchst Künstlichen, das sich dem
höchst Natürlichen annähert: Leben als Gartenkunst.

Eine dreifältige Macht scheint diesen Dichter erzogen zu haben. Eine
künstlerische Kultur: Menschen, die ihre Beziehungen so wie Landschaf-

ten genießen und ihre Vergangenheiten wie Gärten und ihre Geschicke wie Schauspiele. Eine heitere Kultur: Menschen, deren Anstand ihnen gebietet, der Schwere der Welt entgegenzulächeln. Eine literarische Kultur: Menschen, die es lieben, zu reden, Menschen, Künstler, denen das Schauspiel viel bedeutet. Es ist etwas tief Schauspielerisches in dem Buch: in den kleinen Geschichten stehen oft Menschen gegen Menschen wie in einer Rolle, ja der Dichter gegen das Leben so: er spielt sich selbst und dann und wann spielen seine Geschöpfe sich selbst. Die Namen sehr großer Schauspieler gehören zu den bunten Gewändern der Götter, mit denen dieser Lebensgarten höchst künstlich umhängt ist. Eben so die Namen von einzelnen Dichtern. Es scheint sich hier ein Kreis anzukündigen, der die Kunst ausschließlich vom Standpunkt des Lebens ansieht, wobei ihm endlich das Leben völlig als Material der Kunst erscheint. Ein stillschweigendes Uebereinkommen scheint Alles in Zusammenhang zu bringen: da man sich gleichzeitig als Lebende und als Zuschauende zu betrachten habe. Es ergiebt sich eine wundervolle Kontinuität zwischen den literarischen und menschlichen Bethätigungen dieser Gruppe von Künstlern. Man steht in einer neuen Romantik, in der das Wesen der alten, Unzufriedenheit mit der Welt, aufgehoben erscheint. Das Leben ist ganz im Besitz der Poesie, die es jeweilig wegen seines Reichthumes, seiner Dunkelheit, seiner Vielfalt, seines spiegelnden Wesens verherrlicht.

Der Eine, der auf sein Buch geschrieben hat ›Wie ich es sehe‹, verräth Andere, eine Gruppe von Künstlern, die sich der in der Zeit liegenden »barbarischen Avantagen« nicht bedienen will, um das Schöne und Interessante hervorzubringen. Vielmehr: man will mit dem Gegebenen, Gegenwärtigen, als mit einem Natürlichen, Menschlichen, rechnen. Nichts wird geschichtlich erfaßt und kein starres Wort ist am Platz. Jedes vorgefaßte Urtheil über die Gegenwart wird abgewiesen. Man ist einmal da, wie die Kinder da sind. Ja, es ist eine sehnsüchtige Anbetung der kleinen Kinder über diese Kultur ausgegossen: es ist, als ob es die Vornehmen immer mehr und mehr nach Kindlichkeit verlangte. Und es ist auch Niemand vornehmer, Niemand anmuthiger als Die, die noch kein Gedächtniß haben und ganz von der Wahrheit bewegt werden. In künstlichen, an Erinnerung reichen Zeiten sammeln sich die Lebendigen an den Altären der kindlichen Götter. Sich als Kinder zu fühlen, als Kinder zu betragen, ist die rührende Kunst reifer Menschen. Wenn man in dreihundert Jahren unsere Briefe aus alten Laden nimmt, wird man sich vielleicht verwundern, sie ganz anders zu finden als alle Briefe der anderen Männer und Frauen dieser Zeit: um so viel unmündiger, um so viel weniger starr. Man wird in ihnen das Leben von ganz anderen Mächten bestimmt finden, als die in den Büchern unserer Zeit den Ausschlag geben. Man wird an einen alten Garten mit riesigen Bäumen, eingefaßten Teichen und ganz voll von

Kindern und halberwachsenen Menschen denken müssen, wie man es in unserer Stadt im Sommer sieht. Man wird an Wesen ohne bestimmtes Alter gemahnt werden, die aber am Meisten an die unendlich vielsagenden Geberden der Kinder erinnern, an ihre komplizirte Naivetät: an ihre nachdenkliche, vornehme Art, auf einander zuzugehen, wenn sie fremd sind, an ihre wundervolle Weise, mit Anmuth hochmüthig, mit Anmuth hart zu sein, an ihre Zutraulichkeit, ihre königliche Art, sich hinzugeben und doch völlig zu bewahren, an ihre wundervolle Unbestechlichkeit. Nur Künstler und Kinder sehen das Leben, wie es ist. Sie wissen, was an den Dingen ist. Sie spüren im Fisch die Fischheit, im Gold das Wesen des Goldes, in den Reden die Wahrheit und die Lüge. Sie wissen den Rang des Lächelns, den Rang der unbewußten Bewegungen, den Werth des Schweigens und die Unterschiede des Schweigens. Sie sind die Einzigen, die das Leben als Ganzes zu fassen vermögen. Sie sind die Einzigen, die über den Tod, den Preis des Lebens, Etwas sagen dürfen. Sie geben den Dingen ihre Namen und den Worten ihren Inhalt.

Freilich, Kinder, – wer ergründet sie? Große, große Künstler, – wer kann einen mit Fingern weisen? Immerhin ist von diesen geheimnißvollen Mächten dieses kleine Buch irgendwie beherrscht, wie der zierliche Magnet von ungeheuren, im Ungewissen gelagerten Kräften.

Wien.   *Hugo von Hofmannsthal.*

[95]   Arthur Schnitzler. Peter Altenberg. Aus dem Tagebuch.

96. 9. 10.

Im Kaffeehaus Georg Hirschfeld und Andere. – P. A. vorbei, gibt nachlässig-feindlich die Hand. Es ist seltsam, wie heftig die Antipathie dieses Menschen gegen mich ist, seit ich einen Erfolg habe und seit er ein Buch geschrieben. (Dabei war ich der Erste, der seine Sachen gelobt und empfohlen hat und er hat sich bis vor Kurzem sehr achtungsvoll gegen mich benommen). Nun zähle ich für ihn zu den Geschäftsleuten, so äusserte er sich Ebermann gegenüber, den er auch dazu rechnet.

[96] J. V. Widmann: Wie Herr Peter Altenberg es sieht. In: Der Bund (Bern). 17.-18. Oktober 1896.

J.V.W. *Peter Altenberg*, ein junger Wiener Schriftsteller, hat im Verlag S. Fischer in Berlin ein Buch erscheinen lassen, das den guten Titel führt: *Wie ich es sehe.* Gut scheint mir der Titel, weil darin jene von der Philosophie längst entdeckte Thatsache, daß jeder Mensch eigentlich seine besondere Welt hat, speciell auf das dichterische Sehen angewendet wird, weil ferner das Zugeständnis darin liegt, daß es beim dichterischen Schaffen nicht sowohl auf neue Stoffe ankomme als daraus, daß ein neuer Mensch, eine ungewöhnliche Persönlichkeit die Welt in sich aufnehme. Endlich liegt in dem stolzbescheidenen Titel auch die Absicht angedeutet, nichts anderes als das wirklich selbst Geschaute, selbst Empfundene zu geben.

Man könnte nun allerdings gegen den Hinweis, daß jeder Mensch die Welt auf seine Weise sehe, einwenden, daß immerhin unter den Menschen eine gewisse Konvention dessen besteht, was als allgemein verbindliches, richtiges Sehen Geltung beanspruchen kann. Finster ist für alle Leute finster, hell für jedermann hell (die relativ wenigen Blinden ausgenommen). Aehnlich verhält es sich mit andern Sinneswahrnehmungen, mit den Tönen fürs Ohr, mit Geruchs- und Geschmacksempfindungen, obschon auf letzterem Gebiet bereits der Individualismus zu größerem Rechte gelangt, was in dem Satze ausgedrückt wird, über Geschmackssachen sei es nutzlos zu disputieren. (De gustibus non est disputandum.) Und daß dieser Satz nicht auf den bloßen Zungengeschmack beschränkt, sondern auch auf eine höhere Bedeutung des Wortes Geschmack in ästhetischen Dingen ausgedehnt wird, ist ebenfalls allgemein bekannt. Damit ist vollends für das so komplizierte dichterische Schaffen bei aller Anerkennung gewisser allgemein gültiger Grundsätze dem Rechte der Einzel-Persönlichkeit ein großer Spielraum zugestanden.

Sehen wir nun zu, in welcher Weise Peter Altenberg von diesem Rechte Gebrauch macht.

Es geschieht hauptsächlich dadurch, daß er in seinen dichterischen Momentaufnahmen des Lebens nicht hauptsächlich das Aeußerliche der Personen, Begebenheiten und Situationen wiedergibt, sondern gewisse feine, subtile Innerlichkeiten, die überall bei menschlichen Beziehungen mitspielen, und daß er diese meistens zur Hauptsache macht. Vielleicht ist es mehr als Zufall, daß eine solche Dichtungsart in demselben Jahre auftaucht, das der physikalischen Welt die wunderbare Entdeckung der sogenannten Röntgenstrahlen geschenkt hat. Peter Altenberg ist ein X-Strahlendichter, unendlich weit entfernt von den alten Epikern, die einst, wie Homer oder der Dichter des Nibelungenliedes, nur die äußeren Geschehnisse erzählten und so ganz erfüllt waren von den Erscheinungen der stofflichen Welt, daß sie selbst für innerliche Vorgänge immer wieder die Bilder aus letzterer nahmen, so z.B. wenn Odysseus in seelischer Qual auf seinem Lager sich wälzt, den Vergleich mit einem Ziegenmagen, der überm Feuer am Spieße gedreht wird.
[...]

2

Wenn die paar Proben, die wir aus seinem merkwürdigen Buche bringen werden, nicht alle unsere Leser befriedigen sollten, so liegt das teilweise daran, daß mit dieser Kunstausübung etwas nervös Unruhiges verbunden

Fidus. ›Märzbirken‹. Aus: ›Jugend‹. Von Peter Altenberg beschriftet.

ist, weil der Dichter selbst nur vermöge erhöhter Sensibilität seiner Nerven zu so subtilen Beobachtungen zu gelangen vermochte. Und weiter berühren seine Schilderungen schweizerische Leser vielleicht fremdartig, weil diese Skizzen ganz aus dem Großstadtleben Wiens ihren Ursprung genommen haben und zum Teil etwas Verträumtes haben, wie die Phantasien eines bei Mokka und vielen Cigaretten in ein brütendes Staunen geratenen Kaffeehauspoeten. Dann giebt Peter Altenberg auch wohl zu sehr seinen individuellen Gedankenassociationen nach, ohne zu bedenken, daß ihm nicht jedermann immer leicht zu folgen vermag. Endlich hat er ein eigentümliches, an Walt Whitmans Wörterbuchlyrik gemahnendes Kunstprinzip, oft nur Vorstellungsworte ohne viel Satzverbindung aneinanderzureihen und durch sie eine Art geistiger Narkose des Lesers zu erregen, in der ihm der Dichter seine eigene Empfindung suggeriert.
[…]

4
[…]
Wer den Maler Fidus vielleicht aus seinen Bildern in der Wochenschrift ›Die Jugend‹ kennt und also weiß, welche besondere Neigung dieser Künstler hat, immer wieder in schönen, keuschen Konturen den jugendlichen Leib zwölfjähriger Mädchen und Knaben darzustellen, wird bei Peter Altenberg einen ähnlichen Zug zu dergleichen jungen Geschöpfen entdecken, nur daß der Dichter sich natürlich nicht auf die sinnlich äußere

Erscheinung beschränken kann, sondern auf das seelische Leben solcher Kinder eingehen muß.

[…]

* *

Nach diesen Proben aus Peter Altenbergs: ›Wie ich es sehe‹ werden die meisten Leser gewiß darin mit mir einverstanden sein, daß die Produktion dieses jungen Wiener Poeten eine nicht gewöhnliche Erscheinung ist, was ihnen übrigens erst durch das Lesen des ganzen Buches mit voller Deutlichkeit zu Bewußtsein kommen dürfte. Man mag an vielen Stellen die Art, wie Peter Altenberg »sieht«, als mit dem normalen Sehen der Durchschnittsmenschen nicht übereinstimmend finden; dafür ist er eine durch besondere Feinfühligkeit ausgezeichnete Ausnahmenatur. Und wir verlangen doch vom Dichter nicht immer nur, daß er ausspreche, was alle empfinden. Dichter, die neuartig denken und produzieren, werden anfänglich meistens als wunderliche Originale betrachtet. Doch zeigt sich in der Folgezeit, daß das Publikum sich nach und nach gewöhnt, mit ihren Augen zu sehen und sie also schließlich doch ungefähr das aussprechen, was alle empfinden. Ob dies für Peter Altenberg zutreffe, bleibt abzuwarten. Jedenfalls entläßt uns sein Buch mit dem angenehmen Eindrucke, die Welt sei noch reicher, als wir es bisher geglaubt; es ist uns zu Mute, als wären wir bei einem Forscher zu Gast gewesen, der uns die Wunder des Mikroskops erschlossen hat, wo eine Pflanzenzelle, ein Blutkügelchen wie eine Mondlandschaft sich darstellt und wir, das Kleinste betrachtend, Weltalltiefen ahnen.

[97]   Arthur Schnitzler. Peter Altenberg. Aus dem Tagebuch.

96. 18. 10.
Im Kaffeehaus Altenberg und seine Gemeinde, von der wir, besonders ich (Lotte Glass erzählte mir's oft) unsäglich gehasst werden.

[98]   Arthur Schnitzler an Peter Altenberg. 29. Oktober 1896

Lieber Herr Peter Altenberg,
gestern sprach ich mit Gerhard Hauptmann, der sich über Ihr Buch in unendlich sympathischer Weise äußerte u. unter anderem sagte, seit Jahren habe kein Buch einen so starken Eindruck auf ihn gemacht als das Ihre.

Da diese Bemerkung für Sie interessant sein dürfte und sie sonst kaum an Sie gelangen könnte, fühle ich mich in gewissem Sinne angenehm verpflichtet, sie Ihnen mitzuteilen.

Mit bestem Gruß Ihr ergebener

Arthur Schnitzler

Berlin, 29. X. 96.

[unten rechts in der Handschrift von Peter Altenberg]
Lendway
II. Operngasse 5
Café Verdi Praterstraße
bei der Kirche [?]

[unten links in der Handschrift von Karl Kraus]
Handschriftliche Notiz von Peter Altenberg. Das Dokument 1896 von
ihm empfangen.
Wien im November 1922   Karl Kraus

[99] Hans Pauli (d. i. Moritz Heimann). Homunculus. In: Neue Deutsche Rundschau
(Berlin). Jg. 7. H. 11. November 1896. S. 1053-1055.

> »Wagner: Das Glas erklingt von lieblicher Gewalt
> Es trübt, es klärt sich; also muss es werden!
> Ich seh' in zierlicher Gestalt
> Ein artig Männlein sich geberden.«

In diesen wenigen, aber erschöpfenden Versen hat Goethe gesagt, was er
über *Peter Altenberg* zu sagen hatte. Kommentieren wir nun ein wenig.

Peter Altenberg ist ein Wiener; und ein anderer Wiener, Loris, hat
schon in der Zukunft über ihn geschrieben, genau so sauber, klug, tief
und unausstehlich, wie Altenberg und Loris zusammengenommen. Altenberg hat ein Buch geschrieben, ein wiener Buch, ein neues wiener Buch,
und hat es unter dem Titel: ›Wie ich es sehe‹* erscheinen lassen. Fangen
wir nun, wie es sich gebührt, mit dem Anfang, das heisst also, mit dem
Titel an. Fühlt man nicht diesem Titel, ohne das Buch selbst zu kennen,
schon ohne Weiteres an, dass er ein wenig Mogelei, ein ganz klein wenig
Mogelei in unsere aufmerksamen Seelen hineinpaschen will? Und wahrhaftig, unser Gefühl trügt sich nicht. Denn Altenberg sieht nämlich gar
nicht »so«, sondern, wenn er sich des Gesehenen erinnert oder gar wenn
er es dichterisch festlegen will, dann *hat* er »so« gesehen. Oder wünschte,
»so« gesehen zu haben. Oder redet sich ein, dass er »so« gesehen hat. Und
er kennt seinen Selbstbetrug, und nimmt ihn nicht sehr tragisch. Ihn zu
parodieren, ist gänzlich überflüssig; das hat er selber besorgt, und geschickter, als es ein anderer je könnte.

Doch ich merke, dass ich erst von dem Buche selbst etwas erzählen
muss, ehe ich darüber etwas sage. Aber leicht ist es grade nicht, von ihm
eine Vorstellung zu geben. Es enthält 246 Seiten; aber das ist doch schliesslich nicht charakteristisch. Und diese 246 Seiten folgen aufeinander und
gleichen sich. Nicht einmal Loris, der doch eine lokalpatriotische Ver

*) Berlin. S. Fischer. 1896.

pflichtung dazu hätte, hat ausrechnen können, wieviel kleine Geschichten Altenberg erzählt. Es sind solche Geschichten ohne Aufregung, alltägliche Geschichten, aber in feiertäglichen Gewändern. Es wird uns von Frauen erzählt und von Männern, von jungen und von älteren und von alten, Frauen und Männern, und von Kindern und von Künstlern und von vielen Dingen mehr. Denn wirklich, er erzählt uns von den Menschen wie von Dingen; nichts anders als wenn er von Farben erzählt. Er hat einen so zärtlichen Respekt vor allen Dingen, eine zähe, süsse, spöttische Verliebtheit in sie, dass er keine Unterschiede zwischen ihnen macht, und alle überschüttet mit dem gleichen Geriesele von sprühendem, delikatem, lieblichem Licht. Demgemäss sind seine Geschichten ohne Handlung und nur Situationen, die von innen heraus zu vibrieren anfangen, schwingen, wieder still werden, oder über die Reflexe von verborgenenen Sonnen hinhuschen.

Wovon diese Geschichten handeln? Gott, ich weiss nicht: von allem – ! Aber sie sind wie Dünnschiffe von Steinen im polarisiertem Licht. Es sind da Menschen, die miteinander reden, Menschen, die nebeneinander sitzen, und Menschen, die aneinander vorbeigehen. Sie erleben keine »Schicksale«, nichts Pompöses, aber immer über ihnen, um sie, neben ihnen, in ihnen bewegt sich in ihrer Ruhe, die »Macht des grossen Geheimnisses.« Wie feierlich das klingt statt des einfachen Wortes »Leben!« Die Simplizität des Lebens, seine Derbheit, Stärke und Wirklichkeit ist in dem Buche nicht, und dennoch sind alle Regungen des Lebens in ihm; aber so verflüchtigt, so traumhaft, dass uns der gewohnte Inhalt des Lebens zugleich zu gross und zu klein erscheint. Darum revoltiert, was in uns Plebejer, Schaffender, Kämpfender ist, sehr schnell gegen dieses Buch, das allen Dingen seinen Werth nimmt, indem es allen Dingen denselben erhöhten Werth giebt.

Denn wie die Sonne Gottes über Gerechte und Ungerechte scheint, so leuchtet das Licht der eleganten Studierlampe Peter Altenbergs mit demselben Schein und demselben Ernst über diese ciselierte Miniaturerde hin. Er spricht von Philosophie und von Bädern, von Toiletten und Landschaften, von Haarfrisuren und Gefühlen, vom Rauchen und Lesen. Mit derselben Andacht nennt er die Marke der Cigarre wie den Titel eines Buches. Darf ich bitten! Henry Clay perfectos und Zola-Germinal. Man wähle. Oder ist Ihnen ein Cellomotiv aus Manon gefällig oder ein Parfüm oder der Geruch einer Blume? Dieses alles ist sehr schön; aber es geht 246 Seiten lang in diesem Ton; und die Seiten folgen einander und gleichen sich. Aber nein, sie gleichen sich doch nicht ganz; das würde am Ende selbst Peter Altenberg zu langweilig. Er unterbricht sich zuweilen, indem er ein Apperçu länger ausspinnt als gewöhnlich, oder indem er in der ulkigsten Weise sich selber übertreibt und parodiert, oder indem er einmal auf alles Drum und Dran verzichtet und eine Geschichte giebt, so um-

Peter Altenberg

Wie ich es sehe

Mon verre n'est pas grand — —
— — Mais je bois dans mon verre.

Berlin
S. Fischer, Verlag.
1896.

›Wie ich es sehe‹. Titelseite. 1. Auflage. 1896.

fangreich wie etwa die Unterschrift einer Illustration, ein überaus charakteristisches Gemisch von Gauloiserie und wienerisch frommer Inbrunst. Hier ist sie:

Er und Sie sitzen auf der Bank in einer Linden-Allee.
Sie: Möchten Sie mich küssen?!
Er: Ja, Fräulein – – –.

Sie: Auf die Hand – –?!
Er: Nein, Fräulein.
Sie: Auf den Mund – –?!
Er: Nein, Fräulein.
Sie: Oh, Sie sind unanständig – –!
Er: Ich meinte »auf den Saum Ihres Kleides!«
Sie erbleicht – – –.

Diese Geschichte führt den Titel: ›Dialogue.[‹] Nicht etwa: Dialog. Das ist eine Finesse. – Hier muss ich ein Geständnis machen. Zuweilen findet es sich in dem Buche, dass »Sie,« die Anrede, kleingeschrieben und »sie,« der Pluralis der dritten Person grossgeschrieben ist; anfangs dacht' ich immer, das seien Feinheiten und suchte ihren Sinn, bis ich schliesslich einsah, dass es doch wohl nur Druckfehler sind. Ganz sicher bin ich mir noch nicht. Diesen Raffinierten ist alles zuzutrauen.
[...]
Altenberg hat vor sein Buch das Motto gesetzt: Mon verre n'est pas grand, mais je bois dans mon verre. Selbst wenn man den Satz umkehrte: il boit dans son verre, mais son verre n'est pas grand, so würde ihm das ganz belanglos sein. Es ist ja das Zeichen der heutigen Genies, dass sie inkorrigibel sind. Aber es handelt sich ja auch um uns, die wir das Buch lesen sollen, und es handelt sich für uns weniger darum, aus wessen Glase wir trinken, als vielmehr, was wir trinken: Wir nun sind nicht im Düstern nur zu Hause, haben uns den Norden, den Wust von Ritterthum und Pfäfferei wohl abgewöhnt, und folgen gern dem, was uns Homunculus, ein feinstes Kunstkulturprodukt, vorgaukelt und verheisst. Denken wir aber daran, dass mit der classischen Walpurgisnacht erst der zweite Akt des Faust zu Ende ist; und wenn wir vorwärts wollen, so müssen wir vergessen, was uns erfreute.

[100] Der Baron. In: Aus dem Cyklus: ›Venedig in Wien‹. In: Wiener Rundschau. Jg. 1. H. 1. 15. November 1896. S. 14.

Baron Lulu sitzt mit gekreuzten Beinen vor den Strassensängerinnen Emilia, Eliza, Ermelinda. Blumenmädchen bringen Rosen, stecken dieselben in ein Glas auf dem Tische des Barons. Für jede Rose eine Krone. Der Baron nimmt endlich den Rosenstrauss, schüttelt das Wasser ab, umwickelt den Strauss mit Papier, damit es trocken sei zum Anfassen. Das Papier ist blau mit zwei zart ausgeführten Knabengestalten – Staatsnote.
Ein Uhr Nachts. Emilia befindet sich im glücklichen Besitze eines Rosenstrausses und eines blauen Papieres mit zwei zart ausgeführten Knabengestalten.
Der Baron sitzt mit gekreuzten Beinen.

ZWEITE AUFLAGE.

Bd. I.   No. I.

Wiener Rundschau.

15. NOVEMBER, 1896.

Alladine und Palomides	MAURICE MAETERLINCK
Wanjka	ANTON TSCHECHOW
Gedichte	HUGO von HOFMANNSTHAL
Venedig in Wien	PETER ALTENBERG
Isis	FELIX RAPPAPORT
Çavitri	PAUL VERLAINE
Politisches Temperament	F. SCHIK
Die demolirte Literatur	KARL KRAUS
Das Weib in Giorgione's Malerei . .	EMIL SCHÄFFER
Kritik.	

Erscheint am I. und 15. eines jeden Monats.

HERAUSGEBER: RUDOLF STRAUSS.

REDACTION UND ADMINISTRATION:
WIEN, VIII/I. GEORGSGASSE No. 4.

Die Nummer: 40 kr. = 80 Pf.   Quartal: 2 fl. = 4 Mark.

›Wiener Rundschau‹. Titelblatt. Heft 1. 15. November 1896. Zweite Auflage.

Die Azaleen leuchten lila-rosa und weinroth und schwefelgelb im Bogenlichte. Farben hauchen sie aus.
Niemand ist mehr im Café San Marco.
Die Kellnerinnen warten ehrerbietig.
Die Strassensängerinnen sind schlafen gegangen.

Auch Emilia?! Auch Emilia.
Der Baron sitzt da mit gekreuzten Beinen.
Noch eine Cigarette zündet er an.
Welch ein Naturfreund ist er! Während Alles sich fortbegibt, sitzt er
wie versunken. Komisch kommt er sich vor, ein Idealist zu sein – – –.
Die Kellnerinnen warten ehrerbietig – – –.

Wien.   Peter Altenberg

[101]   Emil Schäffer. Peter Altenberg. Eine Studie‹. In: Wiener Rundschau. Jg. 1. H. 2.
1. Dezember 1896. S. 73-77.

[...]
Anbetung des Weibes ist das Thema des Altenbergschen Buches; in der
Art aber, wie er's behandelt und ausspinnt, kurz, in seiner *Technik* zeigt
sich das Studium der japanischen Maler, von denen er ja oft genug spricht
und deren Farben und Linien er in Worte umsetzt. Mit ihnen theilt er die
Scheu vor allem Componirten, auf Rahmen- und Bildwirkung Berechne-
ten, die Angst, dem Verstehenden zu viel zu sagen und dadurch sein Fein-
gefühl zu beleidigen; von den Japanern hat Altenberg gelernt, in der knapp-
sten und präcisesten Form sich auszudrücken, die Dinge vom Geist der
Schwere zu befreien und nur den Duft, den süssen, schönen Duft zu bringen. Diese japanische Art zu componiren oder besser *nicht* zu componiren, tritt zu allererst in der Gesammtanlage jeder Skizze hervor und innerhalb jeder einzelnen wieder besonders bei den Naturschilderungen. Denn
sein Anschauen einer Landschaft ist das der grossen japanischen Künstler.
Niemals verliert sich sein Schildern ins Detail, mit sicherem, scharfäugi-
gem Blick fühlt er das Wesentliche, das der Landschaft und der Stimmung
der Handlung zugleich Charakteristische heraus; nur dies bringt er von all
den zahllosen Eindrücken, die in jeder Secunde das Auge bestürmen, nur
dies bringt er und deutet alles Uebrige in matten Strichen nur oder überhaupt nicht an. Hier nun, in dieser japanischen Art, die Dinge anzuschau-
en, trifft er sich mit Knut Hamsun, dem grossen norwegischen Künstler,
den man wohl in mehr als einer Hinsicht als Geistesverwandten Altenberg's
wird bezeichnen dürfen. Zu weit würde es mich führen, wollte ich an dieser Stelle eine eingehende Analyse der Landschaftsschilderungen Hamsun's
und Altenberg's bieten; aber man vergleiche einmal die wundervollen Na-
turstimmungen in Hamsun's ›Pan‹ oder besonders den Anfang seines Romans ›Neue Erde‹ mit irgend einer Skizze Altenberg's, und man man wird
mich verstehen und vielleicht mir beistimmen.
      Damit aber ist die Reihe dessen, was ihm gemeinsam ist mit Knut
Hamsun, noch nicht erschöpft. Altenberg's sclavisch-demütige und doch

dabei königlich-vornehme Art, vor schönen Frauen zu knien, an Hamsun's Helden finden wir sie wieder, an Lieutenant Thomas Glahn und an Nils Nagel, dem räthselhaften Fremden in den ›Mysterien‹. Und wie es in diesem leider viel zu wenig gewürdigten Roman Capitel gibt, die man, ohne den Gang der *äusseren* Handlung zu hemmen, ganz gut dem Buche entnehmen und als Studien über Tolstoi oder den Begriff des Genies veröffentlichen könnte, so finden sich auch in Peter Altenberg's Buche einzelne Skizzen, die weder eine äussere noch eine innere Handlung berichten, aber doch als Commentar für das Verständnis der anderen nothwendig sind; denn sie bieten in meisterhaft gedrängter Form den Extract seiner *Welt- und Kunstanschauung.*

Was seine Kunstanschauung angeht, so weist sie manchen Berührungspunkt mit der Friedrich Nietzsche's auf. Wenn dieser verkündet: »Damit es Kunst gibt, damit es irgend ein ästhetisches Thun und Schauen gibt, dazu ist eine physiologische Vorbedingung unumgänglich: *der Rausch*«; und Altenberg sagt: »Alles tief vom Innersten heraus Lebendige hat seine Räusche, sein Exaltationen, seine Excentricitäten, seine Kindlichkeiten,« so fühlen Beide als grosse Künstler und damit auch – als *Griechen.* Doch bald scheiden sich ihre Wege. Mit schmerzlich-schrillem Hohngelächter wendet sich Zarathustra-Nietzsche vom Kreuze ab, an dessen Stamm Peter Altenberg niedersinkt; denn er betet in Christus den idealen Menschen an, und seine Liebe zu dem Gekreuzigten ist ihm die »Liebe zu uns selbst, zu unserem wahren, reinen, leidenschafterlösten Wesen«. Mit derselben Gluth aber bewundert er auch das Griechenthum, die Materie, überwunden durch Schönheit! In Bewegung geträumt, in Grazie verzaubert! Und so darf man sein Sehnen vielleicht in den scheinbar paradoxen Begriff *christliche Antike* fassen: Christus mit dem Sonnenblick des fernhintreffenden Apoll und Madonna, lächelnd wie Anadyomene, gebieten einer Welt der Liebe, die doch in all ihren Poren durchtränkt ist von leuchtendster, blühendster Sommerschönheit.

Breslau.   EMIL SCHÄFFER

[102]   Gerhart Hauptmann. Brief an Peter Altenberg. 27. Dezember 1896.

Gerhardt Hauptmann an Peter Altenberg:
»Dresden, 27./ 12. 96
Lieber Peter Altenberg!
Es freut mich sehr, daß es Ihnen zu Ohren gekommen ist, welchen tiefen Eindruck ihr Buch auf mich gemacht hat. Ich habe es immer bei mir und lasse mich oft von demselben anregen. Denn anregend ist es, wo man es auch aufschlägt. Es enthält eine besondere, abgeschlossene, ich möchte sagen, neue Welt, eigenthümlich durchdrungen, eigenthümlich herausge-

bildet. Ja, was an Manier in diesem Buche stehen mag, stört mich nicht unter so vielem Gehaltvollen nach Inhalt und Form. Ich danke Ihnen nochmals von Herzen, daß Sie dieses seltsame und seltene Buch geschrieben haben, in welchem eine feine Bildnerkraft künstlerische Blüthen getrieben hat. Möglich, daß nicht Vielen das Aroma dieser Blüthen angenehm oder zuträglich sein wird. Aber es sind an sich gesunde Gewächse, aus reichem natürlichem Boden gewachsen, der gewiß und hoffentlich noch viel ähnlich Geartetes hervorbringen wird.
Ihr
Gerhardt Hauptmann«.

[103]   Karl Kraus. Wiener Brief. In: Breslauer Zeitung. Morgen-Ausgabe. 18. April 1897. S. 3.

Unser Peter *Altenberg*, die einzige *wirkliche* Individualität des jungen Österreich, hat in dem Programm des Vortragsabends unbegreiflicherweise gefehlt. Wir hätten die Herren Bahr und Schnitzler mit Wonne für eine seiner feinempfundenen Skizzen geopfert. Dieser Undemolirbare in der ›demolirten Litteratur‹, für den kürzlich Gerhart Hauptmann in warmer Weise eingetreten ist, hat, wenn er sich räuspert, mehr Erlebnisse, als die anderen Herren in ihrem ganzen engumschriebenen Leben.

Gerhart Hauptmann an Peter
Altenberg: "

Dresden, 27./12. 96

Lieber Peter Altenberg!

Es freut mich sehr, daß es Ihnen zu
Ohren gekommen ist, welchen tiefen
Eindruck ihr Buch auf mich gemacht
hat. Ich habe es immer bei mir
und lasse mich oft von demselben
anregen. Denn anregend ist es,
wie wenn es auch aufschluchzt.
Es enthält eine besondere, obgleich "
Geschlossene, ich möchte sagen, neue Welt,

*Erste Seite der von Peter Altenberg gefertigten Abschrift
eines Briefes von Gerhart Hauptmann (Nr. 102).*

Bibliographien

Es gibt keine Primärbibliographie der Schriften von Peter Altenberg. Auch die »Literatur« zu Leben und Werk, biographisch-dokumentarisch sowie wissenschaftlich, ist bisher nur punktuell erfasst worden. In den hier aufgeführten Werktiteln geht es darum, die Publikationen des literarischen Anfangs im Jahre 1896 vollständig zu erfassen. Die Bibliographie aller bekannten Rezensionen von ›Wie ich es sehe‹ wird sicher noch zu ergänzen sein.

Peter Altenberg
Beiträge in Zeitschriften und Zeitungen. 1896

Liebelei. Eine Wiener Zeitschrift

Locale Chronik. Nr. 3. 21. Jänner 1896. S. 49-51. (Signiert als P.A.)
Hutschen. Nr. 4. 1. Februar 1896. S. 74.
Wie einst im Mai. Nr. 6. 20. Februar. S. 120.
Costüme-Ball. (Ausseer Tanzboden). Nr. 6. 20. Februar 1896. S. 121.
Theater-Kritik. Nr. 7. 1. März 1896. S. 155-156.
Hausball. Nr. 8. 10. März 1896. S. 163-168.
Frühling. Nr. 9. 20. März 1896. S. 196.

N.Y. Figaro. Belletristische Wochenschrift für Theater, Musik, Kunst, Literatur und Unterhaltung. 1896. Hg. von Leo von Raven. New York: A. Rothmüller, Figaro Pub. Co.

Vor dem Konkurse. Jg. 16. Nr. 31. 1. August 1896. S. 10.
Die Wittwe [!]. Jg. 16. Nr. 32. 8. August 1896. S. 11.
Handarbeit. Jg. 16. Nr. 33. 15. August 1896. S. 11.

Fanfulla della Domenica (Rom)

Un affanno – Idillio – Musica. Ausgabe vom 11. Oktober 1896. S. 1.

Wiener Allgemeine Zeitung

Landstädtchen. Nr. 5649. Morgenblatt vom 25. Dezember 1896. S. 5.

Wiener Rundschau

Aus dem Cyklus ›Venedig in Wien‹ (Café de l'Opera, Der Baron). Jg. 1. H. 1. 15. November 1896. S. 13-14.
Der Recitator. (Anläßlich des Recitations-Abends: Rafael Faelberg, F. W. Weber's ›Goliath‹, 15. Dezember 1896.). Jg. 1. H. 3. 15. Dezember 1896. S. 97-98.

Wie ich es sehe. Rezensionen

Bahr, Hermann. Ein neuer Dichter. In: Die Zeit (Wien). Bd. 7. Nr. 83. 2. Mai 1896. S. 75-76.

Buber, Martin. Rezension Wie ich es sehe. In: Przeglad tygodniowy (Warschau). [1897]. Ins Englische übersetzt und abgedruckt in: William M. Johnston: Martin Buber's Literary Debut: On Viennese Literature (1897). In: The German Quarterly. Bd. 47. Nr. 4. November 1974. S. 563f.

Dörmann, Felix. Künstlerkunst. In: Die Morgen-Presse. Jg. 49. Nr. 285. 16. Oktober 1896. S. 1-2.

G. Cl. Peter Altenberg. In: Sozialistische Monats-Hefte. Jg. 3. 1897. H. 5. Mai. S. 303-306.

Heimann, Moritz (gez. Hans Pauli): Homunculus. In: Neue Deutsche Rundschau (Berlin). Jg. 7. H. 11. November 1896. S. 1052-1055.

Hofmannsthal, Hugo von. Ein neues wiener Buch. In: Die Zukunft (Berlin). Bd. 16. 5. September 1896. S. 452-457.

J. P. Wie ich es sehe. Von Peter Altenberg. In: Neue Revue (Wien). Jg. VII. Nr. 39. 23. September 1896. S. 383-384.

J. S. Wie ich es sehe. In: Frankfurter Zeitung. 8. Juni 1896. Morgenblatt. S. 1-2.

L. L. Peter Altenberg. Wie ich es sehe. Berlin. S. Fischer. In: Dresdner Anzeiger. 24. Juni 1896. S. 33.

Neumann, Alfred. Peter Altenberg. (Wie ich es sehe – Ashantee). In: Monatsschrift für neue Literatur und Kunst (Berlin). Jg. 1 (1897). S. 647-654.

Neumann, Alfred. Peter Altenberg. In: Berliner Fremdenblatt. Abendausgabe. 13. Februar 1897.

N. N. In: Montags-Revue (Wien). Jg. 27. Nr. 17. 27. April 1896. S. 6.

Salten, Felix. Wie ich es sehe. In: Wiener Allgemeine Zeitung. 26. Juli 1896. S. 2-3.

Schäffer, Emil. Peter Altenberg. Eine Studie. In: Wiener Rundschau. Jg. 1. H. 2. 1. Dezember 1896. S. 73-77.

Stettenheim, Ludwig. Ein neuer Dichter (Peter Altenberg). In: Königsberger Allgemeine Zeitung. 10. Juli 1896. S. 1-2.

Stoessl, Otto. Peter Altenberg. In: Das Magazin für Litteratur (Berlin). Jg. 65 (1896). Nr. 26. Sp. 812-818.

Stoessl, Otto. Ein Wiener Brief. In: Neue Deutsche Rundschau (Berlin). Jg. 8. H. 2. Februar 1897. S. 208-211.

Strauß, Rudolf. Peter Altenberg: Wie ich es sehe. In: Die Gesellschaft (Leipzig). Jg. 12. Juni 1896. S. 823-825.

Widmann, Joseph Victor. Wie Herr Peter Altenberg es sieht. In: Der Bund (Bern). 17.-18. Oktober 1896.

Abbildungen

Frontispiz: Porträtphotographie Peter Altenberg. Carl Jagerspacher, K.u.k. Hof-Photograph, Gmunden. Original: Wien Museum. I.N.48289/6.

Seite 27: Peter Altenberg. Beschriftete Ansichtskarte ›Cherry, Toyko‹: »Land meiner Sehnsucht. / Peter Altenberg«. Original: Privatsammlung.

Seite 31: Ansichtskarte »Gruss vom Blumencorso in Gmunden«. Foto des Blumencorsos auf dem Traunsee. Beschriftung: »Peter Altenberg / Aber den Menschen genügt nicht die stille Natur – – – sie müssen lärmende Feste feiern !! / PA«. Original: Wienbibliothek im Rathaus.

Seite 33: Hans Schliessmann. Peter Altenberg. Karikatur, signiert und datiert: 8. Juli 1895. Reproduziert in ›Wie ich es sehe‹, 2. Auflage, 1898. Original: Privatsammlung.

Seite 35: Manuskriptblatt der Skizze ›Alter Baum im Prater‹, die Altenberg »Frln. Mizi Kraus« gewidmet hat. Original: Privatsammlung.

Seite 37: Gmunden. Stadtplan. Baedekers ›Österreich-Ungarn‹. 24. Auflage. 1895. Nach S. 108. Original: Yale University.

Seite 41: Eine Seite aus ›Liebelei‹. Der Druck von ›Hutschen‹ im Heft vom 1. Februar 1896. S. 74. Original: Wienbibliothek im Rathaus.

Seite 45: Peter Altenberg. Beschriftete Photographie: »Winter in Gmunden. / Geschenk von Marie Hausmann. Gmunden, ich liebte Dich fanatisch, 23 Jahre lang. Und immer erwidertest Du meine schwärmerische Neigung sanftmütig durch Deine schweigende Schönheit! / Peter Altenberg«; Widmung von Marie Hausmann, der Schwester des Photographen Carl Jagerspacher »Für Peter Altenberg, meinem [!] Freunde [!] ! 29/ 4. 1904«. Original: Wien Museum

Seite 63: Widmungsseite in ›Wie ich es sehe‹, 4. Auflage (1904), für Dr. Ludwig Schweinburg. Original: Privatsammlung.

Seite 65: Zeitungsausschnitt. ›Ein verschwundenes Mädchen‹. In: Illustrirtes Wiener Extrablatt. 22. November 1894.

Seite 75: N. Y. Figaro. Banner für die Ausgabe vom 1. August 1896, in der ›Vor dem Konkurse‹ nachgedruckt wurde.

Seite 79: Annie Kalmar. Porträtphotographie. K.u.K. Hof-Atelier R. Krziwanek. Signiert: »Annie Kalmár / 5. 12. 96 / Wien«. Privatsammlung.

Seite 91: Wie ich es sehe. 1. Auflage. Umschlag von Otto Eckmann. Original: Kent State University Library (Ohio).

Seite 99: Peter Altenberg. Beschriftete Ansichtskarte. ›Cherry, Tokyo.‹ »Über ›Japanische Kunst‹: / Die Japaner malen einen Blüthenzweig – – – und es ist der ganze Frühling! Bei uns malen sie den ganzen Frühling – – – und es ist kaum ein Blüthenzweig! / Peter Altenberg«. Original: Privatsammlung.

Seite 105: Peter Altenberg. Zeichnung von Ferry Bératon. Aus: Satyr. Griensteidliade. Mit Originalskizzen von F. Kaseline und F[erry] B[ératon]. In: Die vornehme Welt. Jg. 1. Nr. 5. 1. Febuar 1897. S. 88.

Seite 113: Fidus. Märzbirken. Aus der Münchener ›Jugend‹. Farbdruck mit Beschriftung von Peter Altenberg: »Klara, heilige 12=Jährige! / ›Ah, melde mir den Tag, die Nacht, da dich Natur zum Weibe macht – – –, auf daß ich Abschied nehme – – – von Deinen Göttlichkeiten!‹ / Peter Altenberg 1912«. Original: Wien Museum.

Seite 117: Titelseite. Wie ich es sehe. 1. Auflage. 1896. Original: Kent State University Library (Ohio).

Seite 119: Titelblatt der Wiener Rundschau. Titelblatt. Jg. 1. H. 1. 15. November 1896. Original: Privatsammlung.

Seite 123: Erste Seite der von Peter Altenberg gefertigten Abschrift eines Briefes von Gerhart Hauptmann. Original: Wienbibliothek im Rathaus.

Seite 175: Karl Schwetz. Altenberg a[n der] D[onau]. Postkarte der Wiener Werkstätte, Nr. 672. Um 1915. Original: Privatsammlung.

Editorische Nachbemerkung

Zur Textgestalt

Wenn nicht anders vermerkt, basieren die Brieftexte auf einem Konvolut von Abschriften, das sich in der Handschriftenabteilung der Wienbibliothek im Rathaus (Sammlung: M09H) befindet. Die Standorte der Originale der anderen Briefe werden jeweils angegeben. Die Abschriften, die zu einem Teilnachlass Altenbergs gehören, entstanden teilweise bereits in den 1920er Jahren und wurden als Vorlage für eine geplante Briefausgabe hergestellt. Streichungen werden nur dann berücksichtigt, wenn es sich eindeutig um Korrekturen handelt. Bereits bei den handschriftlichen Anmerkungen von Altenbergs Bruder Georg Engländer ist die Absicht zu beobachten, die Privatsphäre gewisser, damals noch lebender Personen zu schützen und problematische oder anstößige Inhalte zu unterdrücken. In einem Grossteil der Briefe an Annie Holitscher zum Beispiel, da diese Empfängerin noch lebte, wird die Adressatin zunächst als »Käthe« angegeben, aber in vielen Fällen gestrichen und mit »Ännie« oder »Annie« ersetzt. Offensichtliche Schreibfehler wurden stillschweigend verbessert.

Die teilweise vollständig, teilweise gekürzt abgedruckten Rezensionen von ›Wie ich es sehe‹ sind nach den Originaldrucken in Zeitungen und Zeitschriften wiedergegeben. Vorlage der anderen Dokumente waren, wo das möglich war, Handschriften und sonstige Originale.

Zu den Anmerkungen

Im Zusammenhang einer Auswahl von Briefen, die in erster Linie das Werden des Schriftstellers dokumentieren soll, bildet der Nachweis von literarischen Hinweisen, Anspielungen und Beziehungen im weitesten Sinne den Schwerpunkt der Erläuterungen. Aber gerade in der Frühphase von Peter Altenbergs literarischer Karriere ist es schwer zu trennen zwischen kulturellen und künstlerischen Belangen einerseits und Familienverhältnissen und Freundschaften andererseits. Aus bekannten Gründen ist die Quellenlage gerade für das jüdische Bürgertum Wiens, in dessen Kreisen vor allem er sich bewegte, lückenhaft. Obwohl es gelang, viele der erwähnten, Altenberg nahestehenden Verwandten, Freunde und Freundinnen zu identifizieren und deren Lebensdaten zu ermitteln, gab es auch Fälle genug, wo das nicht möglich war. Ohne die große Hilfsbereitschaft von Peter Michael Braunwarth, der »Wien 1900« vermutlich besser kennt als die Menschen, die damals dort gelebt haben, wären es viel weniger. Auf einige noch zu erläuternde Personen und Sachen wird mit »nicht ermittelt« hingewiesen.

Abkürzungen

AST	Arthur Schnitzler. ›Tagebuch 1893-1902‹. Hg. von Werner Welzig, Peter Michael Braunwarth et al. Wien 1989
B	B plus Zahl z.B. B 1 verweist auf Briefe dieser Edition.
BÖU	Baedekers ›Österreich-Ungarn‹. 24. Auflage. 1895
D	D plus Zahl z.B. D 100 verweist auf Dokumente dieser Edition.
DLA	Deutsches Literaturarchiv, Marbach am Neckar
NFP	Neue Freie Presse (Wien)
ÖTM	Österreichisches Theatermuseum, Wien
PAE	Peter Altenberg. Extracte des Lebens. Hg. von Heinz Lunzer und Victoria Lunzer-Talos. Salzburg-Wien-Frankfurt a. M. 2003
WBW	Wienbibliothek im Rathaus (Wien)
WS	Peter Altenberg: Wie ich es sehe. 1. Auflage. 1896

Anmerkungen

[1]

Aennchen Annie Holitscher (1864-1942), Tochter des Börsenmaklers Anton Holitscher und seiner Frau Charlotte Holitscher, geb. Arnstein, lernte Richard Engländer um 1884, vielleicht in Gmunden, kennen. Der früheste erhaltene Brief stammt aus dem Jahr 1885; er korrespondierte mit ihr, nach 1899 nur noch sporadisch, bis 1909. Vgl. PAE 38-43.

eine grosse blaue Note Vielleicht ein 10-Kronenschein, obwohl um diese Zeit auch die 20- und 50-Kronenscheine blau waren.

Fl Florin oder florin, eine Silbermünze der österreich-ungarischen Monarchie, die den Wert von zwei Kronen hatte.

Hermann Bahrs Vorlesung Der Schriftsteller und Kritiker Hermann Bahr (1863-1934) wurde nach 1890 zum unermüdlichen Förderer der Schriftsteller des Jungen Wien. Am 28. Februar 1892 schreibt Bahr an seinen Vater, dass er in der »nächsten Versammlung der ›Freien Bühne‹ [...] die ›Treue Adele‹ lesen und ein anderes Mal den Vortrag über ›Moderne Mystik‹ halten« soll. Vgl. Hermann Bahr: Briefwechsel mit seinem Vater. Hg. von Adalbert Schmidt. Wien: H. Bauer-Verlag 1971. S. 317.

im Central Café Central in der Herrengasse; das Kaffeehaus wurde später zeitweise die Postanschrift von Altenberg.

Schnitzler Arthur Schnitzler (1862-1931), der weder die Vorlesung von Bahr noch das Treffen im Café Central in seinem Tagebuch festgehalten hat.

Kafka Eduard Michael Kafka (1869-1893), Kritiker und Journalist. Als Herausgeber der Zeitschrift ›Die moderne Dichtung‹ und ›Die moderne Rundschau‹ spielt er ab 1890 eine wichtige Rolle bei den Anfängen des Jungen Wien.

Salten Felix Salten, eig. Siegfried Salzmann (1869-1945), Schriftsteller und Journalist. Salten, der eine erst vor kurzem wieder entdeckte Rezension von ›Wie ich es sehe‹ veröffentlichte (siehe den Hinweis unter den ›Bibliographien‹ in diesem Band), gehörte zum Kreis um Hofmannsthal und Schnitzler.

Korff Heinrich von Korff (1868-1938), Journalist, der an der Peripherie des Jung-Wiener Kreises Mitarbeiter u.a. von E. M. Kafkas ›Moderne Rundschau‹ war.

Loris Das wichtigste Pseudonym Hugo von Hofmannsthals (1874-1929), unter dem er seine frühesten Werke veröffentlichte.

Louis Louis oder Ludwig Schweinburg (1860-1930), ein junger Onkel Peter Altenbergs und das jüngste Kind seiner Großeltern Wolf und Fanny Schweinburg. In der Todesanzeige für die Mutter, die am 20. 8. 1890 in der NFP erschien, wird er unter den Söhnen noch als »Dr. Louis Schweinburg« aufgeführt; in späteren Anzeigen, z.B. die für den Bruder Max Schweinburg am 17. August 1900 in der NFP veröffentlichte, erscheint er als »Dr. Ludwig Schweinburg, Hof- und Gerichts-Advocat«. In einem Brief vom Januar 1893 an seine Schwester Gretl zeichnet Altenberg folgende Charakteristik von Louis: »Er ist ein Lebenskünstler. Er rechnet ausserordentlich genau. Er übersieht die ganze Situation und wägt alle Chancen ab. Er versucht mit grenzenloser Leidenschaft, sich in ein schönes, ideales Dasein zu tauchen, sich zu berauschen – – und wartet ab. Plötzlich merkt er, dass er nicht dafür geschaffen ist. Da resignirt er. Er ist kein Werther, kein Toggenburg. Er ist ein wilder, ungestümer Geniesser. Er fühlt: Ich bin da, ich singe, ich leide, ich liebe – ich breite alle Gaben meiner freundschaftlichen Seele vor Dir aus, ich berausche mich an dem glänzenden Strom meiner eigenen tiefen Menschlichkeiten – –. Aber plötzlich versiegt alles. Alles ist todt. Diese kindischen, rasenden Versuche, ein Weib zu gewinnen!? Womit denn eigentlich!? Das ist eine ganz andere Welt« (Abschrift in WBW). In Akten der Israelitischen Kultusgemeinde Wien wird die Todesursache von Ludwig Schweinburg als »Selbstmord durch Sturz in die Tiefe« angegeben.

[2]
einen Essay über Baumeister Solness Die erste deutsche Ausgabe des Stückes von Ibsen erschien 1893 bei S. Fischer Verlag. Arthur Schnitzler hat bereits vor dem 9. Januar 1893 Hugo von Hofmannsthal gebeten, eine »Arbeit Engländers« Alfred von Berger zu empfehlen, die er in einem Brief vom 11. Januar als »über Solneß« identifiziert. Friedrich Schik habe »das Ihnen übermittelte Ersuchen« an ihn gerichtet. Vgl. Hugo von Hofmannsthal, Arthur Schnitzler. Briefwechsel. Hg. v. Therese Nickl und Heinrich Schnitzler. Frankfurt a. M. 1964. S. 34. Wohl nicht identisch aber zweifellos verwandt mit diesem nicht erhaltenen »Essay« ist der Text ›Wahrheit‹, der in dem um 1894 zusammengestellten, aber erst postum veröffentlichten Werk ›Aus einem Skizzenbuch‹ enthalten ist. In dieser in keinem Buch Altenbergs gedruckten essayistischen Betrachtung, die von einem Zitat aus Ibsens ›Wildente‹ ausgeht, wird »eine *christliche* Wahrheit« der »unwahre[n] Wahrheit« der Figur Gregers Werle gegenübergestellt. Vgl. ›Aus einem Skizzenbuch‹. Five Unpublished Sketches by Peter Altenberg. Edited (with an introduction and notes) by Andrew Barker. In: Austrian Studies. Hg. von Edward Timms und Ritchie Robertson. Edinburgh 1990. S. 28-46.
Louis Louis Schweinburg
das heutige Feuilleton ›Henrik Ibsen's »Baumeister Solneß«‹ von Georg Brandes. In: NFP. 21. Januar 1893. S. 1-3.
in der neuen Fr[eien] Presse Die ›Neue Freie Presse‹, die führende liberale Zeitung der österreichisch-ungarischen Monarchie.
Redaktionssekretär Löwe Adolf Loewe (1835-1897)
die alte Presse ›Die Presse‹, die in diesen Jahren weniger bedeutende Vorgängerin der ›Neuen Freien Presse‹. Deren Chefredakteur war um diese Zeit Zacharias Konrad Lecher, der Vater von Altenbergs Jugendfreundin Bertha Lecher.
Schönaich Gustav Schönaich (1841-1906), Schriftsteller, Musikkritiker und Redakteur, der sowohl für ›Die Presse‹ wie auch für die ›Neue Freie Presse‹ und andere Wiener Zeitungen schrieb.
Schauflergasse Ein in den Briefen an Annie Holitscher öfters erwähnter Treff-

punkt; vielleicht das Café- & Milch-Salon Jesovits, das sich in der Schauflergasse befand. Siehe PAE 43.

[3]

Gretl Margarethe Engländer (1873-1942), die jüngere der beiden Schwestern
Altenbergs.

Charlotte Schweinb. Charlotte Schweinburg, geb. Weiss (1853-1923), die
mit Altenbergs Onkel Max Schweinburg verheirat war. Sie wurde am
25. April 1853 in Wien geboren und starb dort am 11. September 1923. Vgl.
die Todesanzeige in: NFP. 13. September 1923. S. 3.

Bunzl Vielleicht Bunzl von der Papierfabrik Bunzl & Biach, der mit anderen
prominenten Vertretern der Geschäftswelt (Mandl, Biach, Popper, Rappaport) einem Radfahrerklub angehörte, in dem auch Schnitzler und Hofmannsthal Mitglieder waren. Vgl. den Brief von Januar 1893 an Gretl Engländer, in dem Altenberg ihr wünscht, dass sie sich bei Bunzl gut amüsiere
(Abschrift WBW).

Pollak Fanny Schweinburg (1815-1890), Altenbergs Großmutter mütter-
licherseits, war eine geborene Pollak. Deren Bruder Ignaz Pollak wird in
der Todesanzeige vom 20. August 1890 in der NFP erwähnt.

Viktor Altenbergs Vetter Victor Engländer (1861-1935), der Sohn von Emrich
und Hermine (Minna) Engländer.

Gisela P. Gisela P[ollak]. Vgl. den Brief an Annie Holitscher vom 24. Dezember 1892, wo eine »Gisela P.« beschrieben wird: »in ihrer Art eine voll-
endete Individualität, wie eine im Innern an sich selbst festgekettete Orgie,
etwas vom jüdischen Bacchantenthum« (Abschrift WBW).

Leopold Gasser Eines von vielen Selbstmordmotiven in Altenbergs frühen
Briefen. Die 1862 in Wien gegründete Firma Leopold Gasser stellte Revol-
ver her.

Tanz-Essay Offenbar nicht erhalten. Vgl. den Zyklus ›Hausball‹, der in Nr. 8
vom 10. 3. 1896 der Zeitschrift ›Liebelei‹ erschien und damit zu den frühesten Publikationen Altenbergs gehörte. Als der Zyklus, der aus acht die
Wirkung des Tanzes auf junge Frauen schildernden Skizzen bestand, in die
erste Ausgabe von ›Ashantee‹ aufgenommen wurde, ließ Altenberg die
dritte Skizze ›Mylitta‹ weg, vielleicht, weil sie »zu unverhüllt programma-
tisch« war. Vgl. Peter Wagner. Peter Altenbergs Prosadichtung. Unter-
suchungen zur Thematik und Struktur des Frühwerks. Diss. Münster
1965. S. 15.

[4]

Maria Maria Engländer (1860-1912), Altenbergs Kusine. Vgl. Anm. 15.

Tanz-Essay Vgl. Anm. 3.

›Entwicklung‹ Dieser Essay, der früheste bisher bekannte Text von Peter Altenberg, wurde offenbar nie gedruckt.

[5]

Fels Friedrich Michael Fels, d. i. Friedrich Michael Mayer (1864-?), Schrift-

steller und Kritiker, Mitarbeiter der ›Modernen Rundschau‹ und anderer Zeitschriften, die mit den Anfängen des Jungen Wien verbunden waren.
I.B. Vielleicht der Fabrikant Isidor Bunzl (1862-1914); vgl. die Todesanzeige in NFP. 6.9.1914. S. 24.
Felix Dörrmann Felix Dörmann (1870-1928), Schriftsteller, der zum Jung-Wiener Kreis gehörte.
Hs. Vielleicht Heinrich und Cécile Héndlé, die mit Alice Franckel, einer Schwester von Altenbergs Schwager Isidor Mauthner, verwandt waren.
Ch. H. Wohl Charlotte Holitscher, geb. Arnstein (1839-1920), die Mutter von Annie und Helene Holitscher. Vgl. die Todesanzeige in: NFP. 4. 12. 1920. S. 14.
grün und weiss, wie die bayerischen Grenzpfähle Die bayerischen Grenzpfähle waren und sind blau-weiss.
›Firma Bakalowitsch und Söhne‹ Der Druck einer Skizze mit diesem Titel konnte nicht nachgewiesen werden. Altenberg spielt damit auf die Glaswarenhandlung E. Bakalowits Söhne an, »k. u. k. Hoflieferant«, dessen Geschäft noch heute sich im ersten Bezirk von Wien (1. Hoher Markt 5) befindet.
Stefanskeller Das damals von L. Schneider, dem Vater von Schnitzlers und Altenbergs Freundin Olga Waissnix, geführte Lokal befand sich am Stefansplatz 2 in Wien.
Wieninger In BÖU unter den Restaurants im 1. Bezirk aufgeführt: »*Wieninger*, Naglergasse 1, beim Graben (auch gute Weine)« (S. 4).
A.K. wohl Anna Knapp. In einem Brief vom 17. November 1892 an Gretl Engländer erwähnt Altenberg »meine holde Japanesin, Anna Knapp« (Abschrift WBW). Vgl. auch B 44 (30. 10. 1895). Eine Anna Knapp trifft Arthur Schnitzler in Ischl dreimal im Juli 1894. Schnitzler erwähnt ihre »Zeichnungen« und die Mitteilung von ihr, »daß die Fürstin Liechtenstein für Anatol schwärmt« (AST 81-82).

[6]
Central Café Central
Stefanskeller Vgl. Anm. 5
Griensteidl Das berühmte Café Griensteidl an der Ecke Schauflergasse und Herrengasse im ersten Wiener Bezirk.
Eld… Eldorado, vermutlich ein sogenanntes Hurenkaffeehaus
»Titz« Vielleicht ist die Wiener »Niederlage« der Leinwandfabrik Gebrüder Titz gemeint. Das Geschäft befand sich am Tiefen Graben im 1. Bezirk und war also mit E. Bakalowits Söhne durchaus vergleichbar.
›Bakalowitsch und Sohn‹ Vgl. Anm. 5.
›Schreiber und Neffen‹ Die Hauptniederlage der 1857 gegründeten Glasfabrik J. Schreiber & Neffen war an der Liechtensteinstrasse 22-24 im 9. Bezirk Alsergrund in Wien.
Lobmeyer Die Glas- und Porzellanhandlung J. & L. Lobmeyr, die sich seit 1823 in Wien in der Kärntnerstrasse befindet.
Lilli Lilly Pick? Vgl. den Brief vom 25. November 1892 an Annie Holitscher, wo ein »jour bei Pik« erwähnt wird, bei dem eine Lilli anwesend war (Ab-

schrift WBW); und eine Schauspielerin »Frl. Lili Pick« in einer Tage-
buchnotiz Arthur Schnitzlers am 2. 12. 1912 (AST S. 371). Vgl. den Brief
vom 24. Dezember 1892 an Annie Holitscher, wo Altenberg »das schöne
edle Griechentum der harmonisch organisirten Lilly« lobt und den Brief
vom 3. Januar 1893 an die elfjährige Lilly Pick (Abschriften WBW). In der
Friedhofsdatei der Israelitischen Kultusgemeinde Wien wird eine Lilly
Pick aufgeführt, die am 30.9.1917 gestorben ist.

[7]
I. B. nicht ermittelt; vgl. Anm. 5
Georg der Bruder Georg Engländer (1862-1927)
Lotte nicht ermittelt
›*eine uninteressante Persönlichkeit*‹ Eine Skizze mit diesem Titel ist nicht be-
kannt.
Fels Friedrich Michael Fels. Vgl. Anmerkung 5.
Kunstchronik Die von Wilhelm Lauser herausgegebene Wiener Zeitschrift
›Allgemeine Kunst-Chronik‹, bei der Felix Salten bereits 1891 Mitarbeiter
wurde.
»*Galytzin, geistige Epidemie*« Vielleicht eine Anspielung auf den religiösen
Lebenswandel von Amalia von Gallitzin, geb. von Schmettau (1748-1806),
die mit Diderot und Hamann befreundet war.

[8]
Reichenau Die Voralpenortschaft südlich von Wien war laut Baedeker eine
»beliebte Sommerfrische der Wiener« (BÖU 193). Altenberg erinnert sich
in seinem Buch ›Fechsung‹ (1915), dass er »die Jahre (Sommer) von 1869-
1880« dort verbracht habe.
im Geschäft Die »k. k. priviligierte Großhandlung H. Engländer & Söhne«
befand sich ab den 1880er Jahren im ersten Wiener Bezirk in der Zelinka-
gasse 1. Vgl. PAE 18-19.
Wiener Walzer, Puppenfee, Sonne und Erde ›Wiener Walzer. Illustrirt in 3
Bildern‹ von Louis Frappart und F. Gaul sowie die beiden von J. Haßreiter
und F. Gaul choreographierten Werke ›Die Puppenfee. Pantomimisches
Divertissement in 1. Akt‹ und ›Sonne und Erde. Ballett in 4. Bildern. Alle-
gorie‹ wurden am Sonntag, dem 30. Juli 1893, im K. k. Hofoperntheater
aufgeführt. Die Musik für alle drei Ballette wurde von Josef Bayer zusammengestellt oder komponiert.
Die alte Pagliero Die mit Altenberg gleichaltrige Camilla Pagliero (1859-
1925), seit 1879 am k.k. Hofoperntheater engagiert, trat in ›Wiener Walzer‹
und ›Sonne und Erde‹ auf.
Lucietta Balbo Lucia Anna Balbo (1866-1944) tanzte in allen drei Balletten.
Fräulein Haentjens Hedwig von Haentjens (1870-1928) tanzte die Puppenfee in
dem gleichnamigen Ballett und in einer der Nummern in ›Sonne und Erde‹.
Abel Katharina Abel (1856-1904)
Nini Vielleicht Nini Pollatschek, eine Sängerin, die in einem Brief an Gretl
Engländer von Mitte August 1893 erwähnt wird (Abschrift WBW). Schnitz-

ler notiert am 21. Dezember 1895 den Besuch eines Liederabends von ihr, nach dem er mit Peter Altenberg und anderen »soupirt« habe (AST 165). Nini Pollatschek und Max Pollandt waren Geschwister (vgl. Anm. 53); ihre Mutter war Pauline Pollatschek, geb. Mauthner. Vgl. Todesanzeige. NFP. 5. März 1900. S. 7.

Gmundner Zeitung Ob der Aphorismus in der ›Gmundner Zeitung‹ erschien, konnte nicht ermittelt werden.

[9]
Demel Wiener Konditorei und Kaffeehaus. Die noch heute berühmte »Hofzucker-Bäckerei« Ch. Demel's Söhne befindet sich im 1. Wiener Bezirk, Kohlmarkt 18.
H. Vielleicht Helene Holitscher (1866-?), die Schwester von Annie Holitscher, die 1897 Ignaz Sommer heiratete.
›Auf hoher See‹ Gemeint ist wohl August Strindbergs Roman ›An offener See‹, der 1893 bei Pierson in Dresden und Leizpig erschien. Der Roman wurde 1908 in einer neuen Übersetzung von Emil Schering unter dem Titel ›Am offenen Meer‹ bei Georg Müller in München wieder veröffentlicht.

[10]
Cinia's Geburtstag Nicht ermittelt. Vgl. den Brief vom Januar 1893, in dem »Cinia's wunderbare Hand« gewürdigt und ein »Abend […] mit Héndlé's« erwähnt wird.
Camilla Nicht ermittelt

[11]
Frau Popper und Kinder Helene Popper und ihre Töchter Alice (1883-1901) und Gusti. Die beiden Mädchen dürften als Modelle für die erste Skizze ›Neun und Elf‹ (WS 3-7) in ›Wie ich es sehe‹ gestanden haben. Siehe PAE 58-61. Vgl. folgende Stelle in einem Brief an Annie Holitscher vom 28. 10. 1893: »Ich erzählte die Idylle ›Popper‹. Mizi wurde nachdenklich und sagte am Ende in tiefem Mitleid: Ist es diesen Menschen nicht schrecklich leid, dass es Mädeln sind – – –?!! / Ich war so paff über diese unerhörte Suggestion von ›Isidor-Cretinismus‹, dass ich fast grob wurde. Nein, da hört sich alles auf. Die ist verloren! Verloren!« (Abschrift WBW); und die Todesanzeige von Alice Popper in der NFP vom 9. Februar 1901, wo Emil und Sidonie Pollak sowie Moriz und Adele Schweinburg als Onkel und Tanten aufgeführt werden.
›Garten-Kunst‹ Ein Text mit diesem Titel ist nicht bekannt.
M. Marie (Mizzi) Mauthner (1861-1938), Altenbergs ältere Schwester, die mit dem Sektionschef Dr. jur. Isidor Mauthner verheiratet war.
›Das Kindermädchen‹ Eine Skizze mit diesem Titel wird in WS (S. 69-71) aufgenommen.
I. Der Schwager Isidor Mauthner (1860-1940), dessen Mutter wie Charlotte Holitscher auch eine geborene Arnstein war. Auf diese Verwandtschaft spielt Altenberg in einigen Briefen an.

›Hedda Gabler‹ von Ibsen Die erste deutsche Ausgabe war 1891 bei S. Fischer
erschienen.

[12]

der Sklave Leo's und Paul's Wohl der Bruder Georg Engländer, vielleicht als
»Sklave« von Leo Schweinburg, einem Bruder von Pauline Engländer, und
Paul Schweinburg, dem Sohn von Gustav Schweinburg, einem anderen
Bruder von Pauline Engländer.

Mama und Gretl Die Mutter Pauline Engländer und die jüngere Schwester
Margarethe Engländer.

meinen Brief Der hier erwähnte Brief ist offenbar nicht erhalten.

Mizi die Schwester Marie Mauthner

Idylle gedruckt in WS 55-57

Musik gedruckt in WS 57

Gil blas illustré Ein Text mit diesem Titel ist nicht bekannt. Altenberg bezieht sich vermutlich auf die Pariser Wochenschrift ›Gil Blas. Hebdoma-
daire Illustré. Journal politique, litteraire et mondiale‹, die zwischen 1891
und 1903 erschien. Sie wurde größtenteils von Théophile Steinlen illu-
striert; Maupassant, Zola, Verlaine und andere haben literarische Beiträge
geliefert.

Der Mahnbrief Ein Text mit diesem Titel ist nicht bekannt.

Familienleben gedruckt in WS 108-115

Im Stadt-Garten gedruckt in WS 58-63

»Der Cid« – Herr Winkelmann gedruckt in WS 87-91

Nachtleben. (Nicht Nachtkaffé) Ein Text mit dem Titel ›Nachtleben‹ ist
nicht bekannt; eine Skizze mit dem Titel ›Nacht-Café‹ ist in WS 141-142
gedruckt.

Im ›Familienleben‹ Das Zitat montiert zwei Passagen, die sich in dem ersten
Druck der Skizze in WS 113-114 befinden, und zwar in leicht verändertem
Wortlaut. Vgl. den Druck von ›Familienleben‹ in diesem Band (D 86).

[13]

M. Klein nicht ermittelt

Strizzi's »Strizzi« (vom ital. strizzare, auspressen) ist ein wienerischer Ausdruck für Zuhälter.

Atem wie süsse Mandeln Diese Wendung und andere Details der hier geschilderten Begegnung weist sie als autobiographische Vorlage für die
Skizze ›Die Primitive‹ aus, die in WS 121-129 gedruckt wurde.

Ernst Schweinburg Ein Vetter (1872-1893) von Peter Altenberg, der Sohn
von Gustav und Thekla Schweinburg. Siehe die Todesanzeige für Ernst
Schweinburg, »welcher am 26. November 1893 im 21. Lebensjahre nach
langem schwerem Leiden in Ischl sanft verschieden ist«. In: NFP. 29. 11.
1893. S. 18. Die Todesanzeige führt Olga und Paul Schweinburg als Geschwister auf.

[14]
Lamber nicht ermittelt
Jakobine Jakobine Brandeis, geb. Schweinburg (1850-1894), eine Schwester von Altenbergs Mutter. Vgl. die Todesanzeige in: NFP. 24. Juli 1894. Abendblatt. S. 4.
Berthold Nicht ermittelt. Vielleicht Berthold Weiss. Vgl. Anm. 20.
Georg Georg Engländer
Leo Leo Schweinburg
›Baissa flor‹ Der Text ›Besa flor‹, »Einer edlen Verstorbenen, Madame J. Brandeis gewidmet« wurde in WS 185-90 gedruckt.
Helene Helene Holitscher

[15]
Die schwarze Mizi [...] Advokat Ullmann Altenbergs Kusine Maria (Mizi) Engländer heiratete den Rechtsanwalt Dr. Julius Ullmann (1852-1937) am 6. Mai 1894.
›Das verrufene Haus‹ Eine Skizze mit diesem Titel ist nicht bekannt.
Geburtstag Altenberg hatte am 9. März Geburtstag.
Riedhof Restaurant im 8. Wiener Bezirk, Wickenburggasse 15. Sehr gerne von Ärzten des nahe gelegenen Allgemeinen Krankenhauses frequentiert. Das Lokal kommt in Schnitzlers ›Reigen‹ (1896-1897) vor.
Louis Louis Schweinburg
Georg Georg Engländer
Pagliacci Oper (1892) von Ruggero Leoncavallo
Vater der Sandrock's Eduard Sandrock (1834-1897), Vater der Schauspielerinnen Adele und Wilhelmine Sandock und des Malers und Schriftstellers Christoph Sandrock.

[16]
›Wie wunderbar – –!‹ gedruckt in WS 215-217
›Die Zuckerfabrik‹ gedruckt in WS 47-52
Hermann Bahr schrieb mir Diese Mitteilung ist, wie fast alle Briefe an Altenberg, nicht erhalten.
Don Juan gedruckt in WS 53-56
Georg Georg Engländer
Riedhof Vgl. Anm. 15.
M. K. nicht ermittelt

[17]
Original: Arthur Schnitzler Papers, University Library Cambridge. – In der Handschrift von Schnitzler steht folgendes Datum auf dem Briefmanuskript: »Anf[ang] Juli 94«. Er hat den Titel ›See-Ufer‹ mit Rotstift unterstrichen.
eine Skizze ›See-Ufer‹ Es hat sich kein Einzeltext mit diesem Titel erhalten, aber die erste Skizzenreihe in WS 1-43 heißt so. Die früheste erhaltene Mitteilung Altenbergs an Schnitzler ist ein Kondolenzbrief zum Tod von dessen am 2. Mai 1893 verstorbenem Vater.

[18]

Original: Bayerische Staatsbibliothek München

Ihr wunderschöner Brief Schnitzlers Brief ist nicht erhalten. Vgl. Altenbergs Brief vom 12. Juli 1894 an Annie Holitscher (Abschrift WBW): »Arthur S[chnitzler] mir wunderschön geschrieben. Ich heute geantwortet. Auch nicht ganz schlecht.«

meine Sachen Diese Worte unterstrich Schnitzler mit Rotstift.

Welten-Spiegel Durchgestrichen, aber deutlich zu lesen ist die Variante »Weltspiegel«

[19]

Original: Houghton Library, Harvard University, Sig. bMS Ger 183 (9)

[Sommer 1894] datiert nach der Erwähnung von ›See-Ufer‹

Lieber Freund Altenberg erwähnt Beer-Hofmann bereits am 17. November 1892 in Briefen an die Schwester Gretl und an Annie Holitscher. Am 9. September 1894 berichtet er Annie Holitscher, dass er »50 fl. von Beer-Hofmann ausgeborgt« habe (Abschrift WBW).

mein ›See-Ufer‹ Möglicherweise bezieht sich Altenberg in diesem Fall auf eine frühe Fassung der Skizzenreihe gleichen Titels, die später in WS gedruckt wurde.

[20]

Hilda und Rudolf nicht ermittelt

Frau Schwab nicht ermittelt

Nathan den Weisen Das »dramatische Gedicht« von G. E. Lessing ›Nathan der Weise‹ (1779)

Ella Engl, Tochter des Salonblatt Moriz Paul Engel (1846-1897) war seit 1870 Herausgeber des ›Wiener Salonblatt‹; Mizzi Koritschoner und Ella Engel waren seine beiden Töchter.

Haus Lecher Bezieht sich auf die Familie von Zacharias Konrad und Luise Lecher, die in Wien und in Altenberg an der Donau wohnten. Richard Engländer bezog seinen Schriftstellernamen von dem Ort und von der jüngsten Tochter der Familie, Bertha, die ihre Brüder »Peter« gerufen haben.

Röschen Gaigg Nicht ermittelt. Vgl. die Beschreibung der gleichen jungen Frau in einem Brief an Victor Engländer: »Dann ist eine Bauernfamilie mit einem Haideröslein ›Röschen‹. Denke Dir, unsere Gretl, nur viel schöner, mit rothblonden Haaren und einer Stimme wie ein Waldvöglein. Sie singt mir Abend vor und soupirt schwarzes Brod. Sie hat nackte weisse Füsse. / Sie möchte nach Wien als Stubenmädchen. Sie ist fröhlich und sanft« (Abschrift WBW).

Charlotte Glas Charlotte Glas (1873-1943), sozialistische Journalistin und Rednerin, die sowohl mit dem Kreis um Altenberg als auch mit Schnitzler und seinen Freunden bekannt war. Sie war später mit dem sozialdemokratischen Redakteur und Diplomaten Otto Pohl verheiratet. Zwischen 1894 und 1896 hatte sie ein Verhältnis mit Felix Salten. In seinem Tagebuch hält Schnitzler einen gemeinsamen Besuch des Varieté Ronacher am 8. Juni

1895 mit Salten, Glas und Altenberg fest. Lotte Glas war auch mit der Familie von Karl Kraus befreundet. Eine Postkarte, die Jacob Kraus seinem Sohn am 9. 6. 1898 aus dem Böhmerwald schickte, enthält einen Gruß von ihr (WBW I.N. 174.682). In der Skizze ›Sommer-Abend‹ (WS 149-151) führt sie als »die Genossin Charlotte« ein kritisches Gespräch mit Altenbergs Alter Ego Königsberg. Altenberg porträtierte sie wieder – diesmal im positiven Gegensatz zu den Jung-Wiener Dichtern – in der satirischen Skizze ›Unsere jungen Leute III. »Lucifer, die neue Zeitschrift«‹ als »eine junge rothblonde Dame, welche eine angenehme Verbindung vorstellte von Lassale [!] und Madame de Staël«. In: Jugend. Jg. 2. Nr. 44. 30. Oktober 1897. S. 750.

Berthold Weiss Vielleicht ein Vetter oder Onkel. Altenbergs Tante Charlotte Schweinburg, die mit dem Onkel Max Schweinburg verheiratet war, war eine geborene Weiss.

Isidor wohl Isidor Mauthner

[21]

Nini vielleicht Nini Pollatschek (vgl. Anm. 8)

Prillinger eine Restauration in der Nähe von Gmunden (vgl. BÖU 107)

Helene Michalek Die Tochter (1884-1962) des Malers Ludwig Michalek (1859-1942), der für seine Porträts von Brahms bekannt war.

Liserl nicht ermittelt

Cumberland-Thee mit der Herzogskrone Eine Teemischung, die vermutlich auf den Gmundener Schlossherrn anspielt.

im Schiff der Gasthof »Goldenes Schiff« am Rathausplatz in Gmunden

»Brunnen« der Gasthof »Goldener Brunnen« in Gmunden, Traungasse 10

Haas und Lang Vielleicht der Marionettentheater-Besitzer Johann Haas (1857?-1934). Lang: nicht ermittelt

Gold-Maschantzker Eine österreichische Apfelsorte. Es gibt auch einen Steirischen und einen Tiroler Maschantzker.

Helene, Mama Die Schwester Helene Holitscher und die Mutter Charlotte Holitscher.

[22]

Helene Holitscher Die erhaltenen Briefe Altenbergs an die Schwester von Annie Holitscher stammen aus den Jahren 1894-1896. Vgl. Anm. 9.

Hoisen Unter den Restaurationen, die bei Spaziergängen »in der Nähe« von Gmunden empfohlen werden, ist das »70 Min.« entfernte Hoisengut (BÖU 107).

Steinhaus vermutlich eine weitere Restauration

Lisi und Marie nicht ermittelt

›Madame Chrisanthême‹ ›Madame Chrysanthème‹, der populäre Roman von Pierre Loti (1850-1923), erschien zuerst 1888 in Paris.

[23]

Helena Michaleka Helene Michalek; vgl. Anm. 21.

Madame Oppolzeria Wohl Cölestine von Oppolzer (1845-1923), geb. Mautner von Markhof, die Gattin des Mathematikers Theodor Ritter von Oppolzer, deren Name hier humoristisch variiert wird. Die Tochter Sylvia
erwähnt Altenberg in einem Brief vom 11. 2. 1892 (Abschrift WBW).
»Julie« nicht ermittelt
Herr Püringer Nicht ermittelt. Der Name Pühringer kommt auch heute in
Gmunden vor.
Fischilltochter Nicht ermittelt. Es gibt mehrere Einträge zu Fischills Erben
im Häuserverzeichnis von Gmunden 1890 und 1899.
›Erloschenes Licht‹ Vgl. Anm. 24.
kämme die Sechser Die »Sechser« gelten als die wertlosesten Münzen; Sech-
ser kämmen heißt so viel wie nach den letzten Münzen graben.
N. und L. wohl Nini Pollatschek und Louis Schweinburg

[24]
Händler's nicht ermittelt
›la bête humaine‹ Der Roman von Zola erschien 1890.
›erloschenes Licht‹ Der 1890 erschienene Roman ›The Light That Failed‹ von
Rudyard Kipling (1865-1936) wurde unter dem Titel ›Erloschenes Licht‹
1894 von der Deutschen Verlags-Anstalt (Stuttgart, Leipzig, Berlin, Wien)
veröffentlicht.
unterm Stein wohl der Ort Unterm Stein südlich von Gmunden am Ostufer
des Traunsees

[25]
C. vielleicht Charlotte Holitscher
H. vielleicht Helene Holitscher
das Böhmische Streichquartett Ein Konzert des 1891 gegründeten, später
weltberühmten Streichquartetts, das um diese Zeit aus Carl Hoffmann, Jo-
seph Suk, Oscar Nedbal (1874-1930) und Hans Wihan bestand.
Hermann Bahr [...] einen Vortrag Siehe die Ankündigung des Vortrags in:
NFP. 13. 3. 1895. S. 7: »Verein der Literaturfreunde, Lese-Abend. Programm:
Herr Hermann *Bahr*: ›Das junge Oesterreich‹«. In einer Besprechung am
folgenden Tag wird Bahr als »der reich begabte, aber auch ebenso sophisti-
sche und nur äußerlich blendende Kritiker der ›Moderne‹« bezeichnet.
Skeptisch wird seine Behauptung berichtet, dass man in Österreich auf den
»Weg der wahren, großen, classischen Kunst gelangt« sei und dass dessen
Vertreter in Wien »Hugo von Hoffmannsthal [!] und Leopold Andrian« sei-
en. »Des Letzteren erster Roman: ›Der Garten der Erkenntniß‹ gelangte am
heutigen Tage in Berlin zur Ausgabe. Mit einer ausführlichen Betrachtung
dieses demnächst zweifellos zu ›europäischem‹ Rufe gelangendes Buches
schloß Bahr seine Vorlesung. Doch wirkten die vorgelesenen Proben aus
dem Roman nicht enthusiasmirend« (NFP. 14. 3. 1895. S. 5).
Baron A Leopold Freiherr Ferdinand von Andrian zu Werburg (1875-1951),
Schriftsteller und Diplomat.
Andrian Loris' Spezi u. gedruckt Altenberg spielt hier vermutlich nicht nur

auf die Freundschaft von Andrian und Hofmannsthal sondern auch darauf an, dass Gedichte Andrians bereits 1894 in Stefan Georges ›Blätter für die Kunst‹ erschienen waren.

Griensteidl-Gesellschaft Das Café Griensteidl war bis zu seinem Abriß im Januar 1897 bekannt als Treffpunkt für die Dichter des Jungen Wien und ihre Anhänger.

[26]
Original: WBW I.N.160.451

den Damen Ihrer Familie Neben der jüngsten Schwester Marie Kraus könnte es sich um die beiden verheirateten Schwestern Emma Fridetzko (1860-1942), Louise Drey (1863-1942) und Malvine Weingarten (1865-nach 1940 in USA) sowie um die Gattinen seiner Brüder Richard und Josef gehandelt haben: Rachelle Kraus (1868-1937) und Sophie Kraus (1874-nach 1941).
ihre jüngste Schwester Marie (Mizzi) Kraus (1875-1933), die Lieblingsschwester von Karl Kraus, die 1901 Gustav Turnovsky heiratete. Altenberg hat ihr später das Manuskript einer ihr gewidmeten Prosaskizze geschenkt (Siehe Abbildung auf S. 35).
S. F. Der Verleger Samuel Fischer. Altenberg bezieht sich hier und in den nächsten beiden Briefen auf Kraus' Bemühungen um den Druck von ›Wie ich es sehe‹. In der von Dierk Rodewald und Corinna Fiedler herausgegebenen Ausgabe ›Briefwechsel mit Autoren‹ (Frankfurt a. M. 1989) heißt es: »Das Manuskript war von Karl Kraus im Sommer 1895 an S. Fischer geschickt worden« (S. 964).

[27]
Original: WBW I.N.160.446
ihre Schwestern Marie Kraus, Emma Fridetzko, Louise Drey und Malvine Weingarten. Vgl. Anm. 26.

[28]
Original: WBW I.N.160.443
die liebliche Kuh Nicht ermittelt. Obwohl sich Altenberg hier eines (unglücklichen) Bilds für Kraus' Freundin zu bedienen scheint, könnte es sich auch um eine Frau namens Kuh handeln.
Charlotte Glas Vgl. Anm. 20.
Strauß Wohl Rudolf Strauß (1874-1943), Journalist, Mitbegründer und Redakteur sowohl der kurzlebigen Zeitschrift ›Liebelei‹, in der im Januar 1896 Altenbergs erste Publikation, die Skizze ›Locale Chronik‹, gedruckt wurde, als auch der ›Wiener Rundschau‹.
Salten Bezieht sich wohl auf Rachegefühle gegenüber dem Journalisten und Schriftsteller Felix Salten (1869-1945), mit dem Kraus von 1892 bis 1895 freundschaftlich verbunden war, aber gegen den er später eine andauernde Polemik in der ›Fackel‹ führte. Der Bruch mit Salten könnte kurz zuvor,

also im Sommer 1895 erfolgt sein. Der letzte erhaltene Brief von Kraus an Salten wurde am 12. 12. 1894 geschrieben.

[29]
Original: Schnitzler Papers, University Library, Cambridge
Gmunden 30/7 95 Oben in der Handschrift von Arthur Schnitler
in Ihrer Angelegenheit Bezieht sich vielleicht auf Schnitzlers Bitte um eine Lieferung von Zigaretten. Vgl. Brief Nr. 34 und Altenbergs Brief an den Vetter Victor Engländer: »Wäre es möglich, bis Sonntag nach Ischl, Rudolfshöhe an Arthur Schnitzler 500 kleine à 4 fl. zu senden?! Er hat mich dringendst ersucht« (Abschrift WBW).
kommen Sie doch herüber »kommen Sie« von Schnitzler mit Stift unterstrichen. Schnitzler kam am 15. Juli in Ischl an, scheint aber erst am 31. Juli mit seinem Schwager Markus Hajek nach Gmunden gefahren zu sein. Vgl. AST 147.

[30]
Original: WBW I.N.160.411
herüber Von Ischl, wo die Familie Kraus eine Villa besaß.
Alfred Gold Gold (1874-1958) war österreichischer Journalist und Redakteur der Wiener Zeitschrift ›Die Zeit‹, mit dem Altenberg 1898 über Rezensionen und andere Beiträge korrespondierte.
»Kantharidin« Spanische Fliege, hier im Sinne von erotischem Stimulans
Mimi Ghittis Mit großer Wahrscheinlichkeit die Tochter von Simon Ghittis, Börsebesucher, VII., Sigmundsgasse 3, Wien. Vgl. »Frau Therese Franckel, Private aus Wien, Frl. Marie Ghittis, dann Frau Louise Auspitz, Kaufmannswitwe, und zwei Personen Dienerschaft«. Gmunden. Curliste (11. 7. 94). Vielleicht mit Maria Ghittis (geb. 6. 3. 1875) identisch, die in der Datenbank der Shoah-Opfer des Dokumentationsarchivs des österreichischen Widerstands aufgeführt wird.
Ihre blonde Kuh Vgl. Anm. 28.
ihrer Schwester, der jüngsten Vgl. Anm. 26

[31]
Original: ÖTM Sig. A17368BaM
»Ewig-Weibliches« ›Das Ewig-Weibliche‹ erschien in: ›Die Zeit‹. Bd. IV. Nr. 43. 27. Juli 1895. S. 58-59.
in einer meiner Sachen nicht ermittelt
»Mänhardt« Emil Mänhardt betrieb eine Buchhandlung und einen Verlag in Gmunden, Rathausplatz.
»Wiegand« Gmundener Restaurant und Kaffeehaus

[32]
Original: ÖTM Sig. A17369BaM
vom Einfluss japanischer Malerei auf die Litteratur nicht ermittelt

»*das Musikalische wird kommen* – – –.« Vgl. Bahrs Beschreibung der Wirkung der Prosa in einer Erzählung Georg von Omptedas: »Es wirkt wie ein stilles Lied, wie leises Flüstern auf der Geige, und läßt uns in's Weite träumen. Ich habe nie eine so nichts als musikalische Prosa gelesen.« In: Die Zeit. Bd. 1. Nr. 9. 1. Dezember 1894. S. 136.

meine Skizzen [...] an S. Fischer Es gibt keine Indizien dafür, dass Bahr Altenbergs Bitte nachgekommen ist.

[33]

Ebenzweier Ort, Schloß, Gutsbetrieb und Park am Ufer des Traunsees südlich von Gmunden

Verwalter Kwais nicht ermittelt

M. Narbeshuber und Frau Max Narbeshuber und seine Frau; vielleicht die Eltern von dem in Gmunden geborenen Schriftsteller Maximilian Narbeshuber (1896-1963). Um diese Zeit war ein Max Narbeshuber Inhaber einer »Specereiwaaren-Handlung« am Marktplatz 14 in Gmunden.

Sekretär Wein und Frau Ein Sekretär des Herzogs von Cumberland und seine Frau. Näheres nicht ermittelt.

N. vermutlich Narbeshuber

Marienbrücke Brücke über die Traun im Norden der Stadt Gmunden; auch Ortsteil und Gasthaus

Die zwei Mädchen Breuer Vielleicht Margarethe (geb. 1876) und Dora (geb. 1882), die beiden jüngeren Töchter des Wiener Arztes Josef Breuer und seiner Frau Mathilde, die in Gmunden eine Villa besaßen.

Schnarf Josef Schnarf, Kaufmann, Wien I., Naglergasse 26

Probedruck von ›Wie ich sehe‹

Skizzen-Reihen ›Frau Bankdirektor‹ und ›Revolutionär‹ ›Frau Bankdirektor von H.‹ (WS 65-93); ›Revolutionär‹ (WS 94-158).

Nini wohl Nini Pollatschek (vgl. Anm. 8)

Degrassi Giovanni Degrassi, Seefisch- und Conservenhdl., Wien I., Himmelpfortgasse 4

›Liebelei‹? ›Ein Regentag‹ Anspielung auf Dramentitel von Schnitzler und J. J. David. Altenberg fragt offenbar nach Annie Holitschers Eindrücken von den beiden Stücken. Die Erstaufführung von ›Liebelei‹ fand am 9. Oktober im Burgtheater, die Premiere von ›Ein Regentag‹ im Deutschen Volkstheater am 12. Oktober statt. Siehe die freundliche, aber ambivalente Rezension des letzteren in: NFP. 13. Oktober 1895. S. 7.

[34]

Original: University Library, Cambridge. Das Briefmanuskript trägt oben in der Handschrift von Schnitzler das Datum »Oct. 95«.

Ihrem Erfolge Über die Uraufführung von *Liebelei* vermerkt Schnitzler am 10. Oktober im Tagebuch: »Kritiken, sehr verschieden; Speidel (N. Fr. Pr.) und Kalbeck (N. Wr. Tgbl.) glänzend. –«; am 11. Oktober »Viele Feuilletons, Kalbeck und Hevesi glänzend, Granichstädten (Presse) schimpft,

Reichspost (antisem.!) lobt! – Deutsche Zeitg. und Vaterland nicht arg.«
(AST 157).

>en route‹ von Huysmans Der Roman war erst im Februar 1895 bei Tresse et
Stock in Paris erschienen.

C[igaretten] Das Wort ist in Bleistift von anderer Hand ergänzt worden.

Goldener Brunnen Siehe Anm. 21.

[35]

dem guten Stück Schnitzlers ›Liebelei‹

Sordine ital. für »Dämpfer«

Emerson Ralph Waldo Emerson (1803-1882), amerikanischer Dichter, Philo-
soph und Essayist, an dessen »Transzendentalismus« Altenberg hier wohl
denkt.

›einsame Menschen‹ Das Stück von Gerhart Hauptmann hatte seine Uraufführung 1891 an der Freien Bühne in Berlin und erschien im gleichen Jahr
bei S. Fischer.

›Hedda Gabler‹ Das Drama von Ibsen. Siehe Anm. 11.

»Alpen-Pflanzen Welt« Nicht ermittelt. Möglicherweise meint Altenberg
eines der vielen Sachbücher über Alpenflora, z.B. das weitverbreitete Werk
›Die Alpenpflanzen nach der Natur gemalt von Jos. Seboth, mit Text von
Ferdinand Graf und einer Einleitung zur Cultur der Alpenpflanzen von
Joh. Petrasch‹. 4 Bde. Prag: F. Tempsky 1879-1884.

St. Bernhard sagt Diese im Original etwas anders lautende Stelle stammt aus
Huysmans' ›En route‹: »les forêts vous instruiront mieux sur votre âme
que les livres, ›aliquid amplius invenies in sylvis quam in libris,‹, a écrit
saint Bernard«. In: J.-K. Huysmans. En route. Neuvième Édition. Paris:
Tresse & Stock 1895. S. 193.

Natter Siegfried Der Sohn des Bildhauers Heinrich Natter (1844-1892), in
dessen Haus in Gmunden J. J. David verkehrte.

Siewer-Roith recte Sieberroith, südöstl. von Gmunden, Ausflugsziel mit Restaurant

ein Buch seines Vaters Heinrich Natter war auch Schriftsteller. Vielleicht
handelt es sich um die postum erschienene Sammlung ›Kleine Schriften.
Mit einem Vorwort von Ludwig Speidel‹. Innsbruck 1893.

›Gmundner Typen‹ Ein Text mit diesem Titel erschien nicht in WS und ist
auch sonst nicht bekannt.

Hof-Laquai Cumberlandts Nicht ermittelt. Ernst August II. von Hannover,
Prinz von Großbritannien und Irland, 3. Herzog von Cumberland (1845-
1923) lebte seit 1866 im Exil in Gmunden.

meiner Prognose Lisa's[...] der Frankl's Lisa Frankl. Vielleicht Lisa Franckel,
Tochter von Alice Franckel. Vgl. Todesanzeige von Therese Franckel, geb.
Porges. In: NFP. 20. 7. 1901. S. 15.

Alice Vielleicht Alice Franckel, Schwiegertochter von Therese Franckel; vgl.
Anm. 5 und 40.

Sandrock und Sonnenthal Adele Sandrock (1863-1937) und Adolf von Sonnenthal (1834-1909), zwei Größen der Wiener Bühne dieser Zeit, traten in
der Uraufführung von ›Liebelei‹ auf.

[36]

bei N. bei Narbeshubers

Der junge Bildhauer Untersberger Wohl der Bildhauer und Maler Josef Untersberger (1864-1933) aus Gmunden. Untersberger, der an der Akademie der Künste in Wien Bildhauerei studierte, wurde in den 1920er Jahren unter dem Namen »Giovanni« für sein viel reproduziertes Gemälde ›Christus am Ölberg‹ und andere Darstellungen religiöser Motive bekannt.

[37]

»ein Regentag« ohne »Liebelei« ein Wetter- und Gemütsbericht mit Anspielungen auf auf die gleichnamigen Stücke von J. J. David und Schnitzler

bei N. vermutlich Narbeshubers

›Eine kleine Soiré‹ Ein Text mit diesem Titel ist nicht bekannt, aber Altenberg hat darin offenbar die Erlebnisse des in B 36 geschilderten Abends verarbeitet.

Rosa Gaigg Vgl. Anm. 20.

»Hutschen« ugs. österr. und bayr. für »Schaukel«. Vgl. Anm. 39.

Ramsau Landgasthof Ramsau am Ostufer des Traunsees, gehört heute zu Gmunden.

im Salettl ital. für »Pavillon«, »Laube«, »Gartenhäuschen«

Max Narbeshuber war Beistand Trauzeuge. Vgl. Anm. 33.

Adelsmann (Stadt Gmunden) Gasthof in Gmunden

Willner Vielleicht der Journalist, Schriftsteller und Librettist Alfred Maria Willner (1859-1929). Vgl. den Eintrag vom 23. April 1896 in Schnitzlers Tagebuch (AST 186).

›Die jungen Bürgers-Frauen‹ Kein Text mit diesem Titel wurde in WS gedruckt.

L. u. C. Hardtmuth Mathilde Edle von Hardtmuth, deren Mann der Chef der Geschirr- und Bleistiftfabrik L. & C. Hardtmuth Franz Edler von Hardtmuth und um diese Zeit noch am Leben war. Er starb am 25. Juli 1896 im 66. Lebensjahr (vgl. NFP. 28. Juli 1896. S. 14). Der später von Altenberg erwähnte Sohn, der »junge Hardtmuth«, hieß auch Franz Edler von Hardtmuth. Siehe B 76.

Gesellschaft »Ruston« Bezieht sich vielleicht auf Gesellschafter oder Mitarbeiter des Schiffsbauunternehmens Ruston, das Dampfschiffe für den Traunsee baute.

Sarah Bernhard d.i. Sarah Bernhardt, die berühmte französische Schauspielerin (1844-1923)

Duse die berühmte italienische Schauspielerin Eleonora Duse (1858-1924), die oft mit der Bernhardt verglichen wurde.

Mitterwurzer Der in Dresden geborene Schauspieler Friedrich Mitterwurzer (1844-1897), der am Burgtheater in Wien große Erfolge feierte.

[38]

Original: Sammlung Werner J. Schweiger, Wien

Nachtragsskizze vielleicht die in B 36 erwähnte Skizze ›Die jungen Bürgers-Frauen‹

>Oktober< Der Titel ist zweimal unterstrichen. In der Reihe >See-Ufer< gibt es keine Skizze mit diesem Titel, aber die letzten drei Skizzen darin – >Es geht zu Ende<, >Herbstabend< und >At home< (WS 39-43) – enthalten alle Herbst- und Abschiedsmotive. In der abschließenden Skizze >At home< wird zusätzlich von der »Oktobersonne« (40) und von »Oktoberluft« (41-42) erzählt.

die nachträglichen Skizzen Altenberg erwähnt »Nachtrag-Skizzen« zu diesen beiden »Reihen« in dem Brief vom 8. 10. 1895 (B 33).

[39]
der Schönberg Der imposante Schönberg, 2093 m, den man von Gmunden aus am Südende des Traunsees sehen kann.

Frau Streicher nicht ermittelt

>Unsere jungen Leute< Diese Skizze wurde in WS 233-240 abgedruckt. In der Münchner Wochenschrift >Jugend< veröffentlichte Altenberg 1897 drei satirische Skizzen unter diesem Titel: >Unsere jungen Leute I. »Die Schlacht«< (2. Jg. Nr. 40. 2. Oktober. S. 670); >Unsere jungen Leute II. »Café«< (2. Jg. Nr. 43. Oktober 23. S. 734f.); und >Unsere jungen Leute III. >Lucifer, die neue Zeitschrift«< (2. Jg. Nr. 44. 30. Oktober. S. 750). Der dritte der in der >Jugend< veröffentlichte Texte wurde unter dem Titel >Luci-fer, Licht-Bringer< in die 1901 erschienene Erstausgabe von >Was der Tag mir zuträgt< (S. 227-230) aufgenommen.

>Wie diese Sachen sind< Ein Text mit diesem Titel ist nicht bekannt.

Bret Harte Amerikanischer Schriftsteller Francis Brett Harte (1836-1902), der als realistischer Erzähler gilt.

>Ein letzter Brief< Erschien als Teil der Skizzenreihe >Revolutionär< in WS 135-38.

>Hutschen< Diese Skizze wurde am 1. Februar 1896 in der Zeitschrift >Liebelei< gedruckt (S. 74). Unter dem Titel >Die Mädchen< wurde sie erst in der zweiten Auflage von >Wie ich es sehe< (1898) nachgedruckt. Der Erstdruck >Hutschen< darf als die zweite Publikation von Altenberg überhaupt und als die erste gelten, die er unter seinem vollen Schriftstellernamen »Peter Altenberg« veröffentlichte; als Autor von >Locale Chronik<, die im >Liebelei<-Heft vom 21. Januar 1896 erschien, signierte er bloß als »P.A.« (S. 51).

>automne d'une femme< >L'Automne d'une femme< (1893), Roman von Marcel Prévost (1862-1941)

>Wie einst im Mai< Diese Skizze erschien zuerst in der Zeitschrift >Liebelei<. Nr. 6. 20. Februar 1896. S. 120. Sie wurde mit folgendem Nachsatz in die Erstausgabe von >Was der Tag mir zuträgt< (1901) aufgenommen: »Sehen Sie, P A, diese Studie verstehe *selbst ich* nicht mehr« sagte Jeder zu mir. »Was hatten sie sich denn zu sagen?!?« / »Dass sie sich nichts zu sagen haben!« (S. 86).

Ball-Nacht Ein Text mit diesem Titel ist nicht bekannt.

>La vie< Ein Text mit diesem Titel, der in der zweiten Auflage von >Was der Tag mir zuträgt< (1902) gedruckt wurde (S. 272), hat keinen Bezug zu >Wie einst im Mai<.

Bahr über Schnitzler In dem Artikel ›Burgtheater‹ berichtet Bahr über die Aufführung von ›Liebelei‹ am 9. Oktober 1895. In: Die Zeit. Bd. 5. Nr. 54. 12. Oktober 1895. S. 27f.

einen Liebesbrief Dieser Brief fehlt unter den an Bahr erhaltenen.

[40]

Betti Balinger nicht ermittelt

Lambrequins wohl besonders kostbar ausgeführte Gardinen

über Schnitzler Bahrs Kommentar zu ›Liebelei‹. Vgl. Anm. 39.

Mitterwurzer als König Philipp Unter der Rubrik ›Kunst und Leben‹ bespricht Hermann Bahr die Aufführung im Burgtheater von Schillers ›Don Carlos‹ und widmet dem Spiel von Friedrich Mitterwurzer einen langen positiven Absatz. In: Die Zeit. Bd. 5. Nr. 54. 12. Oktober 1895. S. 29.

zusammenwuzeln wuzeln = österr. für drehen oder rollen, hier im Sinne von sich zusammendrängen.

Alice Frankl Vielleicht Alice Franckel. Vgl. Anm. 35.

Ella Tennenbaum nicht ermittelt

Alice Friede nicht ermittelt

›une Femme est un état de notre âme‹?! Altenbergs zweites Buch, ›Ashantee‹ (1897), enthält eine kleine Skizzenreihe ›Une femme est un état de notre âme. (Für Maria K. gedichtet.)‹ (S. 135-151). Der in diesem Brief mitgeteilte »Schluss« ist eine frühe Fassung der letzten Skizze in der Reihe (S. 150-151), die den gleichen Titel führt. Skizzenreihe und Skizze werden in die vierte, 1904 erschienene Auflage von ›Wie ich es sehe‹ (S. 273-283) aufgenommen.

[41]

›Ehebruch‹ u. ›Ideal-Flirt‹ Die beiden Titel kommen in WS nicht vor. ›Ehebruch‹ ist aber vielleicht identisch mit dem gleichnamigen Text, der zu einer Reihe von fünf Texten gehört, die Altenberg unter dem Titel ›Aus einem Skizzenbuch‹ sammelte, aber in dieser Form unpubliziert ließ. Vgl. die Publikation in: ›Aus einem Skizzenbuch‹. Five Unpublished Sketches by Peter Altenberg. Edited (with an introduction and notes) by Andrew Barker. In: Austrian Studies I. Hg. von Edward Timms und Ritchie Robertson. Edinburgh University Press 1990. S. 36-38. In WS kommt unter den Skizzen in ›See-Ufer‹ ein halbseitiger Text ›Flirt‹ vor. In ›Was der Tag mir zuträgt‹ (1901), in dem einige 1895 geschriebene Texte gedruckt wurden, ist ein längerer, substantiellerer Text (S. 56-59) mit dem gleichen Titel, der von der Begegnung zwischen einem »Dichter« und einem »Fräulein« handelt.

›Im Garten‹ WS 115-118. In der zweiten Auflage von ›Wie ich es sehe‹ (1898) erhält diese Skizze den Untertitel ›Der Revolutionär docirt Religions-Philosophie‹.

›Pathos‹ Diese Skizze, die das Buch abschließt, hat in WS den Titel ›Das Leiden‹.

in en route [...] kommt sie zu der Stelle In WS heißt es: »Da kam sie zu der Stelle Seite 58.

›Lidvine était née vers la fin du XIV. Siècle en Hollande. Sa beauté était extraordinaire. Elle tombe malade à 15 ans. Elle demeure étendue sur un grabat jusqu'à sa mort. Les maux les plus effrayants se ruent sur elle, la gangrene court dans ses plaies et de ses chair en putrefaction naissent des vers. La terrible maladie du Moyen Age, le feu sacré, la consume. Son bras droit es rongé. Un de ses yeux s'éteint. Pendant 35 années, elle vécut dans une cave, ne prenant aucun aliment solide, priant et attendant en paix. Elle suppliait le Seigneuer de neu point l'épargner. Elle obtenait de lui d'expier par ses douleurs les péchés des autres. Le Christ descendait en elle et lui donnait l'amour éternelle. Elle souriait. Elle était la moissoneuse des supplices! Elle s'était offerte au Ciel comme victime d'expiation! Elle prit sur elle les péchés des autres, des faibles. Elle avait la force! Elle avait la charité rayonnante! Elle avait la victoire!!‹«

Vgl. die entsprechenden Stellen in ›En route‹ selbst:

»Lidwine était née vers la fin de XIVe siècle, à Scheida, en Hollande. Sa beauté était extraordinaire mais elle tomba malade vers quinze ans et devint laide. Elle entre en convalescence, se rétablit et un jour qu'elle patine avec des camarades sur les canaux glacés de la ville, elle fait une chute et se brise une côte. A partir de cet accident, elle demeure éntendue sur un grabat jusqu'à sa mort; les maux les plus effrayants se ruent sur elle, la gangrène court dans ses plaies et en ses chairs en putréfaction naissent des vers. La terrible maladie du Moyen Age, le feu sacré, la consume. Son bras droit es rongé; il ne reste qu'un seul nerf qui empêche ce bras de se séparer du corps; son front se frend du haut en bas, un de ses yeux s'éteint et l'autre devient si faible qu'il ne peut supporter aucune lueur. [...]

Pendant trente-cinq années, elle vécut dans une cave, ne prenant aucun aliment solide, priant et pleurant; si transie, l'hiver, que, le matin, ses larmes formaient deux ruisseaux gelés le long de ses joues.

Elle s'estimait encore trop heureuse, suppliait le Seigneur de ne point l'épargner; elle obtenait de lui d'expier par ses douleurs les péchés des autres; et le Christ l'ecoutait, venait la voic avec ses anges, la communiait de sa main, la ravissait en de célestes extases, faisait s'exhaler, de la pouritture de ses plaies, de savants parfums.« In: J.-K. Huysmans: ›En route‹. Neuvième Édition. Paris: Tresse & Stock 1895. S. 58-59.

die mein Buch nicht belächeln werden: Annie H[olitscher]; *Louis Schw*[einburg]; *Eidlitz Otto*: nicht ermittelt; *Madame Alice Friede*: nicht ermittelt; Ella Tennenbaum: nicht ermittelt; *Alice Franckel*: Vgl. Anm. 5; *Gretl*: wohl Gretl Engländer; *Bertha Diener*: die Schriftstellerin Bertha Helene Diener (1874-1948), die 1898 den mit Altenberg befreundeten Fritz Eckstein heiratete; *Frau Wisgril-Köchert-Lang*: Marie Lang, geb. Wisgrill (1858-1934), in erster Ehe mit dem Hofjuwelier Theodor Köchert verheiratet; ihr Sohn Heinz soll sich auf Anraten Altenbergs das Leben genommen haben, was Schnitzler zu seinem Drama ›Das Wort‹ anregte; *Loris*: Hugo von Hofmannsthal; *Charlotte H*[olitscher]: vgl. Anm. 5; *Julie Trebitsch*: vermutlich Julie Trebitsch, geb. Rosenthal (1830?-1908); *Karl Kopsa*: nicht ermittelt; *Nini P*[ollatschek?]: vgl. Anm. 8; *Olga W*[aissnix] (1862-1897), der in der zweiten Auflage von ›Wie ich es sehe‹ (1898) die Skizze ›Wie wunderbar‹ gewidmet wird; *Charlotte Glas*: vgl. Anm. 20; *Professor Berger*: Alfred Freiherr von Berger (1853-1912), Schriftsteller und Theaterleiter; *Laura Marholm*: eig. Laura Mohr (1854-1928), Schriftstellerin und Kritikerin, die seit 1889 mit dem schwedischen Schriftsteller Ola Hansson verheiratet war; *Eugenie Grosser*: nicht ermittelt; *M. A. Willner*: vgl. Anm. 37; *Ferry Bératon*: Schriftsteller, Journalist, Maler (1859-1900); *Paul Goldmann*: Goldmann (1865-1935), mit Schnitzler und Hofmannsthal befreundet, war Journalist und Redakteur der NFP; *Heinrich Osten*: Osten (1856-?) schrieb für ›Die Presse‹ und die ›Wiener Allgemeine Zeitung‹ und war ab 1893 Herausgeber der Wiener Zeitschrift ›Neue Revue‹.

Ich fürchte: G. Schönaich: Gustav Schönaich, vgl. Anm. 2; *Marie Herzfeld*: Schriftstellerin, Übersetzerin (1855-1940); *Frau Feinberg*: vielleicht Anna Feinberg, geb. Weiß von Wellenstein (1856-1926); Schnitzler war mit der Familie in Wien und Ischl immer wieder zusammen; *Broziner*: wohl der Journalist und Schriftsteller Marco Brociner (1852-1942); *Isidor Mauthner*: der Schwager Altenbergs; *Lothar*: der Schriftsteller und Journalist Rudolf Lothar (1865-1943); *Gustav Schwarzkopf*: Schriftsteller (1853-1939); *Gustav Frieberger*: Journalist, Redakteur der ›Presse‹ (1858-1933); *Robert Hirschfeld*: Journalist, Musikkritiker der ›Presse‹ (1857-1914).

und alle jüdischen Schweine In der Handschrift von Georg Engländer im Typoskript eingefügt.

[42]
wacherlwarm Gemeint ist wohl »bacherlwarm«, österr. für »angenehm warm«.

2. Skizze von ›Landstädtchen‹ Der Text ›Landstädtchen‹ erschien erst in der zweiten Auflage von ›Wie ich es sehe‹ (1898) und bestand aus zwei Skizzen; der in diesem Brief mitgeteilte Text entspricht keiner von beiden.

Deininger Das Café im Gasthof Goldenes Schiff wurde zu dieser Zeit wirklich von einer Familie Deininger betrieben.

Oskar Meding Der Schriftsteller und preußische Agent Oskar Meding (1828-1903) veröffentlichte Romane unter dem Pseudonym Gregor Samarow.

[43]
Das [...] junge Ehepaar (Kaufmann) nicht ermittelt

›la neuvaine de Colette‹ Der religiöse Roman ›La Neuvaine de Colette‹ von Jeanne Schultz, der bereits 1888 erschienen war und bis 1893 die 47. Auflage erreicht hatte. Eine autorisierte Übersetzung ins Deutsche erschien unter dem Titel ›Was der heilige Joseph vermag‹ 1888 bei Engelhorn in Stuttgart.

Marlitt E. Marlitt, Pseudonym für die deutsche Schriftstellerin Eugenie John (1825-1887), deren in dem deutschen Familienblatt ›Die Gartenlaube‹ vorabgedruckten Romane auch nach ihrem Tod enorm populär blieben.

Frau Deininger die Wirtin des Goldenen Schiff

Grisetten-Geschichte à la Maupassant Gemeint ist das Drama ›Liebelei‹.

»l'homme mediocre« Vgl. L'Homme mediocre. In: Ernest Hello. L'Homme‹ Nouvelle edition. Paris: Perrin et Cie, 1894. Dieser Essay erschien in deutscher Übersetzung unter dem Titel ›Der mittelmäßige Mensch‹ in: Die Zeit. Bd. III. Nr. 39. 29. Juni 1895. S. 200-202.

21 meiner Skizzen organisch verbunden Gemeint sind die beiden Skizzenreihen ›Frau Bankdirektor von H.‹ und ›Revolutionär‹, die in WS unter dem übergreifenden Titel ›Zwei, die nicht zusammenkamen.‹ zueinander in Beziehung gesetzt werden.

eine Dame geschildert ›Frau Bankdirektor von H. (Skizzen-Reihe)‹ in WS 67-93

ein Mann geschildert ›Revolutionär. Skizzen-Reihe.‹ in WS 67-158. In WS besteht die Reihe aus sechzehn Skizzen.

In der letzten Skizze Das hier zitierte »Schlussgespräch« gehört zur Skizze ›Sommer-Abend‹, die in der gedruckten Fassung nicht mehr die letzte ist. Es folgt noch der Text ›Zwei Fremde‹.

»es wird kalt u. finster« In WS werden diese Worte von einer Dritten gesprochen, der »Genossin Charlotte«, der Charlotte Glas Modell stand.

Schreiben Sie mir darüber Vielleicht ist es auf einen Rat Annie Holitschers zurückzuführen, dass in der abschließenden Skizze ›Zwei Fremde‹ die Frau Bankdirektor von H. und der Revolutionär, der hier »Herr Albert K.« heißt, doch zusammenkommen, auch wenn sie nicht zusammenbleiben.

[44]

Max Klinger Altenbergs Identifikation mit der Radierkunst von Max Klinger (1857-1920) antizipiert den starken Widerhall, den sowohl sie als auch seine Malerei bei den Künstlern der Secession in Wien finden werden.

ein Whistler Auch der Maler und Radierer James Abbott McNeill Whistler (1831-1903) wurde zu einem Vorbild der Secession, bei deren erste Ausstellung im März 1898 er vertreten war. Bei diesem Anlaß hebt der führende Wiener Kunstkritiker Ludwig Hevesi die »unnachahmliche Handschrift« seiner Radierungen hervor. In: Ludwig Hevesi. ›Acht Jahre Secession‹. Wien 1906. S. 40.

Von Whistler schreibt man nicht ermittelt

›P.A. und T.K.‹ in WS 13-18

Julie Trebitsch Julie Trebitsch war die Schwester von Pauline Pollatschek und die Tante von Nini Pollatschek. Siehe »Frau Pauline Pollatschek, Private aus Wien, samt zwei Töchtern, Schwester Frau Julie Trebitsch und Köchin«. Gmunden. Curliste (11. 7. 94).

Cinia nicht ermittelt

Anna Knapp Vgl. Anm. 5. Hinter der Figur »Teresa K.« steht also Anna Knapp, was die autobiographische Dimension der Skizze noch deutlicher macht.

Frau Deiniger Vgl. Anm. 43.

Geburtstagsbrief Eine Abschrift des Briefes, der »rechtzeitig geschrieben«, aber »unzeitig« ankommen würde, wie Altenberg seiner Schwester mitteilt, befindet sich in WBW.

Isidor M der Schwager Isidor Mauthner.

›*Wie einst im Mai*‹…›*la vie*‹ Die Skizze erscheint einzeln in WS, also ohne ›Ballnacht‹ und nicht als Teil von ›la vie‹.

auf Breserln Breserln = wienerisch für Brösel; hier wohl im Sinne von bis auf die letzten Brösel oder Brosamen angewiesen, d. h. notleidend sein

[45]

Handlers nicht ermittelt

›*Ideal Flirt*‹ Vgl. Anm. 41.

Grisetten-Geschichte Gemeint ist vielleicht ›Die Primitive‹ (WS 121-129).

M.A.E. Willner Vgl. Anm. 37.

Schäffer [...] Max Klinger der Literatur Wohl der aus Breslau stammende Emil Schäffer (1874-?) Kritiker und Kunsthistoriker, der eine Rezension von ›Wie ich es sehe‹ in der ›Wiener Rundschau‹ publizierte. Darin wird Altenberg allerdings mit der japanischen Kunst in Verbindung gebracht. Siehe D 101.

»*Arne Garborg, Ola Hanssen, Knut Hamsun*« Die beiden Norweger Garborg (1851-1924) und Hamsun (1859-1952) und der Schwede Ola Hansson (1860-1925) gehörten zu den wichtigsten skandinavischen Schriftstellern der Zeit. Hamsun, der 1920 den Nobelpreis erhielt, war der bedeutendste dieser »Reihe«. Bemerkenswert im Lichte von Altenbergs Lektüre von Romanen mit religiösen Themen ist die Wichtigkeit religiöser Fragen bei Garborg und Hansson.

See-Ufer die erste Skizzenreihe in WS 1-43

»*hommes et femmes médiocres*« Diese wohl von Altenberg selbst formulierte Wendung geht auf Ernest Hellos Studie ›L'Homme‹ zurück. Vgl. Anm. 43.

Bahr's Brief Gemeint ist wohl der nicht erhaltene Brief Bahrs, in dem dieser geschrieben haben soll, »dass es in Wien nicht 10 Menschen gäbe, die auf jener künstlerischen Empfänglichkeits-Stufe stünden, um meine in gedrungener Kraft geschriebenen Sachen aufnehmen zu können«. Vgl. B 56.

ihr Körper in der Handschrift von Georg Engländer gestrichen und durch »Liebe« ersetzt

Ich verdurste danach ein Satz durch Striche unleserlich gemacht

meine Rettung danach ein Satz durch Striche unleserlich gemacht

›*Alpenpflanzen*‹ Ein Text mit diesem Titel ist nicht bekannt.

Ebermann der Schriftsteller Leo Ebermann (1863-1914)

[46]

Leo vermutlich Leo Schweinburg

Gretl Gretl Engländer

[47]

»*Notre cœur*« wohl eine Anspielung auf den gleichnamigen Roman (1890) von Maupassant

›*Landpartie*‹ *und* ›*Assarow*‹ Gemeint sind zwei Skizzen in WS, die zu der Reihe ›See-Ufer‹ gehören: ›Assarow und Madame Oyasouki‹ (27-29) und ›Landparthie‹ (31-35).

[48]

Fitsch Gastwirt des Hauses am Tiefen Graben 19 im ersten Bezirk von Wien

wegen meines Zimmers Tiefer Graben Altenberg war schon 1886 aus der Elternwohnung in ein Zimmer am Tiefen Graben gezogen und hatte 1892 vorübergehend in der Goldschmidtgasse gewohnt.

Hebra Vielleicht die Familie Victor von Hebra (1849-1908), Sohn des berühmten Gründers der modernen Dermatologie Ferdinand Ritter von Hebra. Vgl. »Victor Ritter von Hebra, Privat aus Wien, samt Frau, zwei Kindern und Stubenmädchen«. Gmunden. Curliste (15. 7. 94).

Max N. Max Narbeshuber

Madame Raffalowich Marie Raffalovich (1833-1921), eine für ihre Schönheit berühmte, mit einem Pariser Bankier verheiratete Russin jüdischer Abstammung, die mit dem Arzt und Wissenschaftler Claude Bernard befreundet war. Sie führte einen Salon in Paris und korrespondierte u.a. auch mit Henri Bergson.

Erzieherin der Cumberland-Mädchen nicht ermittelt

›Das Herz meiner Schwester‹ Dieser Text wird in WS 209-212 gedruckt.

Einen Cyclus ›Landstädtchen‹ Der Cyclus ›Landstädtchen‹, der aus den Skizzen ›Die Frauen‹ und ›Die Mädchen‹ besteht, wurde erst in der zweiten Auflage von ›Wie ich es sehe‹ (1898) gedruckt.

›Wally‹ Ein Text mit diesem Titel ist nicht bekannt.

Brief von 12 Seiten Der Brief ist nicht erhalten.

für zehn Tage ins Gefängnis Charlotte Glas war bereits 1894 in Steyr zu vier Monaten schweren Kerkers wegen Beleidigung von Mitgliedern des kaiserlichen Hauses verurteilt worden. Das Urteil wurde vom Obersten Gerichtshof in Wien aufgehoben.

Schadler nicht ermittelt

wacherlwarme Vgl. Anm. 42.

S. Fischer [...] für ›freie Bühne‹ Das Hausorgan des S. Fischer Verlags führte seit 1894 den Untertitel ›Neue Deutsche Rundschau‹.

›Ehebruch‹ u. ›Ideal Flirt‹ Vgl. Anm. 41.

[49]

Tschechow [...] Nansen Anton Tschechow (1860-1904); Alexander Kielland (1849-1906), norwegischer Schriftsteller, der für seine realistische Prosa bekannt war; Arne Garborg (vgl. Anm. 45); Peter Nansen (1861-1918), der dänische Schriftsteller und Verleger. Altenbergs Alter Ego beruft sich in der Skizze ›Besuch‹ auf den russischen Dichter: »Mein A. Tschechow! Mit Wenigem Viel sagen, das ist es! Die weiseste Ökonomie bei tiefster Fülle, das ist beim Künstler Alles – wie beim Menschen« (WS 106).

[50]

Gretl u. Mizi Die Schwestern Margarethe Engländer und Marie Mauthner

Louise Frank Nicht ermittelt

Else R. nicht ermittelt

Mizi 14 Seiten Dieser Brief ist nicht erhalten.
I. und H. M. Isidor und Hans Mauthner. Vgl. Anm. 54.

[51]
Bigelow-Kinder nicht ermittelt
›no age‹ Eine Skizze mit diesem Titel wurde in WS 18-20 gedruckt. Es handelt
sich darin um eine amerikanische Familie mit drei kleinen Töchtern. Zu-
mindest der Name der Familie, »Bigloff«, legt nahe, dass die in diesem
Brief erwähnten Bigelow-Kinder für die Skizze Modell gestanden haben.
Ebensee Marktflecken am Südende des Traunsees. Auf dem Weg von Eben-
see nach Traunkirchen will Peter Altenberg Karl Kraus erstmals begegnet
sein.
Dr. Dimitriowich-Vogler »Herr Dr. J. v. Dimitrievits aus Gross-Becskerek«.
Gmunden. Curliste. 11. 8. 94.
Oberstallmeister Lübrecht Nicht ermittelt, aber vgl. den Stallmeister in B 42.

[52]
N. und W. Narbesheimer und Wein
L. [...] in die ›Zeit‹ Am Rande des Typoskripts steht »Loris«, also Hugo von
Hofmannsthal. Vgl. Anm. 53.
Prillingers Leopold Prillinger war der Wirt des Gasthauses zur Marienbrücke.
Damen N. und W. Die Gattinen von Max Narbesheimer und dem Sekretär
Wein

[53]
Loris in der ›Zeit‹ Hugo von Hofmannsthal, Francis Vielé Griffin's Gedichte.
In: Die Zeit. Bd. V. Nr. 60. 23. November 1895. S. 124.
Hermann Bahr [...] eine Hymne Theodor von Hörmann. (Zur Ausstellung
der Werke aus seinem Nachlasse im Künstlerhaus.). In: Die Zeit. Bd. V.
Nr. 60. 23. November 1895. S. 124-5. Der österreichische Landschafts-
maler Theodor von Hörmann (1840-1895) war Impressionist und Anhänger
der Pleinair-Schule.
»Höfer« Emil Höfer (1864-1910), Schauspieler
Nini wohl Nini Pollatschek (vgl. Anm. 8)
Pollandt Max Pollandt (1861-1905), Schauspieler
Pick nicht ermittelt
J. B. nicht ermittelt
früher wörtlich [...] gestohlen Vgl. ›Im Stadtgarten‹ (WS 58-63), wo die Wen-
dungen ›die vergoldeten Spitzen des Gartengitters« und die »weissen Man-
delblüthen« vorkommen. Hofmannsthals Text war nicht zu ermitteln.
»eine Erinnerung an [...] Mandeln« Vgl. Die Zeit. Nr. 59. 16. November 1895.
S. 112, wo die Stelle anders lautet: »aus einer Zeit, mit deren Erinnerung der
Geruch von süßen, warmen, geschälten Mandeln irgendwie verknüpft war«.
aus meiner ›Primitiven‹ In WS lautet die entsprechende Stelle der Passage von
Hofmannsthal noch ähnlicher: »Er sagte: ›Sie haben einen Athem, wie der
Duft von gekochten, noch warmen, geschälten, süssen Mandeln‹« (126).

Seine Erzählung [...] in den Heften Hofmannsthals ›Das Märchen der 672ten Nacht. Geschichte des jungen Kaufmannsohnes und seiner vier Diener‹ erschien in ›Die Zeit‹ in den Nummern 57 (2. November), S. 79-80; 58 (9. November), S. 95-96; und 59 (16. November), S. 111-2, des Jahres 1895. Sonst publizierte Hofmannsthal in der ›Zeit‹: Eine Monographie. (Friedrich Mitterwurzer, von Eugen Guglia, Wien 1896, bei Karl Gerold, in: Bd. V. Nr. 64 (21. Dezember 1895), S. 185-6; Der neue Roman von d'Annunzio (Le vergini delle rocce. Milano, Fratelli Treves, 1896), in: Bd. V. Nr. 67 (11. Jänner 1896), S. 25-7; Gedichte von Stefan George, in: Bd. VI. Nr. 77 (21. März 1896), S. 189-191.

der »Dichter Österreichs« Vgl. Gustav Schönaichs Rezension von Hofmannsthals Einakter »Gestern«, in der es heißt: »Österreich hat wieder einen Dichter.« In: Wiener Tageblatt. 3.1.1892. S. 7.

Schönaich Wohl Gustav Schönaich. Vgl. Anm. 2.

Das herrliche Kunstwerk [...] von Amalie Skram Memento Mori. Von Amalie Skram. Autorisierte Uebersetzung aus dem Dänischen. In: Die Zeit. Jg. V. Nr. 60. 23. November 1895. S. 128. Die Romane der norwegischen Schriftstellerin Amalie Skram (1846-1905), in denen das Sexualleben der Frau oft im Vordergrund steht, erregten Aufsehen und Ablehnung.

›Professor Hieronymous‹ Die deutsche Übersetzung des Romans, der in der zweiten Auflage von 1897 den Titel ›Im Irrenhaus‹ trug, erschien 1895 bei Langen in Leipzig und Paris.

»Pegasus-Trainer« nicht ermittelt

Wittmann vielleicht der Journalist und Redakteur der NFP Hugo Wittmann (1839-1923)

[54]

»Mandel-Dieb« Hofmannsthal. Vgl. Anm. 53.

»Andrian-Bruder« Hofmannsthal, der hier mit Leopold von Andrian wie in dem von Altenberg kritisierten Vortrag Herman Bahrs assoziiert wird. Vgl. Anm. 25.

Lehrer von Cumberlandt nicht ermittelt

einem Trainer von Cumberlandt nicht ermittelt

›Trommler Belin‹ [...] Alle drei Texte in WS (74-76, 76-80, 83-87)

Loris et Andrian Hofmannsthal und Leopold von Andrian.

Louis Louis Schweinburg

die organische Zusammenziehung – von 21 Skizzen Vgl. Anm. 43.

75 Seiten In WS wäre das fast bis einschließlich der Skizze ›Der Trommler Belín‹ (4-76).

Mizi [...] Schachtelhalm? Im Typoskript ist der Name Mizi zu M. gekürzt und der folgende Satz durchgestrichen.

Margit nicht ermittelt

»Povre Bajazzo«-Sache Nicht ermittelt. Vgl. aber die Stelle in ›Ein poetischer Abend‹, der ersten Skizze in der Reihe ›Frau Bankdirektor von H.‹: »Der rothe Leutnant und das rosige Fräulein spielten à quatre mains den Clavier-Auszug aus ›Bajazzo‹. / Weil Alle es bei den ›Italienern‹ gehört hatten, machte es einen riesigen Eindruck. / Einer sagte: ›Die sind auf ein-

ander eingespielt – – –.‹ / Besonders das Lied ›povre Bajazzo‹ zündete« (WS 68).

ererbte Im Typoskript ist trotz der energischen Durchstreichung an dieser Stelle »Mautner« zu lesen.

O wie hasse ich [...] vor einem Jahr gestellt. Im Typoskript sind die drei Sätze einfach durchgestrichen.

Hans Mauthner Wohl ein Bruder von Isidor Mauthner; vielleicht Dr. Hans Mauthner (1866-1933), der in der Friedhofsdatei der Israelitischen Kultusgemeinde Wien aufgeführt wird.

Esel Dieses Wort ist handschriftlich eingefügt.

[55]
Original: WBW I.N. 162.490

Rudolf Strauß Vgl. Anm. 28.

Revisionsdruck von der Skizze ›Locale Chronik‹, die in ›Liebelei‹, Nr. 3., 21. Januar 1896, S. 49-51 erschien.

[56]
Bahr Der Brief ist nicht erhalten.

der Herausgeber der ›Neue Revue‹ Wohl Heinrich Osten, der gemeinsam mit Edmund Wengraf die ›Neue Revue (Wiener Literaturzeitung)‹ zu dieser Zeit herausgab.

Schriftsteller Rosner Karl Rosner (1873-1947), der aus Wien stammte und seit Anfang der 1890er Jahre in München lebte. Am 3. Februar 1896 schreibt er an Karl Kraus: »Mein Lieber! Wer ist doch der P.A. zeichnende Mensch der in der Liebelei die ›Locale Chronik‹ geschrieben hat? Das interessiert mich, denn da ist entscheidendes Talent. Bitte teil mir's mit« (WBW I.N.162.503).

[57]
Original: Houghton Library, Harvard University, bMS Ger 183 (9)

im Vorworte Das Vorwort des von Alexander Brauner herausgegebenen und übersetzten Bandes ›Russische Novellen‹ (Leipzig: Hermann Zieger 1896) enthält die Angabe »Wien, im Februar 1896«. Vgl. die Rezension von Arthur Moeller-Bruck in ›Die Gesellschaft‹. August 1896. S. 1095-1097.

Alexander Brauner Der Ingenieur und Techniker Alexander Brauner (1871-1937), dem Josef Hoffmann 1905 eine Villa auf der Hohen Warte in Wien-Döbling errichtete. Mit Brauner war auch Arthur Schnitzer bekannt. In der Bibliothek der University of California Los Angeles befindet sich ein Exemplar des Bandes ›Russische Novellen‹, ein Geschenk von »Henry Schnitzler« (dem Sohn Heinrich), mit der Widmung »Herrn Dr. Arthur Schnitzler / der Übersetzer. / Wien, December 96«.

folgende Stelle Altenberg zitiert offenbar aus dem Gedächtnis. Im Original heißt es: »Ein begabter russischer Kritiker – Michailowski – nannte einen noch begabteren russischen Dichter – es war Dostojewski – ›ein grausames Talent‹. Solch ›grausame Talente‹ sind auch unsere Autoren. Sie wollen alle etwas mit ihren Sachen. Die ›guten Europäer‹ werden vielleicht behaupten, daß die Kunst nichts will, sondern um ihrer selbst willen da ist. Möglich. Aber das wird wohl nur mit der europäischen Kunst der Fall sein. Die russische Kunst, die Russen wollen immer etwas!« (S. VI).

[58]
Original: ÖTM A.15.143.BaM

Walter Crane Tapeten-Muster Walter Crane (1845-1915), der englische Maler und Graphiker, hat auch Textilien und Tapeten entworfen und trat als sozialistischer Künstler für die Annäherung der Kunst an das alltägliche Leben ein.

die französischen Maler Reclame-Plakate Zum Beispiel Henri de Toulouse Lautrec (1864-1901) und Théophile-Alexandre Steinlen (1859-1923).

Einer thatsächlichen Notiz Inspiriert wurde die Skizze ›Lokale Chronik‹ von dem Bericht über das Verschwinden eines 15-jährigen Mädchens Johanna H., der am 22. November 1894 in der Wiener Tageszeitung ›Illustrirtes Extrablatt‹ erschien. Siehe Abbildung S. 65.

»Das Leben ist das Leben [...]« Vgl. den ähnlichen Satz in dem ersten Heft der von Altenberg herausgegebenen ›Kunst. Halbmonatsschrift für Kunst und Alles Andere‹, mit der er später ein solches Programm zu verwirklichen suchte: »Die Kunst ist die Kunst, das Leben ist das Leben, aber das Leben künstlerisch zu leben, ist die Lebenskunst!« In: Kunst. Nr. 1. September 1903. S. II.

meinen kleinen Cyclus ›Venedig in Wien‹ Ein Text ›Venedig in Wien‹ erschien in der ersten Auflage von ›Wie ich es sehe‹ im April 1896, aber nicht als »Cyclus«. Unter dem Titel ›Aus dem Cyklus: »Venedig in Wien«‹ wurden erst am 15. November 1896 in der ersten Nummer der neuen Zeitschrift ›Wiener Rundschau‹ zwei andere Skizzen veröffentlicht (S. 13-14): ›Café de L'Opéra‹, die in die erste Auflage von ›Was der Tag mir zuträgt‹ aufgenommen wurde, und die offenbar nie nachgedruckte Skizze ›Der Baron‹ (D 100).

[59]
Mizzi K. Vielleicht Marie (Mizzi) Kraus, die Schwester von Karl Kraus. Siehe Anm. 26. Vgl. den Brief vom 21. Mai 1896 an Gretl Engländer: »Deine paar Sätze über Mizi K. haben mich tief bewegt. Die arme süsse Dulderin. [...] Könnte ich nicht jetzt mit ihr in einem freundlichen Zimmer in Gmunden sitzen, ihr vorlesen oder ihre feinen Haare streicheln?! Oder in der Mittag-Sonne am See-Quai mit ihr sitzen und den abschmelzenden Schnee betrachten?!« (Abschrift WBW).

Anna Knapp Vgl. Anm. 5.

Auguste und Alice Popper Vgl. Anm. 11.

Tante Minna Hermine (Minna) Engländer (1840-1920), die Schwester seiner Mutter, war mit dem Onkel Emrich Engländer verheiratet.

Bettina Reinhold in ›Einsame Menschen‹ Altenberg meint vermutlich die Schauspielerin Babette Reinhold-Devrient (1863-1940), die um diese Zeit mehrmals in Gerhart Hauptmanns 1891 veröffentlichtem Stück auftrat.

Madame Otérô Die spanische Tänzerin und Kurtisane des Belle Epoque Carolina Otero (1868-1965), bekannt als »La belle Otero«.

Coquelin in ›Widerspänstige‹ Wohl in der Rolle des Petruchio in Shakespeares ›Der Widerspenstigen Zähmung‹. Nach seinem Bruch mit der Comédie-Française bereiste Benoit-Constant Coquelin (1849-1909) 1892-1895 europäische Hauptstädte mit einer eigenen Schauspieltruppe. In der Skizze ›Der Besuch‹, die zur Reihe ›Revolutionär‹ gehört, sagt das junge Mädchen dem jungen Mann: »Sie lesen wie Coquelin« (WS 106). Vgl. den Brief vom 19. Februar 1892 an Annie Holitscher: »Welchen beneidenswerten Genuss müssen Sie bei Coquelin gehabt haben« (Abschrift WBW).

Hamsun's ›Pan‹ Hamsuns Roman ›Pan. Aus Lieutenant Thomas Glahns Papieren‹ erschien 1895 bei Albert Langen in Leipzig und Paris.

Camilla in ›Les petites filles modéles‹ Eine Figur in dem Jugendroman der Comtesse de Ségur (Sophie Feodorovna Rostopchine, 1799-1874), der zu der zwischen 1857-1872 erschienenen Serie ›Bibliothèque rose illustrée‹ gehörte.

Frau Hâlô nicht ermittelt

Bilder von Burne-Jones Edward Burne-Jones (1833-1898), englischer Maler, führender Vertreter der Präraffaeliten

Puvis de Chavannes französischer Maler des Symbolismus (1824-1898)

Ludwig Dettmann deutscher Maler, Impressionist (1865-1944)

die Aufführung von Bajazzo durch die »Italiener« Altenberg denkt wohl an eine bestimmte Vorstellung der Oper ›Pagliacci‹, die als Motiv in der Skizze ›Ein poetischer Abend‹ (WS 68) vorkommt.

Bertha Lecher als Kind Siehe Anm. 20.

Ein Kreis von ganz jungen Schriftstellern Altenberg meint vermutlich Schriftsteller des Jungen Wien – Hofmannsthal, Beer-Hofmann, Felix Dörmann, Felix Salten und andere –, wie der folgende Hinweis auf »die litterarische Welt Griensteidl‹« nahelegt.

Schwester von der Poldi bei Handl nicht ermittelt

[60]

Montag-Revue Die kurze, fast wörtlich zitierte Notiz erschien in: Montags-Revue. Hg. von Jakob Herzog. XXVII. Jg. Nr. 17. 27. April 1896. S. 6. Siehe D 87.

[61]

Original: Sammlung Werner J. Schweiger, Wien

Theodor Herzl Der Schriftsteller und Journalist Theodor Herzl (1860-1904), der auch Begründer des modernen Zionismus wurde, blieb bis zu seinem Tod Leiter des Feuilletons der ›Neuen Freien Presse‹.

Extrapost Die von Sigmund Bergmann herausgegebene ›Extrapost‹ war ein sogenanntes Montagsblatt in Wien, das wöchentlich erschien. In den Jahren 1898-1899 publizierte Altenberg eine Reihe von Theater- und Kunstkritiken in der ›Extrapost‹.

Montag-Revue Siehe Anm. 60.

M. Necker Moritz Necker (1857-1915), Journalist und Redakteur der ›Neuen Freien Presse‹. Vgl. Schnitzlers am 16. April 1895 notierte Reaktion auf ein Feuilleton Neckers: »Necker über ›junge Dichter‹, darunter über Sterben, ganz blöd.« (AST 135)

[62]
Original: Sammlung Werner J. Schweiger, Wien

Poppenberg Der in Berlin geborene Literarhistoriker und Kritiker Felix Poppenberg (1869-1915) veröffentlichte Studien über Maeterlinck (1903) und Hamsun (1904).
Strauß, Ex-Herausgeber der Liebelei Zu Rudolf Strauß, siehe Anm. 28. Das letzte Heft der Zeitschrift ›Liebelei‹ erschien am 20. 3. 1896.
Wiener Essay Vgl. Anm. 63.

[63]
Original: Sammlung Werner J. Schweiger, Wien

Cyclus Gemeint ist der zuerst in ›Ashantee‹ gedruckte Cyclus ›Paulina‹.
Elsbeth Maier recte Elsbeth Meyer-Foerster (1868-?), deren Werke unter dem Namen Elsbeth Meyer veröffentlicht wurden. Der Roman ›Das Drama eines Kindes‹, der 1895 bei S. Fischer erschien, wurde 1894 im Dezember-Heft der ›Neuen Deutschen Rundschau‹ vorabgedruckt (S. 1232-1257).
Schnitzler in ihre Zeitschrift Schnitzler hatte bereits 1892 seine Erzählung ›Der Sohn‹ in dem Hausorgan des Verlags, das damals den Titel ›Freie Bühne für den Entwicklungskampf der Zeit‹ trug, veröffentlicht. Im ersten Halbjahr 1896 erschien die Erzählung ›Ein Abschied‹ in der ›Neuen Deutschen Rundschau‹ (S. 115-124).
Felix Poppenberg Siehe Anm. 62.
Artikel über die moderne Wiener Kunst Als der große Organisator des Jungen Wien hatte Bahr bereits solche Artikel geschrieben.
ein »i« In der Erstausgabe fehlt dem folgenden Satz in der Skizze ›Familienleben‹ tatsächlich ein »i«: »Wir stzen nicht im Theater des Lebens« (WS 111).
Bahr-Protegées [...] Wie z. B. Max Messer, den Schnitzler 1896 als einen »von den papierenen jungen Menschen, die sich um Bahr sammeln« (AST 192) gesehen hat.
den Essay über Wiener Schriftsteller Vermutlich identisch mit dem Artikel über »die moderne Wiener Kunst«, die Fischer für die ›Neue Deutsche Rundschau‹ in Auftrag geben wollte. Ein solcher von Otto Stoessl mit dem Titel ›Ein Wiener Brief‹ ist schließlich im Februar 1897 dort erschienen. Wohl nicht zufällig geht es in dem literarischen Teil hauptsächlich um eine Würdigung von Peter Altenberg.

[64]
Original: Sammlung Werner J. Schweiger, Wien

14. Mai Altenberg hat sich verschrieben, wie aus dem Poststempel zu ersehen ist.

die ›Zeit‹ mit dem Essay Der Essay war dort am 2. Mai 1896 erschienen. Vgl. D 88.
›Paulina‹ Siehe Anm. 63.

[65]
Papa Altenbergs Vater Moriz Engländer (1830-1913).
ein Feuilleton von 8 Spalten In der ›Frankfurter Zeitung‹ erschien die Rezension »unter dem Strich« am 8. Juni 1896, Morgenblatt, S. 1-2. Vgl. den Auszug in D 90. Altenberg hat einen Ausschnitt der Kritik aufbewahrt, der sich in seinem Nachlass in WBW befindet.
von Ricarda Huch Der Brief ist nicht erhalten. Vgl. B 67.

[66]
Original: ÖTM A.15.144.BaM
›Theobrôma‹ Dieser Text erschien erst in Altenbergs zweitem Buch ›Ashantee‹ (S. Fischer 1897), S. 125ff.
Essay über mein Buch Siehe D 90.
Ricarda Huch Siehe B 67.

[67]
Original: DLA. Sig. 68.1377. Der Umschlag mit folgender Adresse ist erhalten: »An / Ricarda Huch / Schriftstellerin / in Zürich, Schweiz«
Lenau der österreichische Dichter Nikolaus Lenau (1802-1850)

[68]
Original: WBW I.N. 181.211. Kartenbrief mit folgender Adresse: »Herrn S. Fischer, Verleger / Berlin W. Steglitzerstraße 49«
in das Italienische Die »Dame aus Wiesbaden« war nicht zu ermitteln. Nicht das ganze Buch, aber einzelne Skizzen wurden – durch die Vermittlung von Paul Wilhelm – von Guido Menasci, dem Mitlibrettisten der Oper ›Cavalleria rusticana‹, ins Italienische übersetzt. Drei Skizzen – ›Un affanno‹, ›Idillio‹ und ›Musica‹ – erschienen am 11. Oktober 1896 unter dem Titel ›Da Peter Altenberg‹ in dem renommierten Journal ›Fanfulla della Domenica‹ (Rom) auf der ersten Seite. Vgl. Menascis Mitteilung an Paul Wilhelm vom 25. November 1896: »Ich habe Ihnen drei Uebersetzungen aus der Altenbergischen Skizzenreihe ›Wie ich es sehe‹ vor einem Monate gesandt. Haben Sie die Zeitungen bekommen? War Herr Altenberg damit zufrieden?« (Unveröffentliche Postkarte, Privatsammlung).
meine ›Paulina‹ Vgl. Anm. 63.

[69]
in Venedig Der Vergnügungspark »Venedig in Wien«, der im Mai 1895 im Wiener Prater eröffnet wurde.
Victor Victor Engländer
Signorina Maria Nicht ermittelt. Vermutlich eine »Serenaden-Sängerin«, wie sie in der Skizze ›Venedig in Wien‹ (WS 79) auftritt.

›*Dresdener Nachrichten*‹ Altenberg meint vermutlich die von L. L. gezeichnete Rezension in: ›Dresdner Anzeiger‹. 24. Juni 1896. S. 33. Ein Ausschnitt der Kritik befindet sich in seinem Nachlass in WBW mit der handschriftlichen Notiz »Zeitung a. d. Deutsch. Reich.«.

J. J. David Der aus Mähren stammende Schriftsteller Jakob Julius David (1859-1906). Der Brief ist nicht erhalten. Vgl. Anm. 33.

Loris Hofmannsthals Rezension erschien unter dem Titel ›Ein neues wiener Buch‹ in: Die Zukunft. IV. Jg. Nr. 49. 5. September 1896. S. 452-457. Vgl. D 94.

im ›Magazin‹ Von Otto Stoessl erschien die Rezension unter dem Titel ›Peter Altenberg‹. In: Das Magazin für Litteratur. Jg. 65. 1896. Nr. 26. Sp. 812-818.

die Frankfurter Zeitung Vgl. Anm. 65.

[70]
Essay von Otto Stössl Vgl. Anm. 69. Siehe D 91.

Berthold Mayerhofer recte Dr. Berthold Meyerhoffer, Arzt, Wien I., Ebendorferstraße 6

[71]
Original: ÖTM A.15.145.BaM

Hugo Ganz Der Journalist und Kritiker Hugo Ganz (1862-1922). Sein Essay hat den Titel: Die decadente Frau. Glossen zur ›Anima sola‹ von Neera. In: Die Zeit. Jg. VIII. Nr. 92. 4. Juli 1896. S. 9-10.

[72]
›*Neapolitanisches Marionettentheater*‹ Vermutlich identisch mit der weiter unten erwähnten Skizze ›Marionetten-Theater‹. In einem Brief vom 10. 7. 1896 schreibt Altenberg an Annie Holitscher: »Papa nimmt sie [Sophie Holitscher] Freitag zu den Neapolitan. Marionetten mit. Warum habe ich nicht diese Idee früher gehabt« (Abschrift WBW).

Margit Nicht ermittelt. Aus verschiedenen Briefen an Annie Holitscher geht hervor, dass sie mit der Familie Holitscher verwandt war oder bei ihr wohnte.

Sophie wohl Sophie Holitscher, die jüngste der drei Holitscher-Schwestern

Salten [...] ein schönes Feuilleton Felix Salten: Wie ich es sehe. In: Wiener Allgemeine Zeitung. Nr. 5522. 26. Juli 1896. S. 2-3. Dort heißt es u.a.: »endlich ein Buch, das direct aus dem Leben kam; nicht aus dem Anreiz literarischer Notizen und papierner Enge, sondern aus einem mit Bewußtsein reichen Leben.« Das Feuilleton hatte fünf Spalten.

›*ein neuer Dichter Peter Altenberg.*‹ Unter diesem Titel erschien die von Ludwig Stettenheim geschriebene Rezension in: Königsberger Allgemeine Zeitung. 10. Juli 1896. S. 1-2.

ein einfach genialer Satz Bei Salten lautet der Satz: »Er kennt sie [die Frauen], wie etwa eine Frau sie kennen müßte, die auf seiner Höhe stünde« (S. 2).

Isidor M. der Schwager Isidor Mauthner

In der Königsberger Zeitung [...] ein Passus Die entsprechende Passage im

Original lautet: »Wohl merkt er, daß er das geistige Niveau zahlloser Personen, mit denen das tägliche Leben ihn zusammenbringt, weit überragt, und in mehreren Skizzen erzählt er von einem jungen Mann, der mit seinen Anschauungen über die seiner Familie längst hinausgewachsen ist. Es ist nicht nur der Gegensatz zwischen der älteren und der jüngeren Generation, der sich hier auftut, sondern es liegt auch zwischen der jüngeren Generation, zwischen ihm und den Geschwistern eine weite Kluft, über die sie niemals zu einander gelangen könnten, wenn die natürliche Liebe sie nicht verbände. Stets haben ja große und ernste Geister den Kampf mit den morschen und veralteten Anschauungen ihrer Zeit aufgenommen. Waren sie zugleich Künstler, so stritten sie für ihre Ziele nicht mit grauen, kalten Theorien, sondern mit den Gebilden und Gestalten ihrer schöpferischen Phantasie. Altenberg wendet sich gegen die Ruhe, die zur behaglichen Trägheit wird, und fordert die Bewegung, die frisch und wach erhält, und die innere Unruhe, welche die Quelle alles Fortschrittes ist. Doch läßt er sich wiederum niemals von diesen Lebensfragen so sehr beherrschen, daß er seine Ideen tendenziös vertheidigte. Er steht ja weder auf der Tribüne, noch schreibt er ethische Artikel. Seine Ansichten treten durch die künstlerische Form geläutert vor uns hin, und durch das Wesen und den Mund seiner Menschen läßt er aussprechen, was er denkt und fühlt.«

›Marionetten-Theater‹ gedruckt in ›Ashantee‹ (1897), S. 115-123

Gradirhaus Die Bezeichnung für eine Einrichtung in manchen Badeanstalten, wo durch Verdampfung des Wassers salzstarke Luft hergestellt wird. Zu dieser Zeit ist das Gradierhaus in Bad Reichenhall in Bayern sehr bekannt. Annie Holitscher dürfte sich zu dieser Zeit in Reichenhall aufgehalten haben, wie aus einem etwas späteren Brief Altenbergs an sie vom 11. 8. 1896 hervorgeht (Abschrift WBW).

[73]

Vorlage: ›Das Altenberg-Buch‹. Hg. von Egon Friedell. Wien: Verlag der Wiener Graphischen Werkstätte 1922. S. 228-229

Hugo Salus Der Prager Schriftsteller und Arzt (1866-1929)
Max Messer Journalist und Schriftsteller (1875-1930)

[74]

Im New-York Herald Weder in der in New York selbst gedruckten Ausgabe noch in der in Paris erscheinenden »European Edition« der Zeitung war eine Kritik von ›Wie ich es sehe‹ zu finden.

›Figaro‹ ›N. Y. Figaro. Belletristische Wochenschrift für Theater, Musik, Kunst, Literatur und Unterhaltung‹. ›Vor dem Konkurse‹ wurde in Jg. 16. Nr. 31. 1. August 1896. S. 10 gedruckt. In den beiden folgenden Nummern erschienen zwei weitere Texte aus ›Wie ich es sehe‹: ›Die Wittwe‹ in Jg. 16. Nr. 32. 8. August 1896. S. 11; und ›Handarbeit‹ in Jg. 16. Nr. 33. 15. August 1896. S. 11. Es dürfte sich bei diesen Publikationen um unerlaubte Nachdrucke gehandelt haben, denn in keinem davon gibt es einen Hinweis auf das Buch ›Wie ich es sehe‹.

d. Königsb. Zeitung Über ›Vor dem Konkurse‹ heißt es dort: »Erstaunlich ist es, wie Peter Altenberg es versteht, gelegentlich in einer Skizze von nur wenigen Seiten unser ganzes Mitgefühl wachzurufen.« Vgl. Anm. 72.

In tiefer Freundschaft Zwischen August und Oktober 1896 besuchte Altenberg oft die Mitglieder einer Gruppe von Ashanti, eine der großen Ethnien mit alter Tradition aus einer Provinz im Süden des heutigen Ghana. Die Ashanti-Gruppe wurde im Wiener Tiergarten in einem nachgebauten »Dorf« zur Schau gestellt.

Ákolé Es gibt in ›Ashantee‹ zwei Figuren mit diesem Namen. Das hier gefeierte Mädchen entspricht der kleinen »bibi Akolé«, die in einigen Skizzen auftritt und in ›Der Kuss‹ (S. 26-27) den Mittelpunkt bildet.

[75]

Friedrich Eckstein Der österreichische Polyhistor, Schriftsteller und Mäzen Friedrich oder Fritz Eckstein (1861-1939). Eckstein unterstützte später Altenbergs kurzlebige Zeitschrift ›Kunst‹ durch die Lieferung (wohl gratis) von kostbarem Druckpapier aus der familiären Pergamentfabrik.

Loris's Aufsatz Hofmannsthals Rezension von ›Wie ich es sehe‹ erschien in ›Die Zukunft‹ am 5. September 1896. Siehe D 94.

in meinem Satze Dieser aphoristische Text wurde, leicht verändert, in die zweite, 1898 erschienene Auflage von ›Wie ich es sehe‹ aufgenommen: »Es gibt *drei* Idealisten: Gott, die Mütter, die Dichter! Sie suchen das Ideale nicht im *Vollkommenen* – – – sie *finden* es im *Unvollkommenen*« (S. 176). Der Text gehört zu einem neuen Abschnitt der Skizzenreihe ›Revolutionär‹, der die Überschrift ›Der Revolutionär hat sich eingesponnen‹ trägt.

[76]

meine Freundinnen in die Oper geführt Vgl. den Bericht eines früheren Opernbesuches in einem Brief vom 22. 8. 1896 an Annie Holitscher: »Der gestrige Abend war der Höhepunkt meines Glückes. Die Generalintendanz der Hof-Theater hat mir die schönste Loge (1. Rang Nr. 7) zur Verfügung gestellt in der liebenswürdigsten Form. Um 6 Uhr abends fuhr ich aus dem Thiergarten mit Monambô, der kleinen heissgeliebten Akolé, der ewig heiteren Tíoko und Akóschia, der Tadellosen [...] Dann in die Oper. Man gab Wiener Walzer, Puppenfee, Sonne und Erde. Wir wurden empfangen, Alles wusste, dass die Aschanti kommen würden. Jedes Mädchen bekam gratis ein Opernglas zum Durchschauen und eine kleine Bonbonnière. [...] Alle Operngläser auf diese süssen Geschöpfe.« (Abschrift WBW)

(Excelsior) nicht ermittelt

Nabadû Die junge Frau Nah-Badûh, der zusammen mit Tíoko, Akolé (der älteren) und anderen Frauen und Mädchen des Stammes die Skizzenreihe ›Ashantee‹ innerhalb des Buches gleichen Titels gewidmet ist, tritt auch als Figur in den Texten auf. Siehe ›Ashantee‹. S. 48, 49, 53, 68-71.

das Geschäft Vgl. Anm. 8.

Karl, Papa Karl Engländer (1835-1913), der Bruder und Geschäftspartner von Moriz Engländer. Vgl. den Eintrag für die Firma H. Engländer & Söhne

Wien im Handelsregister: »24 Nov[em]ber 1896 Rechtsverhältnisse: Die beiden offenen Gesellschafter Moriz Engländer und Carl Engländer sowie der bisherige Betrieb des Großhandels wird gelöscht; und besteht unter vorstehender Firma nunmehr eine Commanditengesellschaft. Persönlich haftender Gesellschafter ist Georg Engländer zum Betriebe des Handels mit Futterstoffen in Wien.« (Zl 55/4)

Colliers aus Glasperlen Die Ashantee-Frauen haben solche Glasperlenketten offenbar gern getragen. Vgl. ›Ashantee‹. S. 28. Altenberg selbst wird später solche Colliers entwerfen, herstellen und verkaufen. Vgl. PAE 127.

mit dem jungen Hardtmuth Franz Edler von Hardtmuth, dessen Mutter Altenberg in Gmunden bewundert hatte. Vgl. Anm. 37.

Tioko Das Ashanti-Mädchen Tíoko kommt in der Skizzenreihe ›Ashantee‹ mehr als zwanzigmal vor.

Ebermanns Stück ›Die Athenerin‹ von Leo Ebermann (1863-1914), dessen Buchausgabe 1897 bei J. F. Cotta Nachf. in Stuttgart erschien, wurde am 19. September 1896 im Burgtheater uraufgeführt.

[77]

An Helen Holitscher Das Original befand sich 1931 im Besitz von Paul Reif (1897-1962), einem aus Wien stammenden Bankkaufmann, der am 2. Juni 1931 aus Amsterdam an Franz Glück schrieb: »in der Frankfurter Zeitung lese ich von Ihrem Vorhaben die Briefe P.A.'s herauszugeben, und beehre mich Ihnen nachstehend[e] Abschrift eines in meinem Besitze befindlichen Briefes zu uebermitteln. Es handelt sich um einen ›Karten-Brief‹ (wie sie vor Jahren in Oesterreich ueblich waren) adressiert an ›Fräulein Helene Holitscher, Wien, 1. Wollzeile 5, 2. Stock‹. Die Mitteilung traegt kein Datum (der Poststempel scheint jedoch der des 31. 10. 96 zu sein) und hat folgenden Inhalt« (WBW).

einen Brief von Arthur Schnitzler Anders als fast alle Briefe *an* Altenberg hat dieser Brief, den Schnitzler am 29. Oktober aus Berlin an Altenberg schrieb, sich erhalten, wohl deshalb weil Altenberg ihn bereits 1896 Karl Kraus geschenkt hat. Siehe D 98 und Anm. 98.

[78]

Original: Schnitzler Papers, University Library Cambridge. Das oben handschriftlich von Schnitzler notiere Datum »Nov 97« ist falsch.

Bankrottirer des Lebens von Schnitzler unterstrichen

uralte Greise Leo Ebermann war vier Jahre jünger als Altenberg, Gustav Schwarzkopf sechs Jahre älter.

[79]

das Buch ein Exemplar von ›Wie ich es sehe‹

›Der Recitator‹ Die Kritik ›Der Recitator. (Anläßlich des Recitations-Abends: Rafael Faelberg, F. W. Weber's ›Goliath‹, 15. Dezember 1896.)‹ war am 15. Dezember 1896 in der ›Wiener Rundschau‹ (S. 97-98) erschienen.

›Marionetten-Theater‹ Die Skizze, die in ›Ashantee‹ aufgenommen wurde,

erschien zuerst in der Monatsschrift ›Die Gesellschaft‹. Bd. 13. 1897. Februar. S. 234-237.

Margueritta nicht ermittelt

das kleine Drama von Maeterlinck Vielleicht einer der Einakter ›L'Intruse‹ (1890) oder ›Intérieur‹ (1894) von Maurice Maeterlinck (1862-1949). ›L'Intruse‹ war bereits 1892 im Josefstädter Theater in Wien aufgeführt und unter dem Titel ›Der Eindringling‹ in Übersetzung veröffentlicht worden.

G. Schönaich Gustav Schönaich. Vgl. Anm. 2.

Wegen des soeben in der W. Rundschau enthaltenen Pamphletes Die dritte Folge von Kraus' ›Die demolirte Literatur‹, in der Salten als »Parvenu der Gesten« karikiert wird, erschien am 15. Dezember 1896 in der ›Wiener Rundschau‹. Vgl. Die demolirte Literatur. III. In: Wiener Rundschau. 15. Dezember 1896. S. 113-118.

Messer u. Polak Max Messer und der Schriftsteller und Kritiker Alfred Polgar (geb. als Alfred Polak; 1873-1955)

Ronacher Im Etablissement Ronacher, dem ehemaligen Wiener Stadttheater, zwischen Himmelpfortgasse, Seilerstätte und Schellinggasse, wurde während der gelegentlichen Varieté-Aufführungen gegessen, getrunken, geraucht.

Brociner Vermutlich Marco Brociner. Siehe Anm. 41.

S. Fritz Pseudonym für den Schriftsteller Fritz Singer (1841-1910). Um welche Auseinandersetzung – vielleicht eine Theaterkritik, denn S. Fritz hat auch Dramen verfasst – es sich handelte, konnte nicht ermittelt werden.

Der Jude Ebermann In der gleichen Folge von ›Die demolirte Literatur‹ erscheint Leo Ebermann als der »bleiche Dichter des athenischen Cassenstückes« und sein Drama ›Die Athenerin‹ als »eine höchst glückliche Verbindung missverstandenen griechischen und nicht erfassten modernen Geistes« (S. 117). Vgl. den grob antisemitischen Text ›Leo Ebermann, à kritische Studie‹, den Altenberg noch 1914 beim Anlass von Ebermanns Tod verfasste. In: Andrew Baker und Leo A. Lensing. Peter Altenberg: Rezept die Welt zu sehen. Wien: Braumüller 1995. S. 36.

[80]

Dimitrino Diese ägyptische Zigarettensorte war damals Luxusware.

Mage Lorrison Eine Tänzerin, die zum englischen Tanzquartett The Lorrisons gehörte.

Russ von Russthal wahrscheinlich ein Sohn von Isidor Russ Ritter von Russthal (1826-1876)

Karlweis C. Karlweis, d. i. Karl Weiß (1850-1901), Schriftsteller

im Volkstheater Am 23. Dezember 1896 wurde im Deutschen Volkstheater ›Die Verliebten. (Les Amants). Komödie in fünf Acten‹ von Maurice Donnay aufgeführt.

Fräulein Kalmar Die junge Schauspielerin Annie Kalmar (1877-1901), auf die sowohl Altenberg als auch Karl Kraus fast gleichzeitig aufmerksam wurden, trat in einer Nebenrolle auf. Darauf anspielend formuliert der anonyme Theaterkritiker der ›Neuen Freien Presse‹ ein bescheidenes Lob ihrer Darstellung: »unter den Verliebten zweiter Kategorie fiel Fräulein *Kalmar* nicht nur durch ihre Erscheinung auf« (NFP, 24. 12. 1896. S. 7). Annie Kalmar und Karl Kraus verband eine kurze, aber intensive Beziehung, die in dessen Werk deutliche Spuren hinterlassen hat. Peter Altenberg hat über Annie Kalmar in der ›Fackel‹ und in seiner Zeitschrift ›Kunst‹ publiziert.

ins Polnische übersetzt [...] ins Englische übersetzt nicht ermittelt

›Landstädtchen‹ Erschien am 25. Dezember 1896 in der ›Wiener Allgemeinen Zeitung‹.

Lorrison-Skizze Offenbar nicht erhalten. Vgl. Die letzten Tage der Lorrisons. In: Wiener Allgemeine Zeitung. 22. Dezember 1896. S. 3: »Die Lorrisons, das reizende englische Quartett, das sich in Wien so großer Sympathien erfreut, verabschiedet sich endgiltig am 23. d. M. von den Wienern und tritt an diesem Tage zum letztenmale im Etablissement Ronacher auf. Die Lorrisons werden diese kurze Zeit benützen und den Besuchern des Etablissements alle jene interessanten Lieder und pikanten Tänze vorführen, mit denen die blonden Engländerinnen in Wien während ihres zweimonatlichen Gastspiels so seltene Erfolge zu verzeichnen hatten.«

Im Magazin Vgl. Das Magazin für Litteratur. Hg. von Otto Neumann-Hofer. 65. Jg. Nr. 48. 28. November 1896. Sp. 1491-2. Dort berichtet [Kurt] Martens über einen Vortragsabend des Rezitators Marcel Salzer für die Litterarische Gesellschaft in Leipzig. Salzer las aus Werken der »jungen wiener Autoren«, u.a. Hofmannsthal (›Die Beiden‹ und andere Gedichte), Schnitzler (der Einakter ›Weihnachtseinkäufe‹ aus ›Anatol‹) und Altenberg (eine nicht mit Titel genannte Skizze): »Aus ›Wie ich es sehe‹ von Altenberg kam das Heimweh eines kleinen Mädchens. Und da vor Altenberg noch kein Dichter die kleinen Mädchen so geliebt und verstanden hat, – er spricht von ihnen stets mit wehmütigem Humor, primitiv wie die Kinder selbst – so griff er an diesem Abend die Hörer am tiefsten und nachhaltigsten« (Sp. 1492).

[81]
Original: Staatsbibliothek zu Berlin – Preußischer Kulturbesitz, Handschriftenabteilung. Sig. GH Br NL Altenberg, Peter

Arthur Schnitzler Vgl. Schnitzlers Brief vom 29. 10. 1896 an Altenberg (D 98).

[82]
Vgl. AST 71. Es handelt sich hier und bei den folgenden Tagebuchtexten Schnitzlers um Passagen, die zum ersten Mal in diesem Wortlaut veröffentlicht werden. Schnitzler hat ausgewählte Stellen des Tagebuchs, in denen Richard Engländer oder Peter Altenberg vorkommen, unter dem Titel ›Peter Altenberg‹ (DLA Sig. 85.1.118) in einem zehnseitigen Typoskript zusammengestellt und dabei den Text manchmal redigiert. Aus diesem Typoskript werden die folgenden Passagen zitiert. Wichtige Abweichungen gegenüber dem veröffentlichten Tagebuch (AST) werden verzeichnet.

Novelletten In AST steht »Novellette«.

[83]
Der Text ›Theater-Kritik‹, in dem Altenberg bereits seine dichterische Persona persifliert und den Akt des Schreibens reflektiert, wurde in keinem Buch Altenbergs nachgedruckt.

[84]
Als der kleine Zyklus ›Hausball‹ 1897 in ›Ashantee‹, der zweiten Buchpublikation Altenbergs, aufgenommen wurde, ließ man die darin enthaltene Skizze ›Mylitta‹ fort. Dieser Text wurde in keinem Buch Altenbergs nachgedruckt.

[85]
Vgl. AST 187. Das Buch kam offenbar etwas früher in den Handel. Ein Exemplar der Erstausgabe im Privatbesitz trägt den Besitzervermerk: »Dr. Raimund Steinert / 16. 4. 96«.

[86]
Diese Skizze lag bereits mehr als zwei Jahre vor der Veröffentlichung von ›Wie ich es sehe‹ vor, wie aus einem Brief vom 31. 1. 1894 an Annie Holitscher hervorgeht: »Habe heute Unannehmlichkeiten wegen ›Familienleben‹, da Louis mir dringendst abredet. Ich lasse mich aber ohne dasselbe nicht drucken«. Zitiert nach Ricarda Dick. Peter Altenbergs Bildwelt. Göttingen 2009. S. 20-21. Anm. 63. Obwohl ›Familienleben‹ in WS gedruckt wurde, fehlte die Skizze in der zweiten und allen weiteren Auflagen.

[87]
Es ist vielleicht kein Zufall, dass kurz vor und bald nach dem Erscheinen dieser anonymen, deutlich parteiischen Kurzkritik Karl Kraus ungezeichnete Theaternotizen in der ›Montags-Revue‹ publizierte. Vgl. Karl Kraus. Frühe Schriften. Bd. 1892-1896. München 1979. S. 293-295. Eine Notiz erschien am 17. Februar, drei weitere in der Ausgabe vom 9. März und eine am 4. Mai.

[88]
Hermann Bahrs Essay ist hier gekürzt um eine lange Einführung über Künstler, die »ihren eigenen Ton« haben, zu denen er Peter Altenberg zählt. Der Essay wurde in seinem Band ›Renaissance. Neue Studien zur Kritik der Moderne‹ (Berlin: S. Fischer 1897) ohne nennenswerte Veränderungen nachgedruckt (S. 45-52).

[89]
Vgl. AST 192-193.
Nachtkaffeehäusern In AST: Hurenkaffeehäusern
In einem solchen Weib [...] das Höchste. In AST als Zitat von Altenberg kenntlich gemacht.
seine Geliebte Anna In AST: seine »Geliebte« Anna
einem gewissen M. In AST hier und im folgenden: Messer, d. i. Max Messer.
Ja, ich diktiere [...] in ihrer Seele. In AST in Anführungszeichen gesetzt.

Richard im vorigen Jahr In AST: Rich. B.-H., d.i. Richard Beer-Hofmann.
P. W. AST: Paul Wertheimer.
dass er uns alle kenne [...] In AST folgt: ging zu ihr.

[90]
J. S. Wohl Johanna Schwarz-Mamroth, Gattin von Feodor Mamroth, dem
Feuilletonredakteur der ›Frankfurter Zeitung‹, der Ende der 1880er Jahre
in Wien die Wochenschrift ›An der schönen blauen Donau‹ herausgab, in
dem Gedichte und Prosa von Schnitzler erschienen. In einem Brief vom
Ende September 1897 an Hermann Bahr nennt Altenberg sie als Rezensen-
tin von ›Ashantee‹ in der gleichen Zeitung.
Der hier abgedruckte Text der Rezension ist um einige längere zitierte Passa-
gen, vor allem aus den Skizzenreihen ›See-Ufer‹ und ›Frau Bankdirektor von
H.‹, gekürzt.

[91]
Otto Stoessl (1875-1936), Schriftsteller, Kritiker und k.u.k. Staatsbeamter,
trat in den 1890er Jahren als Rezensent und Essayist hervor und schrieb zwischen 1907 und 1923 eine Reihe von Romanen. Er gehörte zwischen 1903-
1911 zu den wichtigsten Mitarbeitern der ›Fackel‹ und war in diesen Jahren
und darüber hinaus mit dessen Herausgeber Karl Kraus befreundet. Im Februar 1897 veröffentlichte Stoessl in der Zeitschrift ›Neue Deutsche Rundschau‹ eine zweite Würdigung von ›Wie ich es sehe‹. Vgl. Bibliographien in
diesem Band.
Der Text der Rezension ist um einen langen Aufsatz, der allgemeine Betrach-
tungen zum »Künstler« enthält, sowie um einige Passagen aus und Nacher-
zählung von verschiedenen Skizzen in WS gekürzt.

[92]
Nach der Herausgabe von ›Liebelei‹ und der ›Wiener Rundschau‹ (vgl. Anm. 28)
übernahm Rudolf Strauß 1898 die Redaktion von der Wiener Wochenschrift
›Die Wage‹, in der Karl Kraus vorübergehend ein wichtiger Mitarbeiter war.
1899 kam Strauß in die Redaktion der NFP, der er jahrzehntelang angehörte.

[93]
Vgl. AST 199.

[94]
Hofmannsthals Essay wurde unter dem Titel ›Das Buch von Peter Altenberg‹
zum ersten Mal nachgedruckt in: Hugo von Hofmannsthal. Die prosaischen
Schriften gesammelt. 2. Band. Berlin: S. Fischer 1907. S. 69-83.

von literarischer Kultur [S. 109] diese Worte sind im Nachdruck von 1907
fortgelassen.
die Vornehmen [S. 110] Im Nachdruck steht »die Vordersten«
Man wird an einen alten Garten [...] im Sommer sieht [S. 110f.] Dieser Satz
fehlt im Nachdruck.

[95]
Vgl. AST 220.
P.A. In AST: Peter Altenberg

[96]
Joseph Victor Widmann (1842-1911), Schweizer Schriftsteller und Kritiker. In einem Brief an seinen Vater vom 1. März 1887 nennt Hermann Bahr ihn den »Schweizer Literaturpabst«. Siehe Hermann Bahr. Briefwechsel mit seinem Vater. Wien: H. Bauer Verlag 1971. S. 150.
Die Auszüge aus der in vier Fortsetzungen erscheinenden Studie sind nach einem Ausschnitt im Teilnachlaß Altenbergs in WBW zitiert. Fortgelassen in diesem Auszug sind die in den Folgen nachgedruckten Skizzen ›Gesellschaft‹ (WS 94-97), ›Vor dèm Konkurse‹ (WS 173-178) und ›Ein schweres Herz‹ (WS 191-197)

[97]
Vgl. AST 222.

[98]
Vorlage: Das Original scheint nicht erhalten zu sein, aber eine Fotokopie des Originals befindet sich in WBW (I.N. 137.077).
Lendway Entgegen der Annahme von Karl Kraus, Altenbergs Notiz halte ein Rendezvous mit einer Prostituierten fest, könnte es sich um ein Treffen mit dem ungarischen Komponisten E. Lendway handeln, der um diese Zeit an einer Oper nach Hauptmanns Drama ›Elga‹ arbeitete. In einer von Kraus leicht redigierten Fassung wurde der Brief zum ersten Mal in dem Programmblatt zur Vorlesung Karl Kraus' für den 26. November 1922 gedruckt. Zur Reaktion Schnitzlers vgl. Friedrich Pfäfflin, Hg.: Richard Lányi II. Verlegerbriefe im Schein der ›Fackel‹. 1905-1938. Warmbronn 2007 (= Bibliothek Janowitz Bd. 12). S. 19-23. Vgl. folgende Stelle in Schnitzlers Tagebuch vom 28. 10. 1896, die er in die Charakteristik ›Peter Altenberg‹ nicht aufgenommen hat. »Bei Brahm [in Berlin]. Gerhard Hauptmann. Er fragte nach Altenberg. Seit Jahren hat kein Buch einen solchen Eindruck auf ihn gemacht.« (AST 223)

[99]
Der Schriftsteller und langjährige Verlagslektor für S. Fischer Moritz Heimann (1868-1925), der oft unter dem Pseudonym Hans Pauli schrieb, betreute das Werk von Gerhart Hauptmann und vielen anderen. Die Sticheleien in dieser Rezension waren vermutlich längst vergessen, als Altenberg 1918 in ›Die Weltbühne‹ Heimann zu seinem 50. Geburtstag feierte: »Moritz Heimann, wie ein ideal-bescheidener Kapellmeister bist Du dieses Elite-Orchesters S. Fischer 1918! Wer weiß, wen Du aus selbständigem, ureigenem geistigen Falkenblick unbekannt bisher zu geistigem Lebendigsein fast erschaffen hast, wer weiß, wie Viele Du in den Abgrund sinken ließest, wohin sie unbedingt hingehörten!?.« In: Die Weltbühne. Jg. 14. Nr. 29. 18. Juli 1918. S. 54.

Der hier gedruckte Text ist um eine Einführung und einen Abschnitt über eine Neuerscheinung von Ola Hansson gekürzt.

[100]
›Der Baron‹, die zweite von zwei Skizzen ›Aus dem Cyclus »Venedig in Wien«‹, wurde in keinem Buch von Altenberg nachgedruckt.

[101]
Der Kunstkritiker Emil Schaeffer, ein Schüler des prominenten Kunsthistorikers Richard Muther, trat später u. a. mit den Studien ›Die Frau in der venezianischen Malerei‹ (1899) und ›Das Florentiner Bildnis‹ (1904) hervor. Der hier gedruckte Text ist um einen längeren Abschnitt über das »Weib« als thematischen Mittelpunkt von Altenbergs Buch gekürzt.

[102]
Die von Altenberg selbst handschriftlich hergestellte Abschrift befindet sich im Teilnachlass Altenbergs in WBW. Das Original ist offenbar nicht erhalten.

[103]
Vorlage: Karl Kraus. Frühe Schriften. 2. Band 1897-1900. Hg. von Johannes J. Braakenburg. München 1979. S. 46-47. Die Passage über Altenberg ist ein Auszug aus einem längeren Text.
Vortragsabend Kraus berichtet von einem Autorenabend, der am 28. 3. 1897 in Wien stattfand.
die Herren Bahr und Schnitzler Hermann Bahr las seine Erzählung ›Die schöne Frau‹ und Schnitzler den ersten Akt des Dramas ›Freiwild‹ vor.
Dieser Undemolirbare In ›Die demolirte Litteratur‹, Kraus' satirischer Abrechnung mit den Schriftstellern »des jungen Österreich«, fehlt Peter Altenberg nämlich.

Nachwort
Peter Altenberg im Anfang

»Ich war heute, nach 30 Jahren, in dem
kleinen lieben Ort ›Altenberg‹, an der
Donau. Heißt er so nach mir, heiße ich so
nach ihm, gleichviel!«
Peter Altenberg, ›Ort Altenberg‹ (1918)

»In den Jahren 1892-1896 sammelte er
alles, was sich seinem äußeren und inneren Auge geboten hatte.«
Marie Mauthner, ›Dem Andenken meines
Bruders‹ (1930)

Wann Richard Engländer nicht nur zu schreiben, sondern auch zu dichten begonnen hat, liegt im Dunklen. In der erhaltenen Korrespondenz,
die auf das Jahr 1880 zurückgeht, wird erst Ende 1891 von literarischen
Schreib- und Publikationsversuchen berichtet.[1] Den ersten Hinweis auf
einen konkreten Text enthält der Brief vom 21. Januar 1893, in dem der
bereits Dreiunddreißigjährige »einen Essay über Baumeister Solneß«
(B 2) erwähnt. Diesen verschollenen Essay, den er ausdrücklich als Gegensatz zu einem als »Dreck« bezeichneten Feuilleton in der ›Neuen
Freien Presse‹ charakterisiert, versuchte er noch – vergebens – bei dem
anderen »Weltblatt‹ Wiens, ›Die Presse‹, anzubringen. Aber weder dieser
»2 mal geschriebene u. 1½ mal abgeschriebene« Text noch vereinzelte, in
anderen Briefen erwähnte Bemühungen um Publikationsmöglichkeiten
in Zeitungen und Zeitschriften sollten dazu verführen, Altenbergs ursprünglichen Schreibimpuls als »feuilletonistisch« zu bezeichnen.[2] In
einem Memoirenfragment erinnert sich die jüngere Schwester Gretl Engländer nicht nur an die üblichen lyrischen Ergüsse des Zwölfjährigen,
sondern auch an »kleine Romane oder Novelletten«, die »in der Zeit von
1872-1878 auf großem Format einzelner Bögen Kanzleipapier« niederge-
schrieben wurden. In diesen Manuskripten seien »zarteste Wiedergaben
einer Menge von seelischen Vorgängen« enthalten, »die sich zwischen
den diversen männlichen und weiblichen Bekannten in seiner Phantasie
abspielten«.[3] Das heißt, auch in diesen Juvenilia bahnte sich die Faszination mit den im Frühwerk vorherrschenden kleinen Dialogen und Erzählungen an, in denen das Unbewußte oder zumindest das Ungesagte im

1 In Briefen, die im privaten Literatur- und Kunstinstitut Hombroich nicht
   zugänglich sind. Zitiert daraus wird von Ricarda Dick, in: Peter Altenbergs
   Bildwelt. Zwei Ansichtskartenalben aus seiner Sammlung. Göttingen 2009.
   S. 15-19.
2 Vgl. R. Dick (Anm. 1). S. 20.
3 Zum ersten Mal abgedruckt in: PAE 19-20.

Mittelpunkt stand. Auch die 1988 aufgefundene, 1990 veröffentlichte Textsammlung ›Aus einem Skizzenbuch‹, die in den Jahren 1893-1894 entstanden sein dürfte, enthält nichts Feuilletonistisches, sondern subtile Gespräche, die besonders in den Skizzen ›Nacht-Café‹ und ›Ehebruch‹ den aufkommenden Geschlechterkampf des Jahrhundertendes kritisch widerspiegeln. Es ist das erste bekannte abgeschlossene Sammelwerk des noch in seinen Briefen als Richard Engländer signierenden Autors. Das zwanzigseitige Manuskript beginnt mit einem Titelblatt, auf dem wohl zum ersten Mal »von Peter Altenberg« steht.[4]

»Richard
P. Altenberg«

Im Anfang war nicht der Name, nicht einmal der Ort Altenberg, sondern Richard Engländer: der als Jurist, Mediziner und Buchhändler gescheiterte Bürgerssohn, von Freud behandelter Neurastheniker und zuletzt, noch kurz bevor er Schriftsteller wurde, »Zigarettenagent aus dem Nachtcafé«, wie Felix Salten sich rückblickend erinnerte.[5] Wie dieser Richard Engländer zu seinem Pseudonym kam, gehört zu den gerne erzählten Legenden um die Entstehung seiner dichterischen Persona. Seiner Schwester Marie Mauthner ist die harmlosere Fassung zu verdanken, nach der es um ländliche Idylle und Sehnsucht nach einem jungen Mädchen ging. Aus Liebe zu der in Altenberg an der Donau lebenden dreizehnjährigen Bertha Lecher, die »den Kosenamen ›Peter‹« führte, wurde der Zwanzigjährige dazu inspiriert, später den etwas ordinären Rufnamen mit dem angenehm deutsch klingenden Zunamen zu kombinieren. Das Altenberger Landhaus der Familie Lecher, deren Söhne Richard Engländer auf dem Akademischen Gymnasium in Wien kennengelernt hatte, sei ihm »ein zweites Paradies« gewesen; die Tränen des Mädchens, als er sich wegen einer Buchhändlerlehre in Stuttgart verabschieden mußte, habe er »nie vergessen«.[6]

4 Peter Altenberg, Aus einem Skizzenbuch. Five Unpublished Sketches by Peter Altenberg. Hg. mit einer Einführung und Anmerkungen von Andrew Barker. In: Austrian Studies I. Hg. von Edward Timms und Ritchie Robertson. Edinburgh 1990. S. 28-46. Hier wird allerdings das separate Titelblatt, das für den Werkcharakter der Handschrift wichtig ist, nicht erwähnt.
5 Felix Salten, Aus den Anfängen. Erinnerungsskizzen, in: Jahrbuch deutscher Bibliophilen und Literaturfreunde. 18./19. Jg. 1932/1933. S. 46.
6 Marie Mauthner, Dem Andenken meines Bruders. In: Peter Altenberg, Nachlese. Wien 1930. S. 15-18.

Erst in einer 1952 erschienenen Biographie des berühmten Orthopäden Adolf Lorenz, der mit einer Schwester von Bertha Lecher verheiratet war, wurden Details der Familienverhältnisse bekannt, die eine merkwürdige Ambivalenz dieser Namenswahl offenbaren. Richard Engländers Schulkameraden »übten eine brutale Gewaltherrschaft über ihre jüngeren Schwestern aus; noch gewaltsamer, als sie sonst schon zwischen Brüdern und Schwestern in jungen Jahren herkömmlich ist«.[7] Bertha und ihre Schwestern mußten nämlich als »Sklaven« den Brüdern dienen und wurden männliche Namen zugeteilt, denn »*weibliche* Sklaven« wollten die als »altdeutsche Helden« sich gerierenden Jungen nicht. Während die drei älteren Mädchen richtige pseudogermanische Rittersknappenbezeichnungen – Emma »Emmlinger«, Hedwig »Hedlinger« und Hilda »Hildinger« – erhielten, mußte Bertha sich mit dem einfachen »Peter« zufrieden geben. Der junge Richard Engländer soll dieses »Sklaventum«-Spiel verabscheut haben, aber seine vielen an »Peter« adressierten Briefe an Bertha Lecher zeigen, dass auch er es gewissermaßen mitspielte. Der einzige Hinweis in dieser Korrespondenz darauf, dass der Ort Altenberg sich in eine bedeutungsvolle Chiffre verwandeln wird, befindet sich in einem Brief vom 19. Juni 1880 an Bertha, in dem Richard vom tristen Wiener Alltag mit ihrem Bruder Otto erzählt. Egal, was Otto ihn fragt, schreibt er: »meine Antwort ist: ›Altenberg‹« (Abschrift WBW).

Die Altenberg-Legende hat lange übersehen, dass der sich endlich mit 37 Jahren in Druck begebende Schriftsteller ein Pseudonym wählte, das nicht nur Idyllensehnsucht, sondern auch Identifikation mit einem den Unterdrückungsmechanismen männlicher Spielregeln ausgesetzten Mädchen zum Ausdruck brachte.[8] Sie hat außerdem kaum den Verlust zur Kenntnis genommen, den er mit dem Verzicht auf den Geburtsnamen in Kauf nahm. Dass der Vater ihn »Richard nach Shakespeares Königsdramen« genannt hatte, sodass für einen »Engländer« eine literarische Karriere fast überdeterminiert erscheinen könnte, passte nicht mehr dazu.[9] Spuren einer gewissen Spaltung zwischen der potentiellen erhobenen literarischen Persona im eigenen Namen und dem eindeutig oppositionell konstruierten »Peter Altenberg« sind noch in ›Wie ich es sehe‹ zu finden. Obwohl Altenberg bereits in diesem Werk die Chiffre P. A. einige Male in die Texte einfließen läßt, trägt die Hauptfigur der größten Skizzenreihe

7 Wenn der Vater mit dem Sohne … Erinnerungen an Adolf Lorenz von Albert Lorenz. Wien 1952. S. 97.

8 Als Erster hat Andrew Barker 1996 in der englischsprachigen Originalfassung seiner Biographie auf diesen Aspekt hingewiesen. Vgl. A. B., Telegrammstil der Seele. Peter Altenberg. Eine Biographie. Wien 1998. S. 34-44.

9 Marie Mauthner (Anm. 6). S. 6.

›Revolutionär‹, die zugleich Alter Ego des Autors ist, den betont vornehm klingenden Namen Albert Königsberg.

In den Briefen, die für diese Edition ausgewählt wurden, kann man verfolgen, wie eine Oszillation zwischen Engländer und Altenberg, zwischen Richard und Peter lange anhält. Obwohl ein um Anfang März 1893 geschriebener Brief an die Kusine Maria Engländer und der darin enthaltene früheste erhaltene Text des Dichters beide mit Peter Altenberg signiert sind, unterschreibt er fast alle Briefe an Annie Holitscher in den Jahren 1892-1895 mit R. oder Richard; sogar im Jahre 1896 nach dem Erscheinen von ›Wie ich es sehe‹ kommt die alte Unterschrift vor. Während Briefe an Hermann Bahr und Arthur Schnitzler noch während der letzten Arbeiten an dem Buch im Sommer 1895 unter dem vollen Namen Richard Engländer unterschrieben werden, kommt das Schwanken zwischen den beiden Identitäten in den Briefen an den Freund Karl Kraus deutlich zum Ausbruch.[10] Bevor er im August 1895 mit selbstverständlicher Einfachheit als Peter Altenberg signiert (B 29), heißt die Unterschrift im Mai »Richard / P. Altenberg« (B 25) und einmal noch mehr ineinander verschlungen »R. Altenberg-E.« (B 27). Am Ende des Jahres 1896 ist die Verwandlung vollzogen, sodass er der Freundin Helene Holitscher recht unwirsch mitteilt: »Sie, ich heisse Peter Altenberg. Andere Adressen werden retournirt!!!« (B 79).

Urschreibszenen

An der Legende des Namens haben vor allem andere gestrickt; den Mythos von der Entstehung des Dichters aus dem Geist der »Kaffeehaus-Neurasthenie«, wie er selbst einmal seine Situation formuliert, schrieb Altenberg fleißig mit.[11] Es gibt keinen Zweifel darüber, dass der am Anfang des Erstlings ›Wie ich es sehe‹ stehende Text ›Neun und elf‹ nicht, wie Altenberg zweimal im Druck behauptete, seine »überhaupt erste Skizze«[12] war. Auch wenn man die frühen »Essays« - die verschollene Kritik über Ibsens ›Baumeister Solneß‹ (B 2) und den ›Tanz-Essay‹ (B 3) sowie den in einem Brief enthaltenen Artikel ›Entwicklung‹ (B 4)- nicht mitrechnet, handelte es sich bei einer Reihe von den frühesten erwähnten Texten nicht um die

10 In Briefen an Felix Salten aus Wien und Ischl im Sommer 1894 (6. 7., 30. 7. und 4. 9.) schreibt Kraus selber noch consequent »Engländer«.

11 Unveröffentlichter Brief an Charlotte Holitscher aus dem Jahr 1887. Abschrift WBW.

12 Peter Altenberg, Gedenkblatt, in: »Semmering 1912«. Berlin 1913. S. 95; und Wie ich »Schriftsteller« wurde, in: Mein Lebensabend. Berlin 1919. S. 9. Hier erinnert Altenberg sich, dass er die Skizze Ende September 1894 geschrieben habe.

ALTENBERG a/D.

Karl Schwetz. Altenberg a[n der] D[onau]. Postkarte der Wiener Werkstätte.
Um 1915. Ein Exemplar dieser Karte hat Peter Altenberg in sein 1917
zusammengestelltes ›Postkartenalbum‹ (WBW) einmontiert.

im thematischen Mittelpunkt des späteren Werkes stehenden kleinen Mädchen, sondern offenbar um Spannungen im Geschäfts- und Familienleben des gehobenen Wiener Bürgertums. In im Juli 1893 geschriebenen Briefen (B 5, B 6), also gute drei Monate vor der Erwähnung der »Idylle ›Popper‹«,[13] die ›Neun und elf‹ inspirierte, erwähnt er Skizzen, die nach den Namen von Wiener Firmen mit Zweigstellen im ersten Bezirk betitelt sind und eine solche Problematik anzudeuten scheinen.

Aber als Altenberg mitten in seiner Karriere begann, die Entstehung derselben zu mythologisieren, war ihm die »erste« Skizze weniger wichtig als die erste Publikation: ›Locale Chronik‹, die im Januar 1896 in der kurzlebigen Zeitschrift ›Liebelei‹ erschien. In der autobiographischen Skizze ›So wurde ich‹ (1913) entwarf er um die Komposition dieses Textes ein Szenarium, das sich wie eine Auftragsarbeit für die Literaturgeschichte liest. Er sitzt im Café Central mitten in Wien, schreibt über das Schicksal eines verschwundenen Mädchens, dessen Geschichte er in einer illustrierten Zeitung gerade gefunden hat, und wird von Schnitzler, Richard Beer-Hofmann, Hugo von Hofmannsthal und Hermann Bahr, also dem gesamten personifizierten Jung Wien, überrascht. Sie entdecken erst jetzt, dass er »dichtet«. Schnitzler nimmt das Manuskript an sich; Beer-Hofmann veranstaltet »ein literarisches Souper«, wo die darin enthaltene Skizze vorgelesen wird; Bahr bittet den angehenden Autor um Beiträge für seine neue Zeitschrift ›Die Zeit‹. Später wird, wie Altenberg pointiert zweimal erwähnt, Karl Kraus »einen Pack meiner ›Skizzen‹« an den Verleger S. Fischer in Berlin schicken, »mit der Empfehlung, ich sei ein Original, ein Genie, Einer, der anders sei, nebbich«.[14]

Damit sind alle Akteure versammelt, die bei der Entdeckung von Peter Altenberg wirklich eine Rolle gespielt haben, aber die Handlung dürfte etwas anders gelaufen sein. Die Skizze ›Locale Chronik‹ wurde tatsächlich von einem Zeitungsbericht inspiriert, der am 22. November 1894 im ›Illustrierten Wiener Extrablatt‹ erschien.[15] Wie man aus dem Tagebuch Schnitzlers weiß, las Beer-Hofmann aber bereits im Februar 1894 »Novelletten« (D 82) von Altenberg vor, und dessen Manuskripte zirkulierte ohne Zweifel schon früher im Kreis der Jung-Wiener. Im Juli des gleiches Jahres schickt Altenberg selber Skizzen aus der Reihe ›See-Ufer‹ an Schnitzler und Beer-Hofmann (B 17, B 19). Dass Altenberg »dichtet«

13 Unveröffentlichter Brief an Annie Holitscher. 28. 10. 1893. Abschrift WBW.
14 Peter Altenberg, So wurde ich. In: »Semmering 1912«. Berlin 1913. S. 35-36.
15 Siehe Abb. S. 65. Wie Werner J. Schweiger festgestellt hat, stimmen weder das in der Skizze genannte Erscheinungsdatum der Notiz noch Altenbergs Angabe, dass er »im 34. Jahre« – das wäre 1893 gewesen – im Café Central saß. WJS, Wiener Cafés. Ein Dichter wird entdeckt, in: Die Pestsäule. H. 10. März 1974. S. 945-947.

oder zumindest schreibt, wußte Schnitzler spätestens im Januar 1893, als er Hofmannsthal von der »Solneß«-Arbeit informierte.[16] Anders als Altenberg hier berichtet, ließ Hermann Bahr ihn lange auf eine Einladung in ›Die Zeit‹ warten. Nicht im Anschluß an der Lektüre von ›Locale Chronik‹ im Jahre 1894 oder an deren Publikation in ›Liebelei‹ Anfang 1896, sondern erst im September 1897, lange nach dem Erfolg von ›Wie ich es sehe‹, ist eine Aufforderung zur Einsendung eines Manuskripts belegbar.[17] Dieser konnte oder wollte Altenberg jedoch nicht nachkommen, und zwei Texte von ihm erschienen in ›Die Zeit‹ erst im Juni 1898.[18]

Obwohl Altenberg auch Bahr gebeten hat, sein Werk an S. Fischer zu empfehlen (B 31), scheint der doppelte Hinweis auf das alleinige Eingreifen von Karl Kraus auf Tatsachen zu beruhen. Nur ihm berichtet Altenberg von seinem nervösen Warten auf eine Reaktion des Verlegers und zwar dreimal hintereinander (B 26, B 27, B 29). Anläßlich des Abdrucks der autobiographischen Skizze ›So wurde ich‹ in der ›Fackel‹ merkt Kraus zu der Stelle, die auf Bahrs Ersuchen um Beiträge für ›Die Zeit‹ hinweist, in einer Fußnote an: »Der erste Altenberg-Druck, eben jene Skizze ›Lokale Chronik‹ (unter der Chiffre P. A.), erfolgte auf meine Veranlassung in der Zeitschrift ›Liebelei‹ im Januar 1896.«[19] Dazu paßt nicht nur Altenbergs Bitte an Kraus, sich um den »Revisions-Druck« von ›Locale Chronik‹ zu kümmern (B 55), sondern Briefe Karl Rosners an Kraus, in denen es klar wird, dass dieser für das Anwerben von Beiträgen für die neue Zeitschrift mitverantwortlich war.[20]

Altenberg hat nicht erst 1913 in ›So wurde ich‹ die Skizze ›Locale Chronik‹ zur Urszene seiner literarischen Selbsterfindung gemacht. Bereits 1904, als eine Neuauflage von ›Wie ich es sehe‹ erschien, schenkte er seinem ein Jahr jüngeren Onkel Ludwig (Louis) Schweinburg ein Exemplar mit folgender Widmung: »Im März 1904 / Lieber Dr. Ludwig Schweinburg, als Du im Jahre 1895 mein erstes Manuskript, ›Lokale Chronik‹, lasest, hattest Du sogleich jenes litterarische Urtheil, das viel viel später meine wirklich Verständnis-vollen erhielten. / Für den gänzlich Unbekannten, den

---

16 Brief vom 11. 1. 1893: »Die Arbeit Engländers ist über Solneß.« In: Hugo von Hofmannsthal, Arthur Schnitzler, Briefwechsel. Hg. von Therese Nickl und Heinrich Schnitzler. Frankfurt a. M. 1964. S. 34.

17 Siehe Heinz Lunzer und Victoria Lunzer-Talos, Peter Altenberg und Hermann Bahr. In: Jeanne Benay und Alfred Pfabigan, Hg.: Hermann Bahr – für eine andere Moderne. Bern 2004. S. 235.

18 Ebenda. S. 241.

19 ›Die Fackel‹. Nr. 372-373. 1. April 1913. S. 25.

20 Z.B. den unveröffentlichten Brief vom 8. 2. 1896 (WBW I.N. 162.498), in dem Rosner schreibt: »Mitarbeiten will ich gelegentlich gerne, ich danke Dir für die Aufforderung.«

verkommenen Erstgeborenen der Familie E., tratest Du ein mit Deiner vorurtheilslosen Gerechtigkeit. Ich danke Dir. / Dein / Peter Altenberg«.[21] Hier wird die erste Publikation zum ersten Manuskript erhoben und zwar im Dienste einer Harmonisierung im Nachhinein des familiären und des kritischen Urteils über Altenbergs Werk.

Eine solche Harmonie fehlte nämlich am Anfang, als der Altenberg auch sonst unsympathische Schwager Isidor Mauthner sowie der ihm gewogene junge Onkel seine noch unveröffentlichten Schriften bemängelten. Einig waren diese beiden jedenfalls in ihrer Ablehnung der uncharakteristisch langen Skizze ›Familienleben‹, in der einige Mitglieder der Familie Engländer einschließlich des Schwagers selbst porträtiert sind. Dieser Text wurde dann in allen weiteren Auflagen von ›Wie ich es sehe‹ fortgelassen. Dass Louis Schweinburg aber sonst Altenbergs literarische Versuche auch vor ›Locale Chronik‹ zu schätzen wusste, geht deutlich aus den Briefen an Annie Holitscher hervor. Ihn galt es zu überzeugen, dass es »keine Mache des Verlegers« (B 54) gewesen sei, sondern dass Altenberg selbst auf die Idee gekommen war, die beiden großen Skizzenreihen in ›Wie ich es sehe‹ durch eine sorgfältige Überarbeitung miteinander zu verbinden.[22] Wie ähnlich das Temperament von Neffe und Onkel war, geht aus einer Charakteristik hervor, die in einem Brief vom 29. August 1890 an Annie Holitscher enthalten ist. Louis Schweinburg hatte in den Tagen nach dem Tod seiner Mutter einen ganzen Tag bei der Familie Engländer verbracht, den Altenberg so kommentierte: »er fühlte sich bei uns zum erstenmal leicht und ruhig, wie er mir sagte; er ist bei allem seinem Egoismus, über den auch G[eorg] empört war, bei seiner schrankenlosen Ungezogenheit, seiner Ich-Krankheit, doch einer der wenigen tief empfänglichen, begeisterungsfähigen Menschen, die unter Männern so selten sind«.[23]

Bereits als Knaben bestritten Richard Engländer und Louis Schweinburg einen gemeinsamen lyrischen Auftritt. Wie Marie Mauthner sich erinnerte, haben sie im Kinderzimmer zusammen vor der versammelten Familie Gedichte deklamiert: »Ein Oheim, der um ein Jahr jünger war als sein Neffe Peter Altenberg, rezitierte das ›Grab am Busento‹, und der ›Löwenritt‹ ließ die Kinder erzittern.«[24] Es würde sich lohnen, mehr über den jungen Rezitator und späteren »Hof- und Gerichts-Advokaten« zu erfahren, mit dem Altenberg in seinen literarischen Lehrjahren ständig zusammen war.

21 Siehe Abbildung S. 63.
22 Und nicht Hofmannsthal, wie Ricarda Dick behauptet, in: Peter Altenbergs Bildwelt (Anm. 1). S. 21. In dem betreffenden Brief (B 54) ist nicht »Loris«, sondern »Louis« zu lesen.
23 Abschrift WBW.
24 Marie Mauthner (Anm. 6). S. 9.

Briefe und Brieffiktionen

Briefe figurieren im Werk von Peter Altenberg vom Anfang bis zum Ende. Noch in dem postum erschienenen Band ›Mein Lebensabend‹ wird die Briefform vielfältig eingesetzt. Neben einem imaginierten ›Liebesbrief, der noch nie geschrieben wurde‹[25] und der essayistischen Betrachtung ›Briefe‹, die eine Kritik an »sehnsüchtigen falschen Liebesbriefen«[26] enthält, gibt es zwei Brieftexte, die in eigener Sache geschrieben werden. In dem ›Brief an die Tänzerin‹ schlägt der alte Dichter der großen Tanzkünstlerin Grete Wiesenthal die Choreographie für einen fantastischen Auftritt zu zweit vor.[27] Die ›Antwort an Egon Friedell‹, die einen vielleicht wirklich abgesandten Leserbrief an die Redaktion einer Zeitschrift abdruckt, in der Friedell einen Essay über Altenberg veröffentlicht hat, beginnt mit einer Erklärung: »Da ich aber seit ungefähr 58 Jahren mit dem von mir hochgeschätzten, wenn auch exzentrischen (*außerhalb* des Gewohnten), Dichter eng befreundet bin und durch mancherlei gemeinsame Interessen mit ihm verknüpft bin, so gestatten Sie mir zu seiner Charakterzeichnung (Charakter?!) einiges hinzuzufügen.«[28] Die in den frühen Briefen oft schmerzhaft erlebte Spannung zwischen Person und literarischer Persona wirkt hier wie eine humoristische Selbstpersiflage.

›Wie ich es sehe‹ enthält nur zwei Brieftexte, und das formale Spektrum ist dementsprechend enger. Während aber Altenberg in seinem Spätwerk meistens die eigene männliche Persona als Briefschreiber einsetzt, kommen ausschließlich Frauen in beiden fiktionalen Briefen im Erstlingswerk zu Wort. Neben dem imaginierten, etwas gekünstelt wirkenden Abschiedsbrief einer jungen Frau an den Revolutionär Albert, ›Ein letzter Brief‹ (WS 135-138), gibt es den gewichtigeren Text ›Das Herz meiner Schwester‹ (WS 211-212), bei dem schon der Titel das Experiment zwischen Autobiographie und Fiktion andeutet. Wie einem Brief vom 9. November 1895 an Helene Holitscher zu entnehmen ist (B 48), schrieb Altenberg diese Skizze, die sich im Zusammenhang mit seiner realen Korrespondenz lesen läßt, noch im Endstadium der Korrekturen von ›Wie ich es sehe‹. Der Brief beginnt nämlich mit einer Korrektur der brüderlichen Rhetorik, wie sie manchmal Richard Engländers Briefe an die eigene Schwester kennzeichnet. Nicht das »›stille Drängen von Frühlings-Kräften‹« habe sie im Herzen, entgegnet die Schwester, sondern Fragen wie »›Werden Wir ein Stubenmädchen bekommen bis zu den Feiertagen?!‹« (WS 211). Sie fährt mit einer Reihe von alltäglichen, besonders Frauen beschäftigenden Sorgen

---

25 Peter Altenberg, Mein Lebensabend. Berlin 1919. S. 136.
26 Ebenda. S. 254-255.
27 Ebenda. S. 287-288.
28 Ebenda. S. 142-143.

fort, zitiert am Schluß die schwärmerischen Worte aus dem Brief des Bruders wieder und endet mit einem Postskriptum, das ein weiteres, angeblich zunächst vergessenes Problem behandelt: »Ob die neue aufzunehmende Köchin jene feinen, äusserst complicirten Fisch-Haschées in Papier-Hülsen werde komponieren können« (WS 212).

Erfahrungen bei der stimmenimitatorischen Produktion weiblicher Briefe einer anderen Art hatte Altenberg in der Zeit vor der Komposition von ›Wie ich es sehe‹ bereits gesammelt. Schnitzler notiert in seinem Tagebuch, dass »Richard E[ngländer]« eine Geliebte seinem Freund Max Messer zugeführt habe und, als Messer »tiefsinnige Briefe« an sie schrieb, diese Frau mit ebenso tiefsinnigen Gegenbriefen für ihn versorgte. Er soll auch bereits 1895 für dieselbe Frau, die Schnitzler als »Typus der Prostituierten, die vom Stubenmädchen auf gedient hat« charakterisiert, einen Liebesbrief an Richard Beer-Hofmann »verfasst« haben.[29] Für Schnitzler ist ein solches Verhalten höchst problematisch. Er hält zustimmend Felix Saltens Vorwurf fest, Altenberg »fälsche« dabei Messers Leben. Er zitiert auch dessen Selbstrechtfertigung, dass man einfach zum Ausdruck bringe, was in der »Seele« der Frau enthalten sei.

So inkriminierend Richard Engländers Tätigkeit als Ghostwriter von Liebesbriefen erscheinen mag, so erweisen sich Peter Altenbergs literarische Texte aus dieser Zeit als weniger eingebunden in dem starren Geschlechterdualismus der Jahrhundertwende. In dem kleinen, um 1893-1894 verfassten Werk ›Aus einem Skizzenbuch‹ besteht der Text ›Subjectivität und Objectivität‹ aus einem einmaligen Briefwechsel zwischen einem Albert, der unter dem vollen Namen Albert Königsberg als Zentralfigur in der Skizzenreihe ›Revolutionär‹ in ›Wie ich es sehe‹ wieder erscheinen wird, und einer Katharina. Entgegen dem auch in Altenbergs Korrespondenz oft genug bemühten Klischee, dass der Mann Geist und die Frau Seele verkörpere, wird Alberts Brief unter »Subjectivität« und der Katharinas unter »Objectivität« eingereiht. Sie reagiert mit Verständnis aber auch mit Skepsis auf seine melancholischen Auslassungen über den Abschied von ihr. Dass Altenberg diesen Text in die Reihe ›Revolutionär‹ schließlich nicht aufnahm, überrascht nicht. Weder die fast feministisch konzipierte Katharina noch der sehr schwärmerische Albert hätten zu dem in diesen Skizzen vorherrschenden Bild der Geschlechterdifferenz gepaßt.

Die sympathische, lebenskluge Katharina in ›Subjectivität und Objectivität‹ ist vielleicht nicht nur Altenbergs Fähigkeit als Schriftsteller, über den eigenen ideologischen Schatten zu springen, sondern dem Vorbild seiner eigenen realen Briefpartnerin dieser Zeit, Annie Holitscher, zu ver-

29 Alle Zitate aus dem Eintrag für den 25. Mai 1896 (D 89).

danken. Seinen Briefen an sie ist zu entnehmen, dass sie immer wieder den manchmal überspannten Klagen Altenbergs mit Humor und Standhaftigkeit begegnete. Sie zeigte auch Witz. Einmal, als Altenberg sich bitter beschwerte, dass Hugo von Hofmannsthal ihm Mandel- und Mandelblütenmotive gestohlen habe, nannte sie den vermeintlichen Verbrecher einen »Mandeldieb« (B 54).

In den in dieser Edition vorgestellten Briefen an Annie Holitscher, die rund die Hälfte der erhaltenen Korrespondenz mit ihr aus den Jahren 1892-1896 ausmachen,[30] wird ein bedeutendes epistolarisches Werk sichtbar, das zwar nicht im Umfang aber immerhin in Intensität mit Kafkas Briefen an Felice Bauer sich vergleichen lässt. Das erzählerische Ineinander von körperlichen, diätetischen und literarischen Beobachtungen, das ständige Schwanken zwischen Annäherung und Entfernung in der Beschreibung der Beziehung, sogar das unwahrscheinliche Spezifikum von Neid und Eifersucht auf den gleichen Schriftsteller – Arthur Schnitzler – machen diese beiden Brief-»Romane« zu einer faszinierenden Parallellektüre. Selbst die Ventilrolle, die Felice Bauers Kusine Grete Bloch in Zeiten der Entfremdung für Kafka spielte, entspricht der Funktion, die Annie Holitschers Schwester Helene als zweite Bezugsperson und Korrespondentin immer wieder einnimmt.[31] Beiden Schwestern schreibt der fast immer als Richard signierende Altenberg von der Spannung in sich zwischen dem Dichter und dem Menschen. Das geschieht leidenschaftlich verzweifelnd mit Annie Holitscher: »als Mensch brauche ich Ihre Neigung, als Künstler brauche ich nur Freiheit; aber bin ich es, kann ich es werden?! Und so quäle ich Sie vielleicht umsonst?! Wie lange werden Sie noch dulden, leiden?«.[32] In einem Brief an Helene Holitscher vermag er von Richard Engländer in der dritten Person zu berichten, als ob er mit der Spaltung souverän umgehen könnte: »Max N. und Frau sind auch, aber nur für Richard E., interessant. Das nämlich, was die Menschen einen

30 In WBW befinden sich 105 Briefe, die aus den Jahren 1892-1896 stammen; insgesamt sind 165 Briefe erhalten, die Altenberg zwischen 1885 und 1909 schrieb. Von den frühesten Briefen sind Originale vorhanden. In ›Peter Altenbergs Bildwelt‹ zitiert R. Dick aus zehn weiteren Briefen, von denen es keine Abschriften in WBW gibt. Späte Recherchen, die in den Anmerkungen zu den Briefen nicht mehr berücksichtigt werden konnten, ergeben, dass eine Verwandtschaft Altenbergs Beziehung zu Annie Holitscher erschwerte. Sie war die Kusine des ungeliebten Schwagers Isidor Mauthner. Mauthners Mutter Helene und Charlotte Holitscher, die Mutter von Annie, waren Schwestern, geborene Arnsteins. Vgl. die Todesanzeige für Helene Mauthner in: NFP. 6. September 1911. Abendblatt. S. 6.
31 Insgesamt sind vierzehn Briefe an Helene Holitscher, die zwischen Oktober 1894 und Dezember 1896 geschrieben wurden, in WBW erhalten.
32 Brief vom 15. 12. 1892. Abschrift WBW.

interessanten Menschen nennen, hat für den Schriftsteller das geringste Interesse. Das findet er alles in sich selbst zur Noth. Die Ansätze u. die Verschüttungen des ›Menschlichen‹ sind wertvoll« (B 48).

Ähnlich wie bei Kafka ist auch die eindringliche Reflexion über die epistolarische Form, zum Beispiel in einem Brief vom 3. November 1895 an Annie Holitscher: »Es ist eigentümlich, dass Sie meine Briefe für ›schöne Briefe‹ halten. Können Sie nicht denken, dass es Menschen gibt, die sich im Schreiben erst offenbaren, erst ganz sie selbst sind? Ich fühle es gleichsam, dass das die Offenbarung meines wahren inneren Wesens ist. Nicht meine Briefe sind schön, sondern in mir selbst wogt die Fülle und Bewegung des Lebens. Vielleicht wünschen Sie das gar nicht, Aennie. Aber bin ich deshalb ein Anderer?« (B 47) Diese unbedingte Hingabe an das Schreiben und die Schrift, bei der die Betonung mehr auf dem Existentiellen als auf dem Ästhetischen liegt, ist vielleicht das, was Kafka zu Altenbergs Werk hingezogen hat.[33]

Dass Altenberg von Anfang an bereit war, die Briefform auch humoristisch oder sogar satirisch zu verwenden, zeigt der in einem Brief vom 9. November 1895 an Annie Holitscher enthaltene Text ›Kleine offene Briefe‹. In sechs kurzen fingierten Schreiben geht er auf potentielle Kritiken oder Einwände von Lesern und Leserinnen ein und läßt auch einen verständnisvollen Leser seine Schriften würdigen. Bei einem der kleinen Mitteilungen steht für den Adressaten eine Leerstelle, die sich beliebig ausfüllen läßt: »An – – –. / Hermann Bahr erklärte mir, dass Er in Wien nur 5 Menschen kenne, welche die künstlerische Höhe meiner Schriften zu beurtheilen in der Lage wären. / Ich erlaube mir, Sie zu benachrichtigen, dass Sie sich nicht darunter befinden« (B 49). Bahr hat offenbar wirklich einen solchen (nicht erhaltenen) Brief geschrieben, wie aus einem Brief vom Anfang Februar 1896 an seinen Vetter Victor Engländer hervorgeht, in dem übrigens von »nicht 10 Menschen« die Rede ist, »die auf jener künstlerischen Empfänglichkeits-Stufe stünden, um meine in gedrungener Kraft geschriebenen Sachen aufnehmen zu können« (B 56).

Schließlich enthalten Altenbergs frühe Briefe viele neue Informationen über die zwischen Juli und Dezember 1895 vorgenommenen Änderungen an der textuellen Gestalt von ›Wie ich es sehe‹, die eine eigene Untersuchung verdienten. Die durch die späte Eingliederung von ›Das Herz meiner Schwester‹ oder die Titeländerung der allerletzten Skizze – von ›Pathos‹ zu ›Das Leiden‹ – erfolgten Verbesserungen liegen auf der Hand. Besonders bemerkenswert sind Änderungen an der Gruppierung der Texte, die die Skizzenreihe ›Revolutionär‹ bilden, die Altenberg ja auch für die 1898 erschienene zweite Auflage revidierte und erweiterte. In dieser

---

33 Vgl. A. Barker, Telegrammstil der Seele (Anm. 8). S. 263-276.

Ausgabe erhielten auch einige der Skizzen Untertitel, die Thema und manchmal Tendenz der einzelnen Texte verdeutlichen. Am 26. Oktober 1895 schreibt Altenberg an Annie Holitscher, dass er »›Ehebruch‹ u. ›Ideal Flirt‹« (B 41) habe streichen lassen und ›Im Garten‹ dazu genommen. Die beiden ersten Skizzen, die er als »unkünstlerisch u. rednerisch« (B 41) kritisiert, dürften zu den frühesten gehören, die Altenberg für die Reihe vorgesehen hat. Eine ›Ehebruch‹ betitelte Skizze befindet sich in dem kleinen, um 1893-1894 komponierten Sammelwerk ›Aus einem Skizzenbuch‹; ›Ideal Flirt‹ ist vielleicht mit der Skizze ›Ideal-Flirt‹ identisch, die Altenberg bereits im Dezember 1891 erwähnt haben soll.[34] Von ›Im Garten‹ schreibt er: »Das war so. Sie wissen, dass ich die Absicht hatte, mir von Ihnen diese Skizze nachschicken zu lassen. Auch jetzt noch schwankte ich. Da finde ich sie merkwürdigerweise in meinem Koffer. Das war Schicksal. Ich habe sie sehr verändert u. eingesendet. Es sind meine religiösen Lieblings-Ideen darin u. passt es, glaube ich, in die Skizzen-Reihe ›Revolutionär‹. Auch hoffe ich damit, alle Juden tödtlich zu treffen« (B 41). Dass Altenberg dabei »schwankte«, kann heute nicht überraschen. Obwohl der in der zweiten Auflage hinzugefügte Untertitel ›Der Revolutionär docirt Religions-Philosophie‹ eine gewisse Distanz gegenüber diesem Sprachrohr des Autors suggerieren könnte, zeigt diese briefliche Äußerung, dass hinter dem emphatischen Lob des Christentums in dem gedruckten Text ein antisemitischer Affekt steht.[35] Die noch quasi-fiktionale Person, die in ›Wie ich es sehe‹ mit Albert Königsberg, dem Revolutionär, und ein paar Mal sogar mit P. A. assoziiert wird, nähert sich in solchen Texten der öffentlichen Persona Peter Altenberg und reduziert damit das kritische Potential der Texte.

Tages- und Nachtlektüre

Die Forschungsliteratur zu Peter Altenberg hat sich bisher mit seinen literarischen Vorbildern kaum befasst, geschweige denn konkret mit einer Auswertung seiner dokumentierbaren Leseinteressen und -gewohnheiten. Der Mythos vom spontan schreibenden, nie »retouchierenden« Dichter schien den Typus eines Schriftstellers, dessen Werk sich auch aus der Literatur speist, auszuschließen. Peter Altenberg selbst hat mit der autobiographischen Skizze ›So wurde ich‹ und in Bemerkungen und Hinweisen

---

34 Vgl. R. Dick, Peter Altenbergs Bildwelt (Anm. 1). S. 114. Die Abschrift dieses Briefes (an Gretl Engländer), die sich nur im Literatur- und Kunstinstitut Hombroich befindet, war mir nicht zugänglich.

35 ›Im Garten. (Der Revolutionär docirt Religions-Philosophie)‹. In: ›Wie ich es sehe‹. 2. Auflage. Berlin 1898. S. 113-117.

in vielen anderen Schriften dafür gesorgt, dass man den Schriftsteller als Leser gar nicht oder hauptsächlich als Zeitungsleser vorstellte. Ein größerer Antipode zu dem schon als Jüngling legendär und klassisch belesenen Hugo von Hofmannsthal, den Hermann Bahr wiederholt als einen »Goethe auf der Schulbank« apostrophiert hatte, läßt sich kaum denken. Auf diesen Gegensatz spielt Otto Stoessl in seiner ersten Rezension von ›Wie ich es sehe‹ leicht provozierend an, wenn er bemerkt: »Die Verbindungen mit dem Vergangenen sind höchstens zufällige; vielleicht hat er nicht einmal den ganzen Goethe gelesen« (D 91).

Daher überrascht es doch, Altenberg in seinen Briefen nicht nur als gelegentlichem Leser der ›Neuen Freien Presse‹, der alten ›Presse‹ und anderer Tagesblätter zu begegnen, sondern auch als fleißigem Konsumenten des ambitionierten neuen Journals ›Die Zeit‹. In der am Anfang sehr anspruchsvollen, von Hermann Bahr und anderen herausgegebenen Zeitschrift suchte Peter Altenberg offensichtlich immer wieder Bestätigungen seines eigenwilligen, aber im Kontext der Zeit fortschrittlichen Frauenbildes. Seine Begeisterung für eine Erzählung der wegen ihrer Sexualdarstellungen kontroversen norwegischen Schriftstellerin Amalie Skram (B 53) sowie die emphatische Bejahung eines Essays über Neera (B 71), die italienische Schriftstellerin des Verismus Anna Zaccari, deren Romane eine scharfe Kritik an der bürgerlichen Ehe enthalten, belegen ein solches Interesse. Das überschwengliche Lob in einem Brief an Hermann Bahr für dessen Essay ›Das Ewig-Weibliche‹ (B 31) ist in diesem Zusammenhang zu sehen, obwohl Altenberg sich deutlich hier und anderswo auch um die Gunst des einflußreichen Kritikers bemüht. Überhaupt ist den Briefen an Bahr zu entnehmen, dass Altenberg die literaturkritischen Entwicklungen, wie sie in dessen essayistischem Werk zum Ausdruck kommen, früher und viel intensiver verfolgte als bisher vermutet. In seinen Reaktionen auf ›Die Zeit‹ registriert Altenberg mit einer Mischung aus Neid und ästhetischer Mißbilligung Schnitzlers ersten großen Bühnenerfolg mit ›Liebelei‹ (B 35) sowie die sicher noch als bedrohlichere Konkurrenz empfundene Publikation von Hofmannsthals erstem wichtigen Prosawerk ›Das Märchen der 672. Nacht‹ (B 53).

Leseeindrücke anderer Art kommen besonders in Briefen an die Schwestern Holitscher zum Vorschein. An Annie Holitscher schreibt er im Oktober 1893: »Habe gestern Nacht von 12-5 den tiefsten Genuss gehabt in der Lectüre von A. Strindbergs ›Auf hoher See‹. Da erlebt man das, was Wenigen vergönnt ist, geistiges Glück!« (B 9).[36] Fast genau ein Jahr später erzählt er Helene Holitscher von einer anderen Nachtlektüre:

36 Auch dieses Leseerlebnis verbindet Altenberg mit Kafka, der in einem Brief vom 4. April 1915 den Roman, den er in einer späteren Übersetzung mit dem Titel ›Am offenen Meer‹ gelesen hat, »eine Herrlichkeit« nennt.

»Ich habe heute Nacht ein Buch gelesen, das höchste: ›Erloschenes Licht‹ von Rudyard Kipling« (B 23). Nachdem er ihr gegenüber in einem Brief vom 19. Oktober 1894 auch für »die herrliche ›Madame Chrisanthême‹ des Pierre Loti« (B 22) geschwärmt hat, bestätigt er diese Empfehlung in einem Brief vom 25. Oktober an Annie Holitscher: »Wissen Sie was meine Lieben waren in den drei Wochen?! Loti's Chrisanthême, ›la bête humaine‹ und ›erloschenes Licht‹; dann der rote Buchenwald, die Abende mit den Bauern unterm Stein, ein kleines 13 jähriges Mäderl und die sorgenlos-öde Stimmung der Gmundner« (B 23).

Diese nächtlichen Leseerlebnisse sind exemplarisch für eine bisher unbekannte leidenschaftliche Vertiefung in die ausländische europäische Erzählliteratur seiner Gegenwart. Neben Autoren wie Hamsun, Huysmans, Tschechow und Zola, die Altenberg in seinem Werk nicht nur seine auktoriale Persona, sondern auch seine Figuren lesen läßt, sind es Schriftsteller, die man sonst mit Altenberg nicht in Verbindung gebracht hat, wie Arne Garborg (B 45, B 49), dessen bei S. Fischer erschienener Roman ›Müde Seelen‹ (1893) zu den Meisterwerken der europäischen Dekadenz gehört, oder Jeanne Schultz, die Verfasserin des katholischen Trivialromans ›La Neuvaine de Colette‹ (B 43). Wie dieses breite Spektrum von teils kanonischen, teils vergessenen Romanen auf Altenbergs eigenes Werk gewirkt hat, ist eine Frage, deren Antwort seine noch immer ungeklärte Sonderstellung innerhalb der Wiener Moderne erhellen könnte.

Eine vorläufige Erläuterung ließe sich im Hinblick auf das Motto aus Huysmans' ›A rebours‹ formulieren, das Altenberg 1898 in die zweite Auflage von ›Wie ich es sehe‹ aufnahm. Es geht darin um das Problem, wie man einen Roman schreibt, in dem hunderte von Seiten auf wenige Worte reduziert werden könnten. Das Ergebnis wäre das, was Altenberg in seinen Skizzen anstreben wird: »Le roman, *ainsi condense en une page ou deux, devindrait une communion de pensée entre un écrivain et un ideal lecteur*«.[37] Das leidenschaftliche, beinahe triebhafte Lesen, das in seinen frühen Briefen dokumentiert ist, könnte man als die Sammlung von Material für das große Experiment im Kleinen betrachten, das zur Vereinigung mit dem idealen Leser führen sollte. Aber dieses Ideal vertritt in seinem Werk meistens kein Leser, sondern eine Leserin.

Der begeisterte Strindberg-Leser von Altenbergs Briefen zum Beispiel, er selbst, der in ›An offener See‹, einem Roman des wissenschaftlichen Scheiterns und der verzweifelten Suche nach religiöser Erlösung, »geistiges Glück« fand, findet keine Entsprechung in der eigenen Prosa. Stattdessen taucht ein Strindbergianer eher klischeehaften Temperaments in der Skizze

Siehe Franz Kafka, Briefe April 1914-1917. Hg. von Hans-Gerd Koch. Frankfurt a. M. 2005. S. 126.
37 Ebenda. S. V.

›Mylitta‹ auf, die innerhalb des Zyklus ›Hausball‹ im März 1896 in ›Liebelei‹, also noch vor der Publikation von ›Wie ich es sehe‹, erschien.[38] In
einem Gespräch zwischen einem jungen Mann und einer jungen Frau, die
sich als »Tolstoianerin« bezeichnet, reagiert er auf ihre freundlichen
Worte mit Cognac und Zynismen und denkt sich schließlich: »Strindberg
hat Recht. Das Weib saugt uns geistig aus, lebt quasi von uns, wie die
Leimmistel von der Birke – – –.‹« Als der Zyklus ›Hausball‹ in ›Ashantee‹
(1897) nachgedruckt wird, fehlt ›Mylitta‹, und dieser primitive Strindberg-
Leser verschwindet aus seinem Werk.[39] An einer Schlüsselstelle in ›Wie
ich es sehe‹ war aber eine Leserin erschienen.

   Anders als bei Strindberg berichtet Altenberg zunächst von seiner eigenen
»langsamen Lektüre« (B 35) von Huysmans' Roman ›En route‹, den er
jedenfalls in der französischen Originalausgabe liest. Obwohl er Annie
Holitscher zunächst mitteilt, dass das Buch »Nichts für Frauen« (B 35)
sei, kommt er in einem Brief vom 26. Oktober 1895 darauf zurück und
schildert, wie er für den Text ›Pathos‹ einen Schluss gefunden habe. Dort
soll nämlich doch eine Leserin, das »junge, an ihr Ich gefesselte Mädchen«,
›En route‹ lesen und zwar, wie er schreibt, eine »ganz von mir gemachte
Stelle« (B 41). Er läßt das Mädchen über das Schicksal der heiligen Lidwine
lesen, die mit fünfzehn Jahren einen Unfall hatte, der ihren Körper furchtbar
verunstaltete und sie ihr Leben lang bettlägerig ließ. Altenberg übernimmt
tatsächlich eine lange Passage von Huysmans, die er sehr frei revidiert, kürzt
und mit einer eindringlichen, hypotaktischen Reihe von kurzen einfachen
Sätzen zum Abschluß bringt. Er gestaltet damit Lidwines mystische
Überwindung ihrer Leiden noch emphatischer als Huysmans selbst.[40] An
dieser radikalen imitatio Christi soll sich das Mädchen ein Beispiel nehmen,
was sich angesichts der am Anfang vom Erzähler empfohlenen »Prügel in
der Kindheit und später« als eine verhältnismäßig sanfte Kur anbietet. Ob
sie das wirklich tut, läßt Altenberg offen. Das letzte Bild der Erzählung
zeigt, wie sie nach der Lektüre in ihrem Zimmer »sass, mit wirren Haaren
um die schöne Stirne, an ihrem Tische mit der weissen Lampe und sann«
(WS 246). Erstaunlich ist die Verwandlung der eigenen Leseeerfahrung in
eine Szene der weiblichen Lektüre im Zeichen des ästhetisierenden
Katholizismus von Huysmans. Damit hat Altenberg sich von dem religiösen Skeptizismus distanziert, den er im Werk von Schnitzler und anderen
Jung-Wiener Schriftstellern vermutete. Es ist kein Zufall, dass unter den
Menschen, deren Urteil über ›Wie ich es sehe‹ er »fürchte«, Rudolf Lothar
erscheint (B 41). Lothar hatte im Mai 1895 in ›Die Zeit‹ eine ausgespro-

38 Peter Altenberg, Mylitta. In: Liebelei. Nr. 8. 10. März 1896. S. 164-165.
   Vgl. D 84.
39 Peter Altenberg, Hausball, in: Ashantee. Berlin 1897. S. 173-185.
40 Die beiden Passagen sind in der Anmerkung zu B 41 enthalten.

chen negative Besprechung von ›En route‹ veröffentlicht, in der er zum folgenden Urteil über Huysmans kommt: »Seine Frömmigkeit ist ein Krampf, seine Verzückungen sind hysterische Anfälle. Hier hört die Kunst auf und die Krankheit beginnt.«[41] Altenberg sah Huysmans anders. Er berichtet Annie Holitscher, wie er bei der »langsamen Lektüre des ›En route›« die »›kindlich kleine Welt‹ dieser Wiener Dichter« erkannt habe, die »ein geistig-seelischer Organismus ohne Welt-Gedanken der christlichen Philosophie, der Weisheit der Inder, der Pädagogik, Ethik, Psychologie« sei (B 35).

Bei S. Fischer, Berlin: das Junge Wien und ein Altenberg

›Peter Aaltenberg‹: so betitelt ist eine 1912 in der Berliner ›Schaubühne‹ erschienene Glosse, die den Tatbestand kommentiert, dass nicht mehr Peter Altenberg, sondern Otto Alscher (den es wirklich gegeben hat) knapp vorne im Katalog von S. Fischer steht. Als Altenberg das sieht, bekommt er, so der Glossator, einen »Wutanfall«, was übrigens nicht unbedingt sehr weit hergeholt war.[42] Er löst das Problem durch eine minimale Namensänderung, die ihm wieder Platz eins im Fischer-Katalog sichert. Nebenbei wird eine fingierte Variante von der ursprünglichen Namenswahl zum Besten gegeben: Richard Engländer, als er ›Wie ich es sehe‹ veröffentlichen wollte, sah überall im Verlagskatalog d'Annunzio am Anfang, geriet »in furchtbare Wut« und »ging hin und taufte sich: Altenberg«.[43] Obwohl er seitdem damit »an der Spitze der deutschen Literatur« stehe, wisse nicht jeder, dass er »Hofmannsthal in die linke Hosentasche und Schnitzler in die rechte« stecke. Aber durch das Alphabet komme die Rangordnung »zum sinnfälligen Ausdruck«, und auch wenn Hermann Bahr bedenklich nahe rücke, lasse ein richtiges ABC sich davon nicht irritieren.[44]

---

41 Rudolf Lothar, Auch ein Gottsucher, in: Die Zeit. III. Bd. Nr. 31. 4. Mai 1895. S. 74.
42 Schmittchen, Peter Aaltenberg, in: Die Schaubühne. VII. Jg. Nr. 49. 5. Dezember 1912. S. 618. Als der Pierson Verlag in Leipzig 1902 das Werk ›Aus Liebe und anderen Novellen‹ einer unter dem Pseudonym »S. Altenberg« publizierenden Autorin erscheinen ließ, regte sich Peter Altenberg wirklich auf und bat Karl Kraus, seinen Anwalt juristische Schritte erwägen zu lassen. Siehe den Brief vom August 1902 an Karl Kraus. In: Andrew Barker und Leo A. Lensing, Peter Altenberg. Rezept die Welt zu sehen. Wien 1995. S. 228-229.
43 ›Peter Aaltenberg‹ (Anm. 42). S. 618.
44 Ebenda.

Damit sind in ironischer Umkehrung Kräfteverhältnisse genannt, die sich unter diesen Jung-Wiener Schriftstellern bald nach der Aufnahme von Peter Altenberg in den Verlag etabliert haben müssen. Nur das Hermann Bahr Betreffende dürfte ungefähr auch so stimmen, denn seine belletristischen Schriften konnten mit den Werken der von ihm »Entdeckten« nicht konkurrieren. Obwohl Hofmannsthal erst 1899 ein Werk, ›Theater in Versen‹, bei S. Fischer veröffentlichen ließ, hatte Schnitzler mit der Novelle ›Sterben‹ 1895 einen ersten Erfolg bei dem Verlag, der sich mit dem schnellen Nachdruck des Dramas ›Liebelei‹ im folgenden Jahr verstärkt wiederholte.

Die Dankbarkeit gegenüber Schnitzler, dessen offenes Interesse an seinem Werk Altenberg zweifellos ermutigte, änderte sich schlagartig, als im Herbst 1895 der Bühnenerfolg von ›Liebelei‹ sich abzeichnete. In Briefen an Annie Holitscher bricht die Aggression aus. Er spielt reife Dramen von den über den Naturalismus hinausentwickelten Gerhart Hauptmann und Ibsen gegen Schnitzlers Stück aus, das als »Vorzugsarbeit eines Schülers des ›Naturalisten-Gymnasiums‹« (B 35) abgetan wird. In ›Die Zeit‹ liest er dann Hermann Bahrs langatmige, herablassende Kritik der Uraufführung, in der Schnitzler vorgeworfen wird, noch nicht »dramatisieren« zu können.[45] Dass Altenberg sich von dieser Theaterkritik bestätigt fühlt, zeigt sich in einem folgenden Brief, in dem ›Liebelei‹ nach einer Wendung Bahrs als »Grisetten-Geschichte« bezeichnet wird (B 43).[46] Man kann sich vorstellen, dass es Altenbergs Ärger noch mehr schürte, als seine frühesten Publikationen in einer neuen Zeitschrift erscheinen mußten, deren Titel nach Schnitzlers unerwartet zum Zugstück gewordenen Drama gewählt wurde. Aus Schnitzlers Tagebuch weiß man, dass er Altenbergs Abneigung auch persönlich zu spüren bekam.

Wenn Altenberg Schnitzler wirklich als Naturalisten-Schüler sah, dann stellte er sich auf die Seite der reaktionären Literaturkritik in Wien. Im April 1895, als er begonnen hatte, das Manuskript von ›Wie ich es sehe‹ vorzubereiten, erschien ein Feuilleton ›Junge Dichter‹ in der ›Neuen Freien Presse‹. Der Autor war Moritz Necker, altgediegener Kritiker und Redakteur der Zeitung, für den Schnitzler ein »doctrinärer Vertreter jenes nunmehr schon in der That erledigten Naturalismus« sei, »der wissenschaftliche Zwecke mit den Mitteln der Poesie verfolgt und dabei weder die Wissenschaft noch die Poesie befriedigt«.[47] ›Sterben‹, die gerade bei S. Fischer erschienene Novelle, sei »das radikalste Produkt des Natura-

---

45 Hermann Bahr, Burgtheater, in: Die Zeit. Bd. V. Nr. 54. 12. Oktober 1895. S. 27.

46 Bahr charakterisiert einen der beiden blasierten jungen Männer in dem Stück als »Student, der mit einer Grisette geht«.

47 NFP. 13. April 1895. S. 1.

lismus«.[48] Trotz dieser scheinbaren Übereinstimmung mit Necker wird es Altenberg zu denken gegeben haben, dass der Kritiker auch über die andere Wiener Neuerscheinung bei S. Fischer herzog. Leopold von Andrians Erzählung ›Der Garten der Erkenntnis‹ tut er trotz eines angeblich mehr zeitgemäßen »Impressionalismus« als einen »Garten des Nebels« kurzerhand ab.[49]

Ein anderer, älterer »junger Dichter« aus Wien wird sich die Aufmerksamkeit eines so unsicheren Kantonisten wie Necker nicht gewünscht haben. Als Altenberg erfährt, dass ausgerechnet Moritz Necker sich das an die ›Neue Freie Presse‹ versandte Rezensionsexemplar von ›Wie ich es sehe‹ geholt hat, schreibt er an S. Fischer und bittet ihn, ein zweites Exemplar an den Chef der Feuilletonredaktion Theodor Herzl schicken zu lassen (B 61). Dass Herzl selbst keine Kritik verfasste, dürfte im Jahre der Publikation von ›Der Judenstaat‹ nicht verwundern. Dass die ›Neue Freie Presse‹ überhaupt keine Rezension der bald überall besprochenen Neuerscheinung brachte, ist überraschend. Neben den bekannten Kritiken in ›Die Zeit‹, in der ›Wiener Allgemeinen Zeitung‹, in ›Die Presse‹ und in der ›Wiener Rundschau‹, weiß man, dass auch die ›Arbeiter-Zeitung‹,[50]

48 Ebenda. S. 2.
49 Ebenda.
50 Die erst nach Abschluß meiner Recherchen gefundene Notiz in der ›Arbeiter-Zeitung‹ ist u. a. deshalb bemerkenswert, da sie Altenberg zu seinem Nachteil stilistisch mit Jung Wien verbindet: »Diese Skizzen versuchen eine ganz eigene Art, die Dinge darzustellen. Sie wollen weder das Pathos einer Erscheinung hervorklingen lassen, noch in ihrer Plastik sie darstellen, noch sie psychologisch entwickeln – sie wollen vielmehr nur die äußeren Begleitumstände des Ereignisses sammeln, aus ihrer Nebeneinanderstellung die Stimmung des Ereignisses wiedergeben. Sie suchen das Augenblicksbild zu zeichnen, im Nebeneinander des unmittelbaren Wahrnehmens darzustellen. Es ist hier nicht der Ort, von dem Werth oder Unwerth dieser Darstellungsform zu sprechen; doch wird man nicht bestreiten können, daß zahlreiche dieser Skizzen das Talent feiner und sehr richtiger Beobachtung gewahren lassen, der die Mittel des Ausdrucks zumeist entsprechen. Es ist ein Buch langer, geistig angeregter, in sorgfältiger Betrachtung verwendeter Muße; ob auch schon dichterische Darstellungskraft daraus spricht, darüber könnten wir nicht mit Bestimmtheit aussagen. Übrigens aber ein interessantes Buch, das gelesen zu haben, niemand gereuen wird. – Aber, leider ist Altenberg ein ›junger Wiener Schriftsteller‹ und durchaus nicht frei von Unarten, unter denen die Affektation die schlimmste ist. Wie oft verdirbt er sich alle Wirkung durch Unterstreichen und unnöthiges Wiederholen ganz unbedeutender Wendungen. Das soll eine ganz besondere Wirkung auf unsere Stimmungen hervorrufen, es wird Einem aber nur ganz flau davon. Und doch müßte er sich am meisten vor derartigen Dingen hüten, denn solche affektirte Töne könnten leicht die ganze Art,

das ›Neue Wiener Tageblatt‹, die ›Reichs-Wehr‹ und die ›Neue Revue‹ auf das Buch aufmerksam machten.[51]

Wie man sich unter dem Dach des Verlagshauses S. Fischer eventuell über Altenberg geeinigt hat, darüber gibt es keine Berichte. Dass es am Anfang nicht ganz friedlich zugegangen sein kann, legen die grundverschiedenen Reaktionen der alten Lektorin und des neuen Lektors des Verlags nahe. Berühmt inzwischen sind die Tränen Hedwig Fischers, die, als ihr Mann sie auf das Manuskript von ›Wie ich es sehe‹ fallen sah, zum unwidersprechbaren Gutachten wurden.[52] Aber Hedwig Fischer hat nicht nur über den Manuskripten geweint, sondern in den frühen Jahren sie auch bewertet und beurteilt. Über die merkwürdige Rezension, die Moritz Heimann im November 1896 in der ›Neuen Deutschen Rundschau‹, dem Hausorgan des Verlags, veröffentlichte, wird sie vermutlich den Kopf geschüttelt haben. Heimann, der im Winter 1895 auch Lektor des Verlags geworden war, setzt sich zunächst nicht mit dem Buch auseinander, sondern mit einem ausführlichen Angriff auf Hofmannsthals Rezension desselben. Dieser bekommt auch später einen Seitenhieb ab als »der Verfasser jener drei Einakter, die nicht leben und nicht sterben

wie er sieht, als Affektation erscheinen lassen. Eine oder die andere Skizze macht denn auch diesen Eindruck.« K[arl] L[euthner]. In: Arbeiter-Zeitung. 29. 7. 1896, S. 5. Für den Fund dieser Kritik danke ich Eckart Früh sehr herzlich.

51 Vgl. den unveröffentlichten Brief von Altenberg an S. Fischer, in dem eine Liste möglicher Rezensenten für das zweite, 1897 erschienene Buch ›Ashantee‹ mitgeteilt wird: »Sehr geehrter Herr: / Ich sende Ihnen die Liste der Adressen, an welche mein Buch gleichsam persönlich als meinen litterarischen Gönnern vom Verlage aus gesandt werden soll. Es sind jene Namen, welche meinem ersten Buche gerecht geworden sind: / Arthur Moeller-Bruck, ›Gesellschaft‹, Leipzig./ J. [?]. Redaktion, Frankfurter Zeitung, Frankfurt am Main. / Guido Menaschi, Livorno, Italien. / Hermann Bahr, ›Die Zeit‹, Wien. / Max Schandera, ›Reichs-Wehr‹, Wien. / Karl Leuthner, Arbeiter-Zeitung, Wien. / Dr. Ludwig Stettenheim, Königsberger Zeitung, Königsberg. / J. V. Widmann, Berner Bund, Bern. / Wiener Rundschau, Wien, Georgsgasse 4, VIII. / ›N. W. Tagblatt‹, Robert Franzeschini. / L. L., ›Dresdener Anzeiger‹, Dresden. / Heinrich Osten, Neue Revue, Wien. / Maximilian Harden, Zukunft, Berlin. / Dr. Franz Blei, Zürich. / Dr. Emil Ertl, Grazer Tagblatt, Graz, Steiermark. / Dr. Erich Freund, Breslauer Morgen-Zeitung, Breslau. / ›Moderni Revue‹, Prag, Böhmen. / ›Politik‹, Prag, Böhmen. / Peter Altenberg«. Der Brief befindet sich in der Sammlung von Werner J. Schweiger (Wien), dem ich für die Erlaubnis, den Text abzudrucken, herzlich danke.

52 Peter de Mendelssohn, S. Fischer und sein Verlag 1859-1934. Frankfurt a. M. 1969. S. 214.

können«.[53] Bereits Titel und Motto des Essays, die den Homunculus aus ›Faust‹ bemühen, verraten die Absicht, das Buch eher kleinzumachen als ernstzunehmen. Dass Heimann im Lauf der Zeit Altenberg zumindest eine gewisse Originalität zugestand, geht aus seinem Vorwort zu dem 1905 erschienenen Verlagskatalog hervor. Dort, unter den Beispielen für die Entstehung von literarischen Moden, ist eines, das auf Altenberg gemünzt ist:»ist ein Skizzierer zu Ruhme gekommen, so werden Schicksale auf einem Quartblatt erledigt«.[54] Die »Pappschachtel«, die Karl Kraus im Sommer 1895 nach Berlin beförderte und Hedwig Fischer in Heringsdorf nachgesandt bekam, enthielt »große, lose Blätter mit einer großen, losen Handschrift«, war also voll von solchen Quartblättern.[55]

»Seher« und »Kaffeehauspoet«

Den erstaunlichen Erfolg von ›Wie ich es sehe‹ hat die Literaturgeschichte zwar zur Kenntnis genommen, aber noch nicht vollständig bemessen. Burkhard Spinnen, dem die einzige, verdienstvolle Analyse der frühen Rezeption zu verdanken ist, stand rund die Hälfte der mittlerweile bekannt gewordenen Rezensionen zur Verfügung.[56] Seinem Schluß ist jedenfalls zuzustimmen, dass fast alle Kritiker – und mindestens eine Kritikerin war mittlerweile zu identifizieren - »die primären Leserirritationen der Texte immerhin zur Kenntnis genommen und zum Teil problematisiert haben«.[57] Auch unter den neu aufgefundenen Kritiken gibt es keine, die als konventionelle Bücherrezension abzutun wäre. Fast alle bieten eine Variante von Hofmannsthals Feststellung, dass die zahlreichen kleinen Texte »viel leichter wiederzuerzählen als zu beschreiben«

53 Hans Pauli, Homunculus, in: Neue Deutsche Rundschau. Jg. 7. H. 11. November 1896. S. 1054. Der Absatz, in dem diese Passage enthalten ist, wurde aus dem Nachdruck in dieser Edition weggelassen.

54 Zit. nach: S. Fischer, Verlag. Von der Gründung bis zur Rückkehr aus dem Exil. Marbacher Katalog 40. Hg. von Bernhard Zeller. Bearbeitet von Friedrich Pfäfflin und Ingrid Kussmaul. Marbach a. N. 1985. S. 190.

55 P. de Mendelssohn, S. Fischer und sein Verlag (Anm. 52). S. 214.

56 W. Burkhard Spinnen, Die Seele in der Kritik. Zur zeitgenössischen Rezeption Peter Altenbergs. Magisterarbeit. Universität Münster 1983. S. 8-34. Von den elf in der Bibliographie aufgeführten Titeln basieren drei auf den in späteren Altenberg-Ausgaben abgedruckten, meistens recht kurzen Exzerpten. Die Bibliographie in diesem Band enthält neunzehn Titel; ein erst vor kurzem aufgetauchter Brief an S. Fischer enthält Hinweise auf mindestens sechs weitere Rezensionen, u.a. zwei, die in Prag in tschechischsprachigen Journalen erschienen. Vgl. Anm. 51.

57 Ebenda. S. 34.

seien, und greifen deshalb auf lange Zitate zurück oder drucken einfach einzelne ganze Skizzen ab. In kaum einer Kritik fehlt der Hinweis auf die komplizierte Verbindung zwischen dem Autor und der Figur, die ihn vertritt. Konsterniert sind die Kritiker oft über die psychologische, fast stimmenimitatorische Nähe des erzählenden Ichs zu Frauen und Kindern. Auch die Form, die oft als Formlosigkeit mißverstanden wird, beschäftigt die meisten Rezensenten, die sie auf verschiedene, meist vom Text selbst suggerierte Begriffe zu bringen versuchen: Gedichte in Prosa, Skizze, japanische Kunst. Sprache und Stil provozieren Kommentare, die sich die sowohl einfachen, stilisierten als auch durch Details präzise wirkenden Beschreibungen zu erklären versuchen und dabei auf entgegengesetzen Wegen zu ähnlichen Schlüssen kommen. Für den einen ist jedes Wort Altenbergs neu und nicht »eines von den vacierenden Worten der Journalisten« (Bahr D 88); für den anderen sind es »die ungewaschenen, gleichgiltigen Worte«, die aber bei ihm »plötzlich geflügelt« werden (Stoessl D 91).

In der erweiterten Liste der Rezensionen sind es besonders die in Wien publizierten, die Überraschungen enthalten. Man weiß zum Beispiel jetzt, dass der von Hermann Bahr in seinem eigenen Journal ›Die Zeit‹ gedruckte Essay ›Ein neuer Dichter‹ nicht die erste Kritik des Buches war. In der ›Montags-Revue‹, einer der vielen sogenannten Montagszeitungen in Wien, erschien folgende kurze Notiz fast eine Woche früher, am 27. April 1896: »*Wie ich es sehe.* Von *Peter Altenberg.* Unter diesem originellen Titel hat ein Wiener Dichter in dem bekannten Verlage von S. *Fischer,* Berlin, Scizzen erscheinen lassen, die einen künstlerischen Hochflug nehmen über die seichten Niederungen, wo heimische Gedankenarmuth in Stimmungen schwelgt. Es sind weite Horizonte, die uns hier ein Seher eröffnet« (D 87). Bemerkenswert an dieser eleganten, leicht wortspielerischen Kritik ist, dass die Verspottung von Altenbergs literarischem Umfeld und das Lob für seine Leistung sich fast die Waage halten. »In Stimmungen schwelgen« klingt, als ob es auf die von Bahr propagierte und von Felix Dörmann produzierte »Nervenkunst« gemünzt sein könnte. Man ist versucht, Karl Kraus als Autor dieser minimalistischen Stellungnahme zu vermuten, hat er doch im Februar und März und dann wieder im Mai insgesamt fünf ebenso ungezeichnete Theaternotizen in der ›Montags-Revue‹ veröffentlicht.[58] Außerdem wird gerade Kraus später den Begriff »Seher« noch differenzierter auf Altenberg beziehen: »Er ist ein Seher, wenn er sieht, aber er ist ein Rufer, wenn er ein Seher ist.«[59]

58 Vgl. Anm. zu D 87.
59 Karl Kraus, Peter Altenberg. Zum 9. März. In: Die Fackel. Nr. 274. 27. Februar 1909. S. 3.

Unter den unbekannt gebliebenen Wiener Rezensionen ist besonders ein großes Feuilleton von Felix Salten hervorzuheben. Salten war mit Schnitzler eng befreundet und hatte mit Altenberg regen Umgang gepflegt.[60] In seiner vordergründig positiven Besprechung gibt es deutlich negative Untertöne, die für Altenbergs Außenseiterstatus unter den Schriftstellern von Jung Wien hellhörig machen.

Salten publizierte seine umfangreiche Rezension in der ›Wiener Allgemeinen Zeitung‹ im Sommer 1896, deren Feuilletonredakteur er um diese Zeit geworden war. Sie wurde vermutlich mit Absicht zu seinen Lebzeiten nicht nachgedruckt. Ersetzt hat sie in seinem Werk jedenfalls ein scharfsinniges, aber durchweg sympathisches Porträt, das er 1909 aus Anlaß von Altenbergs fünfzigstem Geburtstag schrieb und in den Essayband ›Das österreichische Antlitz‹ aufnahm.[61] Die frühe Rezension von ›Wie ich es sehe‹ zeigt hingegen, um es milde auszudrücken, geteilte Sympathien. Sie beginnt mit beredtem Lob für Altenbergs Originalität, schildert liebevoll die diversen Schauplätze der Skizzen und würdigt das spezifisch Wienerische und Österreichische, ohne aber das Werk auf das Provinzielle reduzieren zu wollen. Auch das Musikalische der Sprache und die starke Wirkung der Landschaftsschilderungen werden positiv hervorgehoben. Salten ist übrigens der einzige Kommentator, der die unkonventionelle Sexualität in diesen Texten nicht nur spürt, sondern auch benennt. Altenberg kenne »die Frauen auch anders, als wir übrigen Männer. Er kennt sie, wie etwa eine Frau sie kennen müßte, die auf seiner Höhe stünde, und nirgends ist die Erbitterung des Kampfes zwischen den Geschlechtern in seinen Worten, wenn er vom Weibe redet. Doch ist seine Liebe gewiß nicht unsexuell, nur ein feiner Schimmer vom merkwürdiger Perversität ist über ihr ausgebreitet.«[62] Neben diesen Deutlichkeiten wirken ein Hinweis auf die Darstellung der Nacktheit mit »einer sanften, weiblichen Keuschheit« (Stoessl D 91) oder die Feststellung, »in seiner

60 Die Erben von Felix Salten waren nicht bereit, den Nachdruck des Textes zu genehmigen. Altenberg selbst war zunächst von der Kritik begeistert, wie er Annie Holitscher mitteilte (B 72). Aber in einem im folgenden Jahr geschriebenen Brief an S. Fischer, in dem er »jene Namen« nennt, »welche meinem ersten Buche gerecht geworden sind« (vgl. Anm. 51), kommt Salten nicht vor. Aufklärung darüber enthalten vielleicht »Briefe von Altenberg«, die, wie Salten in einem Brief vom 11. Juni 1920 an Egon Friedell schreibt, in seinem Besitz waren. Der Brief befindet sich im Bestand des Antiquariats Inlibris Gilhofer Nachf. in Wien.
61 Felix Salten, Peter Altenberg, in: F. S., Das österreichische Antlitz. Berlin 1910. S. 99-113.
62 Felix Salten, Wie ich es sehe, in: Wiener Allgemeine Zeitung. 26. Juli 1896. S. 2-3.

[Altenbergs] Welt findet sich nichts Krauses, seine Menschen sind gesund«[63] reichlich naiv.

Aber in der zweiten Hälfte von Saltens Rezension wird Altenberg ausführlich und umständlich »die zeugende Gewalt des Schaffens« und »die göttliche Bildnerkraft« abgesprochen. Diese Vorwürfe gipfeln in einer scharfen, ideologisch verbrämten Kritik: »Er predigt, er stellt nicht dar. Seine Poesie ist nicht die der Dichter, die die Welt mit ihren Weiten und Fernen nachbilden. Es ist die Poesie der Apostel und der Glaubensfanatiker. Altenberg ist von einer stürmischen, nach Ausdruck begehrenden Religion erfüllt, der Religion eines neuen Verstehens und Verzeihens, zu deren Bekenntniß er mit Worten der Leidenschaft und Liebe ausruft. So ist er ein celebrirender Priester, der mit weichen, zärtlichen Händen segnet, nicht aber ein Künstler, der mit starken Armen schafft.« Unterdrückt werden - offenbar nur mit Mühe - die Worte Christus und christlich, die übrigens andere Wiener Rezensenten nicht scheuten, in den Mund zu nehmen. In der dem Naturalismus verpflichteten Leipziger Monatsschrift ›Die Gesellschaft‹ schreibt Rudolf Strauß ohne Wertung oder Kommentar: »Jesus Christus ist ihm das anticipierte Ideal von menschlicher Vollkommenheit, und seine Wiederauferstehung das endliche Identischwerden unsrer Menschheit mit diesem weiten, prunkend-hehren Musterbild« (D 92). In der ›Wiener Rundschau‹ grenzt Emil Schäffer Altenberg von Nietzsche mit einer ähnlichen neutralen Paraphrase ab: »er betet in Christus den idealen Menschen an, und seine Liebe zu dem Gekreuzigten ist ihm die ›Liebe zu uns selbst, zu unserem wahren, reinen, leidenschaftserlösten Wesen‹« (D 101).

Salten, der sich in diesen Jahren dem Zionismus näherte, wird den antisemitischen, oder zumindest antijüdischen Affekt hinter der ästhetischen Befürwortung des Christlichen gespürt haben. Am Ende seiner Tirade gegen »Moral und Tendenz« in Altenbergs Werk bemüht er ein Bild, das im starken Kontrast zu den früher evozierten zärtlich segnenden Händen des »celebrirenden« Priesters steht. Er behauptet, zu den »ruhig formenden Griffen« des »schaffenden Künstlers« seien »Altenberg's in ewiger Erregung zitternde Finger untauglich«. Das ist nicht nur eine Beobachtung über eine nervöse Handbewegung des aufgeregten Kaffeehausapostels, sondern Salten möchte mit dem Klischee des mit den Händen redenden Juden Altenberg auf das eigene Judentum verweisen.

Saltens problematische Instrumentalisierung einer körperlichen Geste läßt die Wirkung solcher Hinweise in den Rezensionen auf Person und Gewohnheiten des Dichters im anderen Licht erscheinen. Otto Stoessl beschreibt zum Beispiel, wie Altenberg »immer des Nachts in das Café-

---

63 Ludwig Stettenheim, Ein neuer Dichter (Peter Altenberg), in: Königsberger Allgemeine Zeitung. 10. Juli 1896. S. 1-2.

haus« (D 91) gekommen, und Rudolf Strauß verrät sogar, dass er »Stamm-gast niederer Lokale« (D 92) sei. Angesichts der Wendung »zitternde Finger« könnte man auch Strauß' sicher positiv gemeinte Schilderung eines stark aufgeregten Altenberg anders lesen: »plötzlich fällt ein Wort, das ihn packt – nun reckt sein Kopf sich jäh empor, Leben kommt in diesen regungslosen Organismus, die Hände arbeiten, die Augen blitzen, und aus dem Munde quellen kurze, wilde Sätze voll tiefer, lebendiger Weisheit« (D 92). Auch wenn, wie Burkhard Spinnen überzeugend argumentiert hat, solche Evozierungen der Person des Dichters dem Versuch galt, mit der verwirrenden Vielfalt der Skizzen fertig zu werden,[64] konnten sie potentiell ein Bild des Schriftstellers erzeugen, das mit seinem Selbstverständnis und besonders mit seiner Selbsterfindung als Dichter in Konflikt geraten mußte. So bringt der angesehene Schweizer Kritiker Joseph Victor Wid-mann etwas zusammen, was in den Schilderungen des Dichters in seinem Element getrennt geblieben war. Er fürchtet, seine Schweizer Leser könnten Altenbergs Schriften »fremdartig« finden, »wie die Phantasien eines bei Mokka und vielen Cigaretten in ein brütendes Staunen geratenen Kaffee-hauspoeten« (D 96). Der Kaffeehauspoet ist, wie Altenberg sicher selbst zugegeben hätte, kein Dichter.

So positiv die kritischen Würdigungen von ›Wie ich es sehe‹ gewesen waren – und es gibt neben Saltens schizophrener Besprechung wirklich nur den einen Verriss von Moritz Heimann –, begann die Herausbildung der Legende vom Kaffeehausliteraten Peter Altenberg fast sofort. Salten selbst spricht von der »Kunstnegierung«, die Gegner in dem Buch spüren würden. Auch in den vielen positiven Kritiken gibt es Anspielungen auf starke Abwehrreaktionen, die das Werk und sein Verfasser hervorgeru-fen haben. In einer verspäteten Besprechung im ›Berliner Fremdenblatt‹ beschreibt der mit Altenberg befreundete Kritiker Alfred Neumann die Reaktion einer feindseligen Lesergruppe: »sie lachen über Altenberg ein plumpes, gemeines Lachen; und um sich zu rechtfertigen, klammern sie sich an Aeußerlichkeiten seiner Schreibweise«.[65] Otto Stoessl schließt seinen im Februar 1897 erschienenen ›Wiener Brief‹ mit einem ähnlichen Hinweis auf die geteilte Rezeption: »Weil dieses Buch solche Zweifel und Ungewißheit, weil es Liebe und Haß, Uebersättigung und Begierde erzeugt hat, und weil es vielleicht einigen Menschen etwas Tiefes sagte, gehört das Auftreten des sonderbaren Autors Peter Altenberg zu den hervorragend-sten Ereignissen des Jahres 1896 in Wien«.[66] Auch den hier angedeuteten

64 Burkhard Spinnen, Die Seele in der Kritik (Anm. 56). S. 26.
65 Alfred Neumann, Peter Altenberg, in: Berliner Fremdenblatt. Abendaus-gabe. 13. Februar 1897. Zeitungsausschnitt in WBW.
66 Otto Stoessl, Ein Wiener Brief, in: Neue Deutsche Rundschau. Jg. 8. H. 2. Februar 1897. S. 211.

Widerstand erregt zu haben, gehört zu den Leistungen von Peter Altenbergs Anfang.

*

Im Spätsommer und Frühherbst 1896 geht die Freude in Altenbergs Briefen an der positiven Resonanz von ›Wie ich es sehe‹ in eine wachsende Faszination mit einer im Wiener Tiergarten ausgestellten Gruppe von Ashanti-Frauen und -Mädchen über.[67] Er berichtet Annie Holitscher, seiner Schwester Gretl, seinem Vater und anderen von ständigen Besuchen in dem dort nachgebauten »Dorf«. Als er von der Intendanz der Hofoper eingeladen wird, einer Ballettvorstellung mit seinen afrikanischen Freundinnen beizuwohnen, nimmt er Journalisten mit und empfängt sie in der ihm zur Verfügung gestellten Loge. Altenberg erwähnt Redakteure vom ›Tagblatt‹ und von der ›Wiener Allgemeinen Zeitung‹,[68] aber ein Bericht über diesen Ausflug aus der »Natur« des Ashanti-Dorfes in die großstädtische »Kultur« erscheint zuerst in ›Die Presse‹. Dort wird etwas herablassend über »Jungwiener Librettisten und Jungwiener Musiker« sowie über »die Jungwiener Dichter« berichtet: »Einer der Letzteren, der am Ruhme Jüngste, dessen literarischer Erfolg mit einer Sammlung von Stimmungsbildern ein starker gewesen, hat in den ersten Tagen der beginnenden Theatersaison einen großen Erfolg, wenn nicht auf der Bühne, so doch im Zuschauerraum des Opernhauses zu verzeichnen gehabt: er brachte die aufsehenerregenden Aschantimädchen zur letzten Ballettvorstellung der Hofoper! Man begrüsste dieses sein jüngstes Werk mit großer Befriedigung; die lieben Kleinen sahen ganz allerliebst aus und mit den schärfsten Operngläsern wurden die halbwilden Wesen von allen Seiten beguckt: sie hatten Erfolg und der Erfolg trifft ihn: das soll hier festgestellt sein!«[69]

In seiner allgemeinen Euphorie über den Kontakt mit den Ashanti-Frauen und -Mädchen scheint Altenberg die ideologische Optik dieses Berichtes ausgeblendet zu haben. Ein paar Tage später teilt er Annie Holitscher mit, dass »die ›alte Presse‹ einen längeren Artikel über mich und meine Freundinnen unter dem Titel ›ein Wiener Dichter und die

67 Siehe B 74, B 76 und B 77. Vgl. den Abdruck von elf Briefen, in denen Altenberg seiner Begeisterung vollen Lauf läßt. In: Ashantee. Afrika und Wien um 1900. Hg. von Kristin Kopp und Werner Michael Schwarz. Wien 2008. S. 87-100.
68 Briefe an Annie Holitscher und Gretl Engländer, beide vom 22. 8. 1896. Abschriften WBW.
69 Ein Wiener Dichter und die Aschantimädchen. In: Morgen-Presse. 23. 8. 1896. S. 6.

Aschantimädchen‹« gebracht habe.⁷⁰ Obwohl der anonyme Berichterstatter auf den Erfolg von ›Wie ich es sehe‹ hinweist, ist jetzt das »Werk« des Wiener Dichters kein literarisches mehr, sondern sein öffentliches Auftreten mit den schwarzen Frauen. Aus der in ›Wie ich es sehe‹ entstandenen literarischen Person P. A. wird eine fragwürdige öffentliche Persona, die allerdings noch nicht als Peter Altenberg individualisiert, sondern bloß als Mitglied des Kulturvölkerstamms »Jungwiener‹ identifiziert wird. Auf den Inhalt des recht frivolen Artikels geht Altenberg wohlweislich nicht näher ein. Darin werden den Ashanti-Frauen pseudoafrikanische Namen zugewiesen, und den Schluß bildet die witzelnde Frage, ob deren wohl fingierte Äußerung, die »Ballerinnen seien zum Fressen lieb […] nicht gleich einem gefährlichen Wunsche gleichkommt«.⁷¹

Obwohl Altenberg in seiner letzten großen Skizzenreihe ›Ashantee‹ gerade solche Vorurteile entlarven wird, gibt es in seinen Briefen keine Spur einer literarischen Verarbeitung des Erlebnisses. Der Dichter, der in seinem ersten Buch kritisch gesehen hat, geht in dem Spektakel auf, läßt sich selbst zum Schauobjekt werden, gibt aber auch über seine Freundinnen »alle Auskünfte«⁷² und liefert sie den »schärfsten Operngläsern« des Publikums aus. Es ist die gleiche, von Karl Kraus diagnostizierte Dialektik zwischen Rufer und Seher, die Altenbergs Werk bis zum Ende bestimmen wird.

70 Unveröffentlichter Brief vom 27. 8. 1896 an Annie Holitscher. Abschrift WBW.
71 Ein Wiener Dichter und die Aschantimädchen (Anm. 69). S. 6.
72 Unveröffentlichter Brief an Annie Holitscher vom 22. 8. 1896. Abschrift WBW.

Dank

An erster Stelle sind den Institutionen sowie ihren Mitarbeitern und Mitarbeiterinnen zu danken, die den Abdruck von Originalbriefen Altenbergs und anderen Dokumenten aus ihren Sammlungen genehmigt und damit diese Edition ermöglicht haben: Wienbibliothek im Rathaus, Wien; Wien Museum, Wien; Österreichisches Theatermuseum, Wien; Bayerische Staatsbibliothek, München; Nationalbibliothek Preußischer Kulturbesitz, Berlin; Deutsches Literaturarchiv, Marbach am Neckar; University Library, Cambridge, United Kingdom; Houghton Library, Harvard University, Cambridge, Massachusetts.

Sehr herzlich zu danken habe ich dem Sammler und vorbildlichen Altenberg-Herausgeber Werner J. Schweiger, Wien, ohne dessen Großzügigkeit diese Edition ärmer wäre. Er hat die Aufnahme von sechs unbekannten Briefen Altenbergs an Samuel Fischer aus der eigenen Sammlung gestattet.

Herzlicher Dank gilt meinen Kollegen Martin Peche in Wien, Peter Sprengel in Berlin und Andrew Webber in Cambridge, die den stellvertretenden Gang ins Archiv auf sich genommen haben. Im Falle von Martin Peche waren es mehrere Gänge in mehrere Archive. Ich danke ihm besonders herzlich.

Für die Beschaffung von Materialien, für Sachhinweise und die Beantwortung von Einzelfragen oder kleinen Fragekatalogen sind zu danken: Doris Ander-Donath, Dresden; Marcel Atze, Wien; Dorothea Barfknecht, Berlin; Hermann Böhm, Wien; Joan Claro, New York City; Heather Cole, Cambridge, Massachusetts; Julia Danielczyk, Wien; Marianne da Rosa, Wien; Wolf-Erich Eckstein, Wien; Werner Eichbauer, Sankt Gallen (Steiermark); Christopher Frey, Wien; Georg Fritsch, Wien; Eckart Früh, Wien; Konrad Heumann, Frankfurt a. M.; Gertrude Hughes, Middletown, Connecticut; Elisabeth Köhler, Wien; Michaela Lindinger, Wien; Heinz Lunzer und Victoria Lunzer-Talos, Wien; Nino Nodia, München; Jakob Perschy, Eisenstadt; Jennie Rathbun, Cambridge, Massachusetts; Helmut Selzer, Wien; Burkhard Spinnen, Münster; Ingrid Spitzbart, Gmunden; Bernhard Steiner, Wien; John Wareham, Middletown, Connecticut; Jutta Weber, Berlin; John Wells, Cambridge; Patrick Werkner, Wien; Hugo Wetscherek, Wien; Katherine Wolfe, Middletown, Connecticut.

Ohne Peter Michael Braunwarths außerordentliche Kenntnisse von »Wien 1900« und Wien heute wären viele Lebensdaten und einige Schicksale der Menschen um Peter Altenberg undokumentiert geblieben. Ihm bin ich zu größtem Dank verpflichtet, den ich gerne und herzlich abstatte.

Wie immer stand Friedrich Pfäfflin mir nicht nur mit Rat und Tat und Materialien, sondern diesmal auch mit gutem Zureden zur Seite. Ihm sei herzlichst gedankt.

Und zu guter Letzt danke ich Andrew Barker, dem dieses Buch gewidmet ist und dem jede Arbeit daran erspart werden sollte. Seinem Charakter entsprechend hat er dennoch den Hinweis eines Altenberg-Zitates dazu beigetragen.

Namens- und Titelregister

Das Register erfaßt Briefe und Dokumente der Edition und die dazugehörigen Anmerkungen.

Liserl 25, 139
Lisi 26, 139
L. L. 125, 160
Löwe, d. i. Loewe, Adolf 13, 131
Loris, s. Hofmannsthal, Hugo
   von 130
Lorrison, Mage 78, 164, 165
Lothar, Rudolf 47, 149, 186, 187
Loti, Pierre 26, 29, 139, 185
- ›Madame Chrisanthême‹, d. i.
   ›Madame Chrysanthème‹ 26, 29,
   139, 185
Lotte 17, 134
Louis, s. Schweinburg, Ludwig
Lübrecht, Oberstallmeister 58, 61,
   153

M., s. Mauthner, Marie
M., H., s. Mauthner, Hans
M., I., s. Mauthner, Isidor
Maeterlinck, Maurice 77, 158, 164
- ›Der Eindringling‹ 164
- ›Intérieur‹ 164
- ›L'Intruse‹ 164
›Magazin‹, d. i. ›Das Magazin für
   Litteratur‹ 71, 80, 97, 160, 165
Maier, Elsbeth, s. Meyer-Förster,
   Elsbeth
Makauley, d. i. Macaulay, Thomas
   Babington 84
Mamroth, Feodor 167
Mandl 132
Mänhardt 34, 142
Mänhardt, Emil 142
›Manon‹ 116
Margit 62, 73, 154, 160
Marholm, Laura 46, 149
Maria, Signorina 71, 159
Marie 26, 139
Marlitt, Eugenie 48, 149
›Märzbirken‹ 113
Martens, Kurt 165
Maupassant, Guy de 49, 136,
   151
- ›Notre cœur‹ 151
Mauthner, Hans 62, 153, 155

Mauthner, Isidor 25, 47, 50, 57, 62,
   73, 76, 133, 135, 139, 149, 150,
   155, 160, 178
Mauthner, Marie 19, 28, 43, 57, 62,
   78, 135, 136, 152, 171-173, 178
Max, s. Narbeshuber, Max
Mayerhofer, Berthold, d. i. Meyer-
   hoffer, Berthold 71, 160
Meding, Oskar 47, 149
Menasci, Guido 159
Messer, Max 74, 78, 93, 158, 161,
   164, 166, 180
Meyer-Förster, Elsbeth 158
- ›Das Drama eines Kindes‹ 68,
   158
Michalek, Ludwig 139
Michaleka, Helene, eig. Michalek,
   Helene 25, 28, 139
Minna, s. Engländer, Hermine
Mitterwurzer, Friedrich 42, 44,
   145, 147, 154
Mizi, s. Mauthner, Marie
Mizi, die schwarze, s. Engländer,
   Maria
›Die moderne Dichtung‹ 130
›Die moderne Rundschau‹ 130, 133
Moeller-Bruck, Arthur 155
Monambô 162
›Montags-Revue‹ 67, 89, 157, 166,
   192
Muther, Richard 169

N., s. Narbeshuber, M. 145, 181
N., s. Pollatschek, Nini
N. Wr. Tgbl., s. ›Neues Wiener
   Tagblatt‹
Nabadû, d. i. Nah-Badûh 76, 77,
   162
Nansen, Peter 56, 152
Narbeshuber, Frau 36, 39, 40, 54,
   59, 143, 181
Narbeshuber, M., d. i. Narbes-
   huber, Max 36, 39, 40, 44, 54, 57,
   61, 143, 145, 152, 181
Narbeshuber, Maximilian 143
Natter, Heinrich 144

Natter, Siegfried 38, 144
Necker, Moritz 67, 158, 188, 189
Nedbal, Oscar 140
Neeri, eig. Neera, Ps. von Anna
  Zaccari 160, 184
– ›Einsame Seele‹ 72, 160
›Neue Deutsche Rundschau‹ 115,
  152, 158, 167, 190
›Neue Freie Presse‹ 67, 131, 157,
  158, 164, 171, 184, 188, 189
›Neue Revue‹ 149, 155, 190
›Neues Wiener Tagblatt‹ 190
Neumann, Alfred 125, 195
– ›Peter Altenberg‹ 125, 195
– ›Peter Altenberg. (Wie ich es sehe
  – Ashantee)‹ 125
Neumann-Hofer, Otto 71, 165
›New York Herald‹ 74, 161
›Das Nibelungenlied‹ 112
Nietzsche, Friedrich 109, 121, 194
›N. Y. Figaro‹ 74, 75, 161

Ompteda, Georg von 143
Oppolzer, Sylvia von 140
Oppolzer, Theodor von 140
Oppolzer, Cölestine von 28, 140
Oppolzeria, Madame s. Oppolzer,
  Cölestine von
Osten, Heinrich 46, 62, 149, 155
Otérô, Madame, d. i. Otero,
  Carolina 66, 157

P., Gisela, s. Pollak, Gisela
P., J. 125
›Pagliacci‹ 66, 137, 154, 157
Pagliero, Camilla 18, 134
Paul, s. Schweinburg, Paul
Pauli 26
Pauli, Hans, s. Heimann, Moritz
Perikles 101
Pick, Lilly 60, 133, 134, 153
Pindar 108,
Pohl, Otto 138
Polak, s. Alfred Polgar 164
Poldi 66
Polgar, Alfred 78, 164

Pollak, Emil 135
Pollak, Gisela 13, 132
Pollak, Ignaz 132
Pollak, Sidonie 135
Pollandt, Max 60, 135, 153
Pollatschek, Nini 18, 19, 25, 26, 29,
  36, 47, 60, 134, 135, 139, 140, 143,
  148, 150, 153
Poppenberg, Felix 67, 68, 158
Pollatscheck, Pauline 135, 150
Popper, Alice 19, 66, 135, 156
Popper, Auguste 19, 66, 135, 156
Popper, Helene 19, 135
›Povre Bajazzo‹ 62, 154, 155
›Die Presse‹ 13, 131, 149, 171, 184,
  189, 196
Prévost, Marcel 43, 146
– ›L'Automne d'une femme‹ 43, 146
Prillinger, Leopold 153
Prillingers 25, 59, 153
Pühringer 140
Püringer, Herr 28, 140
›Puppenfee‹ 134

R., Elsa 57, 152
Raffalowich, Madame, d. i. Raffalo-
  vich, Marie 54, 152
Rappaport 132
›Reichspost‹ 144
Reif, Paul 163
Reinhold, Bettina, d. i. Reinhold-
  Devrient, Babette 66, 82, 83, 156
Rosner, Karl 62, 155, 177
Rostopchine, Sophie Feodorovna, s.
  Segur, Comtesse de
Rudolf 24, 138
Russthal, Isidor Ritter von 164
Russthal, Russ von 78, 164
Ruston 42, 145

S., J., s. Schwarz-Mamroth, Johanna
Salten, Felix 13, 32, 46, 78, 93, 125,
  130, 134, 138, 141, 157, 160, 164,
  172, 174, 180, 193, 194, 195
– ›Wie ich es sehe‹ 73, 125, 193, 194
Salus, Hugo 9, 74, 161

Bibliografische Information der Deutschen Nationalbibliothek

Die Deutsche Nationalbibliothek verzeichnet
diese Publikation in der Deutschen Nationalbibliografie;
detaillierte bibliografische Daten sind im Internet
über http://dnb.d-nb.de abrufbar.

Wallstein Verlag, Göttingen 2009
www.wallstein-verlag.de
Vom Verlag gesetzt aus der Stempel Garamond
Umschlaggestaltung: Susanne Gerhards, Düsseldorf
Druck und Verarbeitung: Friedrich Pustet, Regensburg
ISBN 978-3-8353-0552-6